天商法学文库

天津市哲学社会科学规划项目青年项目生成式人工智能开发应用的著作权困境及解决路径研究（项目号：TJFXQN23-003）

王果／著

技术变迁与著作权制度变革研究

Research on Technological Changes and Copyright System Reform

——北京——

图书在版编目（CIP）数据

技术变迁与著作权制度变革研究 / 王果著. -- 北京：法律出版社, 2025. -- （天商法学文库）. -- ISBN 978 -7 -5244 -0461 -3

Ⅰ. D923.414

中国国家版本馆 CIP 数据核字第 2025MS8655 号

技术变迁与著作权制度变革研究 JISHU BIANQIAN YU ZHUZUOQUAN ZHIDU BIANGE YANJIU	王 果 著	策划编辑 陈 睿 责任编辑 陈 睿 装帧设计 李 瞻

出版发行 法律出版社	开本 710 毫米×1000 毫米 1/16
编辑统筹 法律出版社	印张 19.5　字数 265 千
责任校对 王晓萍	版本 2025 年 6 月第 1 版
责任印制 胡晓雅	印次 2025 年 6 月第 1 次印刷
经　　销 新华书店	印刷 北京中科印刷有限公司

地址：北京市丰台区莲花池西里 7 号(100073)
网址：www.lawpress.com.cn　　　　　　销售电话：010 -83938349
投稿邮箱：info@ lawpress.com.cn　　　　客服电话：010 -83938350
举报盗版邮箱：jbwq@ lawpress.com.cn　　咨询电话：010 -63939796
版权所有·侵权必究

书号：ISBN 978 -7 -5244 -0461 -3　　　　定价：78.00 元

凡购买本社图书，如有印装错误，我社负责退换。电话：010 -83938349

总　序

　　天津商业大学法学专业始建于1986年，至今已经走过了近40年的历程。作为天津地区最早开展法学教育和法学研究的地方高校之一，天商法学已持续为社会输送了超过6000名优秀的法律人才。如今的天津商业大学法学院，拥有法学一级硕士学位授权点、法律专业硕士学位授权点、国家级一流专业（法学）建设点，学院在校研究生200余人，在校本科生千余人，在职专业教师人数50余人，已经初步具备了较为完整的人才培养格局和学科建制。多年来，学院在各界人士的帮助和支持下，已发展为一所颇具规模和区域影响力的地方法学院系。

　　学院一贯高度重视教师的培养和成长，始终把教师队伍的建设作为学院发展的核心工作之一。为了帮助教师实现自我价值和专业成长，学院积极为教师创造各种发展条件，鼓励教师深入开展学术研究，特别是在各自专长的领域内，力求做出独特的贡献和创新。同时我们深知，学术研究是推动学院持续发展的不竭动力。通过教师的学术研究，不仅能为教学内容的丰富和教学方法的创新提供支撑，还能够提升学院在学科建设中的影响力和竞争力。只有在科研能力强、教学水平高的教师队伍的引领下，学院的工作才能在激烈的竞争中脱颖而出，实现跨越式的发展和腾飞。

　　天津商业大学法学院目前汇聚了一批充满热情、专注于法学研究的青年教师。他们不仅具备扎实的法学功底，还在各自的研究领域拥有独特的见解与造诣。这些青年教师关注法学发展中的前沿问题，尤其是在新技术快速发展的背景下，面对由此产生的新法律问题和新挑战，他们不断更新自己的研究视野，并深入思考如何应对新兴领域中的法律困境。同时，他们也深知传统法学研究的重要性，始终未忘对基础理论与经典法学问题的探讨，力求在创新与传承之间找到平衡。借助"天商法学文库"的结集出版，他们将有机会将自己多年来积累的学术成果、研究心得与理论创新以专著的形式呈现给社会公众。每一位作者都将在书中展示自己在法学研究领域的思考与探索，力求将最有价值、最具深度的学术成果与广大读者分享。对于他们而言，这不仅是个人学术生涯的重要里程碑，也是学院学术成果的有力证明。

我们希望"天商法学文库"的出版，能够积极反映天津商业大学法学教师们的研究成果，向学术界展示天商法学的知识贡献与研究风貌。同时，我们也期待以此为契机，让更多学者和社会各界人士了解、支持、关注天商法学事业发展，推动我们工作的进步，为国家法治建设贡献更多的智慧与力量。

沃　耘

2025 年 5 月　谨识

目　录

导　论　　001

第一章　著作权客体：以独创性为中心的智力成果属性界定　006
第一节　独创性的基本范畴　007
第二节　体育赛事节目作品属性的分类探讨　020
第三节　动物"创作成果"作品属性之检讨　030
第四节　人工智能生成内容作品属性之厘清　040

第二章　著作权主体：作者与著作权人归因的理论阐释与规则设计　060
第一节　作者资格从本体论到资格论的转变　060
第二节　动物"创作成果"权利主体的确定　073
第三节　人工智能生成内容权利主体的确定　081
第四节　无主著作权权利归属规则的反思与重构　097

第三章　著作权内容：权利边界的整体廓清与单项权利的法律释义　108
第一节　兜底条款的司法适用与理论反思　108
第二节　署名权的性质澄清与规则重构　132
第三节　数字作品发行权穷竭原则的困境与纾解　147

第四节　NFT数字作品交易行为的著作权定性　　163

第四章　著作权限制：利益平衡调节机制的实践表征与制度表达　　177
　　第一节　著作权合理使用的整体考量　　178
　　第二节　数字环境下图书馆合理使用的特殊考察　　194
　　第三节　从续写到续写权：论续写的著作权保护　　209

第五章　著作权保护：多元视角的综合考察与具体制度的微观调试　　227
　　第一节　公益图书馆应对商业性学术数据库的博弈策略　　228
　　第二节　产业视角下短视频领域版权治理的困局与突破　　245
　　第三节　生成式人工智能对著作权侵权接触要件的再塑造　　262
　　第四节　私人利益衡量视角下著作权侵权不停止的规则构建　　285

结　语　　302

导 论

著作权被称为"技术之子",印刷术的出现催生了近代著作权保护的萌芽,此后著作权便走上了不断扩张的道路。有学者在研究著作权扩张的原因之后得出结论:技术发展是著作权扩张的直接原因。[①] 更为具体的,著作权各项制度安排也深受科学技术发展的影响,以致新型技术出现后都会引发较大范围的关注和讨论。在技术变革期,法律究竟应当如何应对,无论理论界和实务界,均未达成一致意见。继续深入研究著作权法如何应对新技术发展带来的问题,仍属必要。综观既有研究,总体研究视角有两种:一种是从宏观上探讨技术发展与著作权之间的关系,倾向从法学理论的角度进行整体反思并指明未来变革的主要方向;另一种则是聚焦于微观制度,强调新的技术条件之下如何调整具体规则以适应技术发展的新要求。本书整体遵从第二种研究视角,从具体规则切入,从技术变迁的角度分别研究技术发展对著作权权利客体、权利主体、权利内容、权利限制以及权利保护等各个不同方面的影响。

第一章以独创性为中心,在澄清独创性内涵的基础上,分别对体育赛事节目、动物"创作成果"、人工智能生成内容的法律性质进行界定。独创性应包含"独立性"与"创造性"两个要素,其工具性价值在于可以

[①] 代表性成果参见冯晓青:《知识产权法利益平衡理论》,中国政法大学出版社2006年版;易建雄:《技术发展与版权扩张》,法律出版社2009年版。

维护与促进"足够而良好"的公有领域，那些不满足独创性要求的成分将永久留存于公有领域；独创性也是价值增加理论在著作权法上的反映与贯彻。著作权法中"价值"的衡量侧重于作品中的异质表达而非作品的艺术价值或是社会价值。体育赛事节目不同于体育赛事本身，无论传统体育赛事还是电子游戏视频节目，其创作空间有限，均难以满足作品独创性的要求，但视听类电子游戏在设计之初就有类似电影作品的人物、情节等要素，可在整体上将其作为视听作品予以保护。独创性作为作品的实质要件，不能简单将其理解成与现存作品表达不一样，而是要求经过主观思考后运用创作元素所作出的能动表达。动物"创作成果"只符合作品的形式要件，不符合作品独创性的实质要件，因而不是著作权法所规范的作品，仅属于非物质性的信息，从而只可被纳入邻接权的保护范畴。人工智能生成内容突破了只有自然人才能创作的假定，但人与机器创作之间的本质区别决定了人工智能生成内容不可能具有实质意义上的独创性。但随着人工智能与各产业的深度融合，人工智能生成内容应当被确立为独立权利形态。

第二章承接著作权客体的性质界定，继续权利依归的理论阐释和规则设计。首先从总体上对作者资格进行反思，作者身份既是行为人原始取得著作权的前提，也是智力创造性活动这一事实行为的结果。因此界定作者资格必然是从著作权主体和客体的双重角度来进行。但无论从哪一角度，均难以完全解释作者范畴的二元结构，而只能寻求资格论的解读。作者资格并非仅停留于本体层面的"是什么"，而是表现为作品与作者之间的特定连接，反映"应该是什么"的价值判断：即受社会环境、立法政策的影响，在不同时期有不同的表现形式，如创作事实、必要投入、作品署名等。以此为据，对于动物"创作成果"而言，由于动物不能成为法律主体，动物"创作成果"的权利归属应以实质性投资为标准确立权利主体。对于人工智能生成内容而言，考虑到其产业特殊性，应首先尊重私主体间对著作权归属作出的约定；无约定时，将著作权归属于使用者更有利于实现利益平衡；当人工智能生成内容满足特殊作品条件时，可将其著作权依照特殊作品的规则归属于投资者。至于无人继承又无人受遗赠的无主著作权,令无主著作权直接进入公有领域更符合著作权的制度目标。将无主著作权作为"公地财产"来看待,并不会产生"公地悲剧",反而更有利于社会文化的繁荣与发展。

第三章着眼于著作权权利边界的划定与具体权项的法律释义。《著作权法》在权项配置中设置了"应当由著作权人享有的其他权利"的兜底条款,兜底条款自身无法克服的弊端,以及著作权法基本理论隐含着的深刻内在矛盾,都表明兜底条款司法适用的不确定性无法消除,破坏了法律的可预见性,不符合绝对权应当边界清晰的要求,未来立法时建议删除。具体权项上,署名权在性质上应当属于身份权而非人格权,较亲属法上的身份权又有自身特殊性。从解释论的角度,《著作权法》禁止署名权转让的态度是明确而坚定的。但从立法论的角度,作品之上可确立两种类型的署名权:(1)作者的署名权,旨在确认"作品出自谁"这一客观事实,故不可转让;(2)著作权人的署名权,意在表明著作权人的身份以确认市场利益的法律归属,则可以自由转让。发行权方面,现行《著作权法》并未明确发行权穷竭原则能否适用于数字作品,但从发行权穷竭原则的设立动因、功能等来看,发行权穷竭原则在网络环境下亦存在适用基础。但鉴于网络发行与传播的特性,该原则在网络环境下适用时应限制数字作品所有者的转售次数,以平衡一手市场和二手市场。区块链技术兴起催生了非同质化通证(non-fungible token,NFT)数字作品交易这一新型商业模式,从其技术特点出发,其中的铸造应被认定为复制,同时由于NFT数字藏品一经铸造就永久分布式地存储于选定的区块链上,出售和转售均不会形成新的复制件,因此不属于信息网络传播行为。基于NFT数字作品的唯一性和不可替代性,可以发挥与作品载体"有形性"相似的功能,进一步强化了发行权延伸至网络环境的正当性。

第四章聚焦于著作权限制,致力于构建符合利益平衡原则的体系规则。梳理近年来"合理使用"司法适用的整体情况,发现实践中存在合理使用的认定标准不统一、"三步检验法"一般要件的适用路径不明等问题。为应对合理使用在司法实践中的适用困境,一方面,应当明确

"三步检验法"的适用顺序,一般要件应属限制要件而非一般原则,同时结合"四要素法"弥补"正常使用"和"不合理损害"的解释缺陷;另一方面,"适当引用"情形应当要求新作完成对原作的转化,避免单一商业性目的使用行为被认定为侵权,变相拓宽合理使用范畴。具体到图书馆这一特定主体,实践中图书馆的合理使用条款并未充分发挥利益平衡的作用,为化解图书馆合理使用条款的适用困境,可从增加原则性规定、明确其法律属性为强制性规定、扩大有关条款的适用范围等方面来完善立法。续写是原作在时空上的延伸,兼具独创性与依附性。但在现行著作权法框架下,并无续写行为定性的直接依据。续写没有侵害原作的保护作品完整权、改编权,且不宜被定性为合理使用。为了平衡原作和续作的利益,建议将续写权纳入法定许可范畴,无须事先授权,仅支付合理报酬即可。

第五章主要探讨著作权保护的多元视角与具体制度的微观调试。著作权保护与反垄断之间的问题,突出表现之一是公益图书馆与商业性学术数据库之间的矛盾。商业性学术数据库优势地位的形成,是技术、政策、经济等多重因素共同作用的结果,法律的调节作用有限。图书馆要化解困境,就应当注重技术、市场等其他因素。其中可倚仗的外力干预包括发展开放获取、调整评价体系、联合学术抵制、引入多元竞争等方式,来弱化商业性学术数据库的市场集中度,倒逼其调整商业模式。近年来,随着短视频产业进入爆发式增长,短视频也逐渐成为版权侵权的重灾区。要破解短视频版权治理困局,需同时结合法律规则的调整和创新以及产业主体创制的私立规则,包括社会公众情感表达需求的满足与知识产权意识的同步培育、行业自我调节与法律干预的协调与配合、回归商业底层逻辑后长短视频应错位发展。在具体规则构建上,生成式人工智能介入创作后,动摇了接触规则对有限学习能力的预设,破坏了接触主体与创作主体同一性的要求,也极大地消解了接触事实验证的可能性。为应对生成式人工智能的挑战,在充分利用既有理论资源与尊重现有技术发展水平的前提下,可通过向民法规则的回归,将接触的证明转化为对行为人主观过错的证明;同时通过构建"人机联合体",以集体主义取代个人主义的归责路径,化解接触主体与创作主体同一性被割裂、实际加害主体难以确认的困境。著作权侵权责任的承担,《著作权法》第1条的立法原则以及第52、53条的具体规则为著作权侵权行为适用不停止侵权提供了实定法依据;而作品构成要件虚置、权利取得的非公示性以及停止侵权的高额移除成本构成著作权侵权不停止的特殊理由。为了防止虚置著作权人,不停止侵权应当满足主观善意、经济理性、可替代性等要件,并以支付使用费、消除影响和赔礼道歉作为替代责任。

第一章

著作权客体：以独创性为中心的智力成果属性界定

随着知识产权理论研究的不断深入，知识产权的一些根本性问题成为知识产权学界研究的热点，建构知识产权的学术理论体系成为知识产权深入研究的目标。其中，一个值得关注的课题就是知识产权客体理论的研究。[1]著作权客体即作品，而作品最为关键的一项特质又表现为独创性。无论版权体系还是作者权体系，均以独创性这一概念作为智力成果是否受保护的实质性判断标准。[2]但是围绕独创性的争议却从未断绝。作品独创性，亦被称为原创性，既是著作权的一个基础问题，又是一项前沿的研究课题。独创性问题的基础性在于独创性的有无直接关系到客体的可版权性；独创性问题的前沿性在于科学技术的不断发展和经济社会的不断进步导致新型版权客体不断涌现，这使独创性面临新的问题。独创性完全可以说是著作权法上最为重要和最为核心的概念之一，是著作权保护的逻辑起点。尤其在讨论到新型客体的可版权性问题时，必然首先引发独创性有无的争议。如数据库、计算机单字、猴子自拍照、人工智能生成内容等，都无一例外地集中于独创性的讨论。作品的独创性将是一个历久弥新的话题，甚至可以断言只要著作权制度存在，对独创性的探讨就将一直持续。

---

[1] 参见卢海君：《版权客体论》，知识产权出版社2014年版，"导论"第4页。
[2] 参见吴汉东、胡开忠：《无形财产权制度研究》，法律出版社2005年版，第262页。

第一节　独创性的基本范畴

独创性的有无直接关系到智力成果的可版权性,国内外学者均对此问题展开了广泛而细致的讨论:如从不同阶段的案例发展中,分析独创性内涵的纵向历史演变,①或从不同国家的法律实践出发,横向比较独创性的不同含义。② 清楚界定独创性的基本含义,也是讨论其他各项问题的基础与前提。

一、独创性的基本含义

(一)独创性基本含义的域内外考察

从 19 世纪开始,世界范围内的著作权立法开始走向分裂,至 20 世纪初,版权体系和作者权体系两大格局已经初现雏形。③ 现有学界关于独创性基本含义的讨论,也主要围绕作者权体系和版权体系展开。虽然作者权体系和版权体系仍有分歧,但随着科学技术和经济社会的发展,世界各国及地区关于独创性的解释呈融合趋势。

1. 独创性基本含义的域外考察

(1)版权体系的独创性

版权体系以英国、美国为代表。在英国早期的版权法中,并没有关于所谓"独创性"的规定。司法实践中法院一直以"额头流汗"原则作为判断作品是否享有版权的标准。如 1900 年的 Watler v. Lane④ 案,法

---

① 参见卢海君:《从原创性的案例法发展看原创性之内涵》,载《西南政法大学学报》2009 年第 2 期。
② See Daniel J. Gervais, *Feist Goes Global: A Comparative Analysis of the Notion of Originality in Copyright Law*, 49 J. Copyright Soc'y U. S. A. 949, 2002;姜颖:《作品独创性判定标准的比较研究》,载《知识产权》2004 年第 3 期。
③ 参见孙新强:《论作者权体系的崩溃与重建——以法律现代化为视角》,载《清华法学》2014 年第 2 期。
④ See Watler v. Lane, [1900] AC 539.

院认定记者对他人演讲的记录是作品,因为速记被认为是一种重要的技能。类似判决还可见之于 University of London Press 案,法院认为技巧和劳动就足以构成版权法保护的独创性。① 后来,人们逐渐意识到版权并不是对经济投资或时间的回报,而是创造性产出,②对投资的回报问题应当留给侵权法而非版权法。③ 因此英国在 1911 年修改《版权法》时,第一次确立了对独创性的要求。但独创性的要求非常低,仅要求作品不是从其他作品复制而来即可,而并不要求作品必须是创造的或新颖的。"额头流汗"原则和独立完成原则逐渐融合在一起。④

在美国司法实践中,第一个对独创性进行详细讨论的是 1903 年 Bleistein 案,法官指出,版权保护与作品的艺术价值无关,试图评估作品的艺术价值不仅超出了著作权法的范围,也超出了法官的能力,并同时指出,作者个性总是包含着一些不可约减的东西,这就构成版权保护的独创性。⑤ 而 1991 年发生的 Feist 案,则改变了上述仅要求独立完成的单一标准,认为版权法上的独创性不仅意味着作品必须是由作者独立创作完成的,还必须具有最低限度的创造性。⑥ 自从该案确立了上述两个因素后,超过 550 个下级法院讨论或者引用了这一测试方法。⑦ 该标准也一直沿用至今,甚至被很多其他国家所采用。

总体而言,版权体系受重商主义观念的影响,主要哲学理论框架的功利色彩较为浓厚,主要制度设计也以方便作品利用为指导,因此对独创性的要求比较低。

(2)作者权体系的独创性

与版权体系不同,作者权体系国家以人格价值观为哲学基础,认为

---

① See Univ. of London Press,Ltd. v. Univ. Tutorial Press,Ltd.,[1916] 2 Ch. 601.
② See Tele-Direct (Publ'ns), Inc. v. Am. Bus. Info., Inc., [1998] 2 F. C. 22 (Fed. Ct. App.).
③ See Telstra Corp.,Ltd. v. Desktop Mktg. Sys. Pty,Ltd.,[2001] F.C.A. 612.
④ 参见王坤:《著作权法科学化研究》,中国政法大学出版社 2014 年版,第 92 页。
⑤ See Bleistein v. Donaldson Lithographing Co.,188 U. S. 239 (1903).
⑥ See Feist Publications Inc. v. Rural Telephone Service Co.,499 U. S. 340 (1991).
⑦ See Edward Lee,*Digital Originality*,14 Vand. J. Ent. & Tech. L. 919,2012.

作品是作者人格的延伸，制度设计也主要以有利于著作权保护为考虑重点，因而一般采用比较严格的独创性要求。

德国早期司法实践对独创性的要求并不高，奉行"一枚小硬币的厚度"标准，按照这一标准的要求，智力成果通常不是指主观方面的独特性，而是客观方面（从外部看起来）的独特性。但是，过低的独创性要求在著作权的长期保护、文化激励等方面，并无实质效果，还易导致过多的著作权侵权行为，因此德国对智力成果的独创性标准进行了重构，将独创性标准提高为作品应当具备一定的创作水准，未达到这一创作水准的智力成果则交由竞争法来调整。[①]

法国观点认为，独创性是指作者个性的反映，尽管每个案件中法官对独创性进行解释所使用的表达方式不同，如"作者个性的烙印""作者个性的反映"等，但这些定义的意义是基本相同的，即独创性源自作者在创作过程中有创造性的选择。大陆法系国家及地区多采取法国的独创性判定标准。[②]

(3) 独创性内涵的融合趋势

欧盟《计算机软件保护指令》第1条第2款规定："如果计算机软件是原创性的，是作者自己的智力创造，应当受到保护。"根据相关的解释，这是一个介乎著作权法原创性要求和版权法原创性要求的标准。或者说，"作者自己的智力创造"是一个高于"技能、判断力和劳动"的标准，但又低于作者的"人格印迹"或"精神印迹"的标准。[③] 同样的独创性标准也见于《欧盟数据库保护指令》。

除了公约，部分国家的国内法也体现出融合的趋势。如加拿大最高法院认为独创性应当是介于"额头流汗"和"创造性要求"两个极端之间的，是要求技巧和判断的实践。技巧和判断的实施必须包含必要的智力投入。这些技巧和判断也不能非常微小以至于可以被认定为纯

---

① 参见[德]M.雷炳德：《著作权法》，张恩民译，法律出版社2005年版，第51、117页。
② 参见姜颖：《作品独创性判定标准的比较研究》，载《知识产权》2004年第3期。
③ 参见李明德、闫文军、黄晖：《欧盟知识产权法》，法律出版社2010年版，第163、164页。

粹的机械劳动。① 将"劳动"排除在独创性内涵之外,是为了防止将版权保护延及事实;而将创造性排除,则是为了与专利法中的新颖性和非显而易见性的要求相区别。②

2. 我国关于独创性基本含义的解释

我国《著作权法实施条例》第 2 条仅宣示性地规定作品必须具有独创性,并未进一步解释具体含义。我国在建立著作权制度时,主要依据的也是世界上较成熟的著作权理论,并未形成系统的本土著作权理论,因此对独创性基本含义的解读也主要以国外版权理论为基础。虽然我国著作权立法总体属于作者权体系,但在对独创性基本含义的解释上,大致有三种不同形式。

第一种是依版权体系的基本观点来解释,认为独创性是作者独立创作完成,并具有一定程度的创造性。如沈某明诉经济科学出版社等著作权侵权纠纷案,法院认定涉案文章系作者翻译后创作完成,文章的表达具有一定程度的智力创造性,整体具备独创性。③ 甚至特殊作品类型仅需独立创作完成即可,如对工程设计图,法院认为原告制作完成的工程图,包含了直线、曲线、几何图形、比例尺等元素,原告运用经验、逻辑、技艺将这些元素有机、具体、形象地糅合,进而成为以二维平面为媒介的表达形式,在未有证据显示原告制作的工程图是复制他人作品的情况下,这些工程设计图具有独创性,原告依法对其享有著作权。④

第二种是依作者权体系的基本观点来解释,认为独创性应当反映作者个性。如周某海诉深圳市某网络科技有限公司著作权侵权纠纷案,法院认为虽然慕田峪长城可以随意拍摄,但涉案图片通过独特的视角,展现了慕田峪长城的一部分,具有独特的个性和不同的神韵,具备

---

① See CCH Canadian Ltd. v. Law Society of Upper Canada, 2004 SCC 13, at 352.
② See Carys J. Craig, Resisting "Sweat" and Refusing Feist: Rethinking Originality after CCH, 40 U. B. C. L. Rev. 69, 2007.
③ 参见浙江省杭州市中级人民法院民事判决书,(2015)浙杭知初字第 619 号。
④ 参见苏州工业园区人民法院民事判决书,(2014)园知民初字第 0006 号。

独创性。①

第三种是把上述两种观点拼凑在一起的"拼盘式"解释，认为独创性需要同时具备独立完成、创作高度以及作者个性三个要素。如昆明速查广告有限公司与昆明浩硕文化传播有限公司著作权纠纷上诉案，法院认为涉案照片能否成为摄影作品，需考察这些照片是否由权利主张人独立完成，能否体现其独特的智力判断与选择、展示其个性化表达并达到一定的创作高度。②

(二) 独创性基本含义的理性建构

学界在讨论以消极角度(从著作权的排除领域)来界定公有领域之含义的弊端时，李特曼就指出否定式的定义方式，首先将面临的问题是"究竟什么才是版权法应当保护的"，而这一问题的答案直接指向了"独创性"的概念。③ 因此，一个合理的独创性含义，必须能起到从所有符合法定版权作品种类的精神产品中界定出版权作品的作用。④ 具体来说，独创性应当能够廓清作品与抄袭、剽窃之作的界限，并与著作权的制度目标相一致。因此，独创性应包含"独立性"与"创造性"两个要素。

1. 独立创作完成的必要性

独创性首先要能够廓清作品与抄袭、剽窃之作的界限。这就要求作品必须源自作者，由作者独立创作完成。作者权体系虽未直接言明，但其对作者个性的要求亦间接反映出"作品必须是由作者独立创作完成"这一内涵。这也构成两大法系对独创性基本含义形成的最低限度的共识。质疑观点认为，"独立创作"在本质上是权利归属问题，将之作为"独创性"的内涵，混淆了权利客体的属性与权利归属的法律技术的区别。无论在形式逻辑上，还是在法律逻辑上，均是不正确的。⑤

---

① 参见深圳市罗湖区人民法院民事判决书，(2015)深罗法知民初字第45号。
② 参见云南省高级人民法院民事判决书，(2015)云高民三终字第30号。
③ See Jessica Litman, *The Public Domain*, 39 Emory Law Journal 967, 1990.
④ 参见曹世华：《论作品独创性之合理规定》，载《法律科学(西北政法学院学报)》1996年第6期。
⑤ 参见乔丽春：《"独立创作"作为"独创性"内涵的证伪》，载《知识产权》2011年第7期。

上述观点认为"独立创作完成"与"表达形式上具备足够的创造性"是两个不同的问题，但这两个问题相互影响，并非可以简单地割裂。创造性的衡量，在必要情形下需要借助于独立性这一概念。当著作权法意图明确一部作品是否具有独创性时，总是要将其与之前的作品进行比对，力图发现该作品是否具有不同于过往作品的一些特质。[①] 著作权法上的独创性不同于专利法上的新颖性，前者并不具有排他性，仅要求作品是自己创作的，不排斥他人同时独立创作相同的作品。[②] 这体现的是人类对社会文化生活多样性的追求。虽然不同作者独立作出相同表达的概率极低，但著作权法并不否认这一可能性。因此，在独立创作完成的标准下，进行创造性比对时就可将相同表达的作品排除在对比范围之外。倘若将独立创作完成排除在独创性内涵之外，单纯依靠创造性来界定可版权性，那么在后发表的作品即使没有接触在先作品，也将因不具有不同于过往作品的特质而被否定可版权性。独立创作完成既是作者自身权利正当性的来源，也是排斥他人非法使用的依据。

2. 适度创造性要求的合理性

"相同作品可以具有独创性"是小概率事件。一个事件发生的概率越小，它所包容的信息量就越大，影响也就越大，从而引起人们更多关注，以至于把"独立完成"误认为是独创性。[③] 英国在相当长一段时期内仅要求作品是作者独立创作完成的，如此低的独创性要求与英国法上缺乏反不正当竞争的传统制度安排有关。[④] 对于设置有反不正当竞争相关制度的国家而言，英国式的独创性概念并不具借鉴意义。

反观其他国家，除独立创作之外，对著作权保护附加的条件一是美国式的要求最低限度的创造性，二是法国式的反映作者个性。最低限

[①] 参见张玉敏、曹博：《论作品的独创性——以滑稽模仿和后现代为视角》，载《法学杂志》2011年第4期。
[②] 参见李玉香：《独创性的司法判断》，载《人民司法》2009年第13期。
[③] 参见金渝林：《论作品的独创性》，载《法学研究》1995年第4期。
[④] 参见王果：《著作权法公私界限划分的影响因素分析》，载《政法学刊》2016年第5期。

度的创造性,若存在其他替代性选择、①介于完全随机和完全机械顺序之间的任何安排等,②均可以构成独创性。而关于反映作者个性,作者个性具体如何体现的问题,德国学者雷炳德对此指出,如果外界从作品中看到了作者想表达的其他一些东西,就满足了作品独创性的深度要求。③ 这表明,两大法系虽表述不同,但仅是程度不一而无本质差异,均要求作者必须在作品中体现出自己的主观意愿、个性选择等,反映作者个性只是对创造性的一种高要求。

至于是否应当将创造性作为独创性的内涵,一种观点认为创造性不应当成为可版权性要件:首先,从创造性本身及其可能后果来看,将创造性包含在可版权性要件中,可能会不适当地提高作品获得版权保护的门槛,且创造性属于极度难以捉摸的、主观性的概念,不利于建立统一的作品版权保护标准。④ 其次,在信息技术不断演进,现代型知识产权法将注意力从创造性转向权利对象本身的大背景之下,独创性概念中的创造性因素同样应该被逐渐淡化。⑤ 另一种观点则主张对创造性要求进行类型化区分,依据创作基础的不同,作品可以区分为非独立作品和独立作品,对非独立作品可以要求最低限度的创造性;而对独立作品则并不要求,因为在没有可资比较的参照物时,创造性评价的客观性标准并不存在。⑥

关于独创性和创造性之间的关系,在 Feist 案之前一些法院和注释者就曾做出了区分:独创性指的是创造者是否做出了独立贡献,而创造性则是一个更为主观的概念,关注的是这一贡献的本质。⑦ 另有一些法

---

① See Allen-Myland v. IBM,770 F. Supp. 1004 (E. D. Pa. 1991)。
② See Toro Co. v. R & R Products Co. ,787 F. 2d 1208 (8th Cir. 1986)。
③ 参见[德]M. 雷炳德:《著作权法》,张恩民译,法律出版社 2005 年版,第 53 页。
④ 参见卢海君:《版权客体论》,知识产权出版社 2014 年版,第 148~150 页。
⑤ 参见赵锐:《作品独创性标准的反思与认知》,载《知识产权》2011 年第 9 期;张玉敏、曹博:《论作品的独创性——以滑稽模仿和后现代为视角》,载《法学杂志》2011 年第 4 期。
⑥ 参见卢海君:《版权客体论》,知识产权出版社 2014 年版,第 151 页。
⑦ See Jon Woods Fashions,Inc. v. Curran,8 U. S. P. Q. 2d,1870,1871 - 81,n. 2,(S. D. N. Y. 1988)。

院将独创性中的主观要素视为作者的贡献必须比微小变化更多。① 但不管怎样，无论创造性是独立于独创性还是作为独创性的一个要素，版权法对于"可版权作品必须表明既是独立的，又是创造性的"这一点是明确的。② 而在 Feist 案之后，创造性作为独创性的要素之一便得以明确。

我国著作权立法中并没有明确对创造性的要求，导致有学者质疑司法实践中要求作品必须具备创造性于法无据。③ 但将实际创造性作为独创性的要求之一应当是我国著作权法立法的应有之义。独创性作为历史的产物、观念的建构，对其基本含义的解读也必然受著作权的制度目的所制约。耶林在其名著《法律中的目的》一书中，明确宣称"目的是所有法律的创造者"，"所有在法律之泥土上的一切，都是被目的所唤醒的，而且是因为某一个目的而存在，整个法律无非就是一个独立的目的创造行为"④。著作权的立法目的在于鼓励创造，在这一立法目的的指引下，要求作品必须具备一定程度的创造性就是必要的。虽然"鼓励创造说"作为著作权的制度功能不断遭受质疑，但不可否认的是著作权的确为创作提供了额外激励机制；而不满足最低限度创造性要求的作品往往很容易创作，并不需要著作权法上的激励机制。⑤ 此外，著作权法通过"创造性要求"可以保证基础性的表达要素（数据、事实或思想等）被保留在公有领域中，从而保证公众的创作或表达自由。⑥

反对者们提出的，创造性具有主观性和不确定性，需要区分的是作为概念的独创性与作为标准的独创性，概念具有主观性和不确定性，并不意味着标准同样具有主观性和不确定性。作为标准的独创性综合了

---

① See Alfred Bell & Co. v. Catalda Fine Arts, Inc., 191 F. 2d 99, 102-03 (2d Cir. 1951); Gross v. Seligman, 212 F. 930, 930-32 (2d Cir. 1914).
② See Roberta Rosenthal Kwall, *Originality in Context*, 44 Hous. L. Rev. 871, 2008.
③ 参见卢海君：《版权客体论》，知识产权出版社 2014 年版，第 426 页。
④ Rudolf von Jhering, *Der Zweck im Rech*, Volume 2, Nabu Press, 2010, S. 442. 转引自王利明：《法学方法论》，中国人民大学出版社 2012 年版，第 414 页。
⑤ 参见崔国斌：《著作权法：原理与案例》，北京大学出版社 2014 年版，第 73 页。
⑥ See Douglas Lichtman, *Copyright as a Rule of Evidence*, 52 Duke L. J. 683, 2003.

著作权保护的各项规定,已经从抽象上升为具体,并且它揭示了所保护对象的内在本质及其规律,因此是客观的。①

而将创造性因素的有无进行区别对待,笔者亦不赞同。无论独立作品还是非独立作品,均存在可资比较的对象,只是比较范围的宽窄不一。对于非独立作品而言,通常只需将其与所依赖的基础作品进行比较即可;而对于独立作品,其比对对象则为现存所有作品。但由于自动保护已成为各国著作权法普遍采用的原则,这就意味着作品一经创作完成即推定具有独创性,仅在涉及侵权纠纷时才重新对作品的独创性进行检验,而在重新检验独创性时实际已经将作品的比对对象限定在了特定范围之内。因此,无论独立作品还是非独立作品,均应具有创造性。

二、独创性的理论基础

有观点指出,著作权法确立独创性概念本身是一个仓促之举,面对后现代主义提出的种种挑战,独创性在很大程度上已经很难自圆其说;但局限于当前人类的认知与抽象能力,独创性在著作权法中仍然是不可或缺、不能被替换的。② 事实上,独创性并不是局限于当前认知与抽象能力的被迫选择,而是有其深刻的理论基础所在。

(一)独创性与公有领域理论

1. 著作权法中公有领域的正当性

一种态度、一种制度、一部法律、一种关系,只要能使每个人获得其应得的东西,那么它就是正义。③ 著作权法上的"正义",主要体现在两个方面:一是作者应当就自己付出的创造性劳动,获得相应的利益回报,这种利益回报通过著作权法赋予作者一定的垄断权利来实现;二是

---

① 参见金渝林:《论作品的独创性》,载《法学研究》1995 年第 4 期。
② 参见张玉敏、曹博:《论作品的独创性——以滑稽模仿和后现代为视角》,载《法学杂志》2011 年第 4 期。
③ 参见[美]E. 博登海默:《法理学:法律哲学与法律方法》,邓正来译,中国政法大学出版社 2004 年版,第 278 页。

社会公众应当保有对特定信息接触与使用的权利,社会公众权利的实现,则依赖于公有领域的存在。① 对著作权而言,后一层次的正义要求更为重要。著作权的制度目标决定了为作者创作提供经济激励并非其唯一目的,鼓励艺术智力作品发行、提升社会公共利益才是更为深远的目标。公有领域是任何人都可以自由使用的信息的集合,在其上不成立任何排他性的私人财产权。换言之,即公有领域中的知识和信息是"每个人都应获得的东西"。所以,作者权利应当得到尊重,这只是最基础意义上的正义;在更深远意义上,真正令每个人都获得"应得的"公有领域信息,才是正义的最终要求。

所有智力创造活动在某种程度上都建立在现有成果的基础之上,② 正如前所述,作者进行的所有创作行为,都不是在一个完全内在的、纯粹的主观空间里产生的。任何一部作品都要借用、甚至是必须大量借用此前众所周知的和已经被利用过的各种材料。这种利用如果不是自由的,就会严重影响文化科学的继承和发展。③ 作品生产的历史性和社会性特征,就决定了在保障作者专有权利的同时应当保留一定的公有领域,以维持创作活动中的人际平等与代际公平。正如李特曼所说,公有领域才真正是版权法的前提和基础,离开了公有领域,人类根本无法容忍版权制度的存在。④

从经济学的视角来看,公有领域存在的合理性还可从私人财产权设定的合理性说起。人类社会要有序运行,不能单纯依靠公有产权,还必须依赖于排他性的私人产权。对此问题做出的经济学解释,最为著名的即为哈丁的公地悲剧理论。由于缺乏私人产权,每一个使用者都会基于自己的利益最大化,来使用具有竞争性和消耗性的公有物品,最终结果便是公有物品的衰败。然而,公地悲剧的理论前提在著作权领

---

① 参见王果:《著作权法公私界限划分的影响因素分析》,载《政法学刊》2016 年第 5 期。

② See Pierre N. Leval, *Towards a Fair Use Standard*, 103 Harv. L. Rev., at 1109.

③ See Wendy J. Gordon, *A Property Right in Self-Expression: Equality and Individualism in the Natural Law of Intellectual Property Right*, 102 Yale L. J. 1533, 1993.

④ See Jessica Litman, *The Public Domain*, 39 Emory L. J. 977, 1990.

域并不存在。与有体物相比,著作权客体(甚至整个知识产权)最为突出的特征为非竞争性和非排他性,将知识和信息放置于公有领域,不仅不会令知识和信息枯竭,反而在公有领域交互性和开放性之特征的作用下,会使公有领域中的知识信息得到累积性扩大。① 这也正是公有领域的价值之所在。

2. 独创性对公有领域的维护与促进

在洛克的财产权获得模式中,存在先决条件的限制:"对这种劳动作为劳动者无可置疑的财产,除了他自己,没有人对于其施加了劳动的东西享有权利,但至少应当在公有中为他人留下足够而良好的部分。"如果确认财产权会严重地减少第三方使用公有物的能力,自然法就会禁止它。② "足够而良好"的先决条件在著作权中的含义可以进一步细化为:智力创造者对其智力创造物的著作权以不伤害其他人的同等创造力,以及不妨碍从已有的文化和科学遗产中吸收涵养为前提。③ 独创性的工具性价值就在于可以维护与促进"足够而良好"的公有领域,那些不满足独创性要求的成分将永久留存于公有领域,而可为任何人自由免费使用。

独创性避免了对他人同等创造力的伤害,表现为独创性针对的对象仅为表达,思想无论具备多么鲜明的独创性都属于公有领域的范畴。思想表达二分法标志着当事人地位、作者地位的平等。思想表达二分法将思想置于公共领域,给了不同作者重新表达的机会……在作者资格上,人人地位平等。④ 同时,独创性的第一层含义是"作品系作者独立完成",要求该作品并非抄袭而来。与此相关的一个原理是"允许偶合",⑤即使不同作者做出了完全相同的表达,只要是相互独立做出的,

---

① 参见黄汇:《版权法上的公共领域研究》,法律出版社2014年版,第47~50页。
② 参见冯晓青:《知识产权法哲学》,中国人民公安大学出版社2003年版,第17、20页。
③ 参见冯晓青:《知识产权法哲学》,中国人民公安大学出版社2003年版,第92页。
④ 参见李雨峰:《思想/表达二分法的检讨》,载《北大法律评论》编辑委员会编:《北大法律评论》第8卷第2辑,北京大学出版社2007年版,第440页。
⑤ 参见李琛:《著作权基本理论批判》,知识产权出版社2013年版,第130页。

二者均可以同等受著作权保护。这也保证了他人就同一表达平等获得著作权保护的可能性。

独创性也同样确保了不妨碍他人从已有的文化和科学遗产中吸收涵养,那些不具备独创性的表达、纯粹事实等都将保留在公有领域,仅是对公有领域信息的简单再现或组合的成果①、同类型作品的通用表达、②必要场景③等也都将因欠缺独创性而属于公有领域。不同作品中出现的相同要素,只要是处于公有领域的,并不能作为侵权成立的主要依据。因此,将著作权法上的"独创性"概念与公有领域的概念协同运作,并使公有领域成为独创性的有效补充,著作权法就能真正摆脱作者独创了整部作品的预设困境,而使原本属于公有领域的要素,继续停留在公众共享的自由领地。④

(二) 独创性与价值增加理论

当劳动对其他人产生了某种超越道德要求的有价值的东西时,劳动者对于该物就值得某种利益,⑤此即价值增加理论。但需注意的一点是,赋予劳动者的财产权利,只及于价值增加的部分,而非结果出现的总体价值。贡献于被施加劳动的部分和劳动的贡献,这两部分必须加以区分。⑥做出这一区分,一是为了维持公有领域的健康良性发展,二是公平正义的要求,任何人都不应该不劳而获而享有某种法律上的利益。

价值增加理论反映在著作权法上,即为独创性要求。美国第二巡回法院在 CCC Information Services, Inc. v. Maclean Hunter Market Reports, Inc. 案中指出,美国最高法院在 Feist 案中创立独创性规则的目的并不是要建立一个更高的独创性要求的藩篱。拒绝下级法院将保护

---

① 参见重庆市高级人民法院民事判决书,(2012)渝高法民终字第 257 号。
② 参见大连市西岗区人民法院民事判决书,(2014)西民初字第 1002 号。
③ 参见最高人民法院民事裁定书,(2013)民申字第 1049 号。
④ 参见黄汇:《版权法上的公共领域研究》,法律出版社 2014 年版,第 172 页。
⑤ 参见冯晓青:《知识产权法哲学》,中国人民公安大学出版社 2003 年版,第 30 页。
⑥ 参见冯晓青:《知识产权法哲学》,中国人民公安大学出版社 2003 年版,第 31~32 页。

建立在"额头出汗"的基础之上，它更倾向于具体说明独创性对于作者保护的必要性，而且版权法提供的保护仅仅延及独创性元素。法律采纳版权政策是为了鼓励作者为了公共利益发表创新作品，而不是威胁他们失业，如果他们的作品被认为不具有充足的想象力。① 由于作品中的独创性表达"源自"作者，超越了道德所要求的标准，作者便有权就这部分增量要素主张专有权利。同时，作者也仅能就作品中的独创性表达享有专有权，那些处于公有领域的部分、来自他人作品中的独创性表达，一是在客观上没有形成价值的增加，二是作者并未对此付出任何努力，因而无法给予作者相应的专有权。版权法应当转变为根据作品独创性的高低来决定作品的保护范围，独创性高的作品就可获得更大范围的版权保护，反之保护范围就较小。②

可能会有人提出，著作权法没有确保增加价值的要求；相反，很多受著作权保护的作品，在学术水平、风格、内容上几乎没有什么值得肯定的地方。③ 此种观点是对著作权法中"价值"这一核心概念的误解。什么是价值？在一个市场经济的社会，一个人所创造物品的价值，是由市场中其他人的需求行为所决定的。④ 而著作权中其他人的需求行为，不可能依据纯粹个体行为来确定，只能以社会整体需求为参照。著作权所追求的制度目标是文化多样性，以文化多样性的制度目标为指导，对著作权法中"价值"的衡量就应当侧重于作品中的异质表达，而并非该作品的艺术价值或是社会价值。只要作品中存在不同于现有作品或材料的异质表达，就可以认为其满足独创性的要求。将独创性解读为作品中的异质表达，也契合了创造的哲学含义。创造是产生异质的东西，"异"与"同"的界定是相对于主体需求而言的，只要作品间存在一些差别就构成"创造"，因为这种差别对于主体的欣赏而言是有意义的。

---

① See CCC Info. Servs., Inc. v. Maclean Hunter Mkt. Reports., Inc., 33 F. 3d 61 (2d Cir. 1994).

② See Gideon Parchomovsky & Alex Stein, *Originality*, 95 Va. L. Rev. 1505, 1507 (2009).

③ 参见冯晓青：《知识产权法哲学》，中国人民公安大学出版社2003年版，第60页。

④ 参见[澳]彼得·德霍斯：《知识财产法哲学》，周林译，商务出版社2008年版，第64页。

因此，对创造性的判断，是根据主体的需求确立"什么是新的"。① 独创性其实就是要求作者在作品中形成新的符号组合、新观点、新形象、新结构、新情节、新信息、新思想、新风格。②

第二节 体育赛事节目作品属性的分类探讨

体育赛事作为体育产业的核心组成部分，具有巨大的经济价值和社会影响力。近年来，随着人们生活水平的提高和对健康生活方式的追求，体育赛事行业得到了快速发展。数据显示，从2019年到2024年，我国体育赛事市场规模呈现波动上升的态势，2019年市场规模为252亿美元，到2024年预计将达到303亿美元，从整体来看，尽管在某些年份出现了下降，但长期趋势是增长的。③ 然而，与产业发展不相适应，围绕体育赛事节目的知识产权保护要相对滞后：在前互联网时代，体育赛事节目利益相关方可通过广播组织权维护自己的合法权益；进入互联网时代后，由于我国《著作权法》中有关广播组织权的规定并不延及互联网，体育赛事节目利益相关方的合法权益开始遭受冲击。电子竞技作为新兴体育项目，也遭遇了相同困境。

一、传统体育赛事节目的独创性与法律定性

（一）体育赛事与体育赛事节目的区分

基本概念的统一是深入探讨问题的前提，要确定体育赛事节目的法律性质，就必须首先将体育赛事节目与相关的法律概念进行区分。体育比赛是按照统一的规则，在单个的运动员或运动队之间进行的竞

---

① 参见李琛：《著作权基本理论批判》，知识产权出版社2013年版，第131～132页。
② 参见王坤：《论作品的独创性——以对作品概念的科学建构为分析起点》，载《知识产权》2014年第4期。
③ 参见《最新行业数据！预计2024年体育赛事规模有望突破303亿美元，同比增长42%》，载搜狐体育，https://sports.sohu.com/a/810374672_122029436，2024年10月17日访问。

技性活动。按照体育比赛本身的不同性质,可以将其分为三类:表演性比赛,如花样游泳、艺术体操等;对抗性比赛,如乒乓球、足球、击剑等;竞争性比赛,如田径、游泳、举重等。① 而体育赛事节目则是指在体育比赛的进行中,对比赛过程进行拍摄而形成的可供观众借助特定设备来观赏的视频节目。②

通说认为体育比赛作为客观事实,不属于著作权法的保护对象。这一结论针对的应当是完整的一场比赛,而并非比赛当中每一个或每一组运动员单独的表现。比赛当中运动员单独的表现属于客观事实还是构成作品,则需要区分不同比赛项目:对抗性比赛和竞技性比赛则一般都属于客观事实,这并无争议,但如表演性比赛,花样游泳、艺术体操等,运动员的动作编排、服装甚至表情等都是经过精心设计的,这些比赛项目与舞蹈作品、杂技艺术作品等的表现形式基本类似,其作品性也同样存在争议。③

由于体育比赛本身的可版权性与体育赛事节目的可版权性不同,因此在讨论体育赛事节目的可版权性时,尤其需要将其与体育比赛本身进行区分。对于体育赛事节目究竟是否属于受著作权法保护的作品,无论理论界还是实务界都存在争议。

(二)体育赛事节目的法律定性

对不同事物的法律性质进行区分,主要在于不同性质之下的事物,依据法律地位的不同,享有的权利也不同。探讨体育赛事节目的保护

---

① 参见徐康平等:《体育知识产权保护问题研究》,法律出版社2015年版,第268页。
② 参见祝建军:《体育赛事节目的性质及保护方法》,载《知识产权》2015年第11期。
③ 有观点认为,在表演性比赛中,运动员的表演技能的要求很高、难度很高,具有深刻的思想性、高超的技术性,以及极强的观赏性,应该是一种创作。徐康平等:《体育知识产权保护问题研究》,法律出版社2015年版,第268页。类似观点还可参见卢海君:《论体育赛事节目的著作权法地位》,载《社会科学》2015年第2期。但相反观点认为,体育赛事只不过是身体的活动,而非思想或者感情的创作表现,因此不属于作品。同时,即使是花样游泳、花样滑冰,如果只是在体育比赛场合进行,讲求的还是技法,而不是具有文艺性质的表演,因此运动员并不是表演者,不能享有表演者邻接权。参见李扬:《体育赛事相关财产权问题漫谈——兼与日本学说比较》,载知产力,http://www.zhichanli.com/article/16133,2017年1月14日访问。

模式,就需要在将其与相关概念进行区分的前提下,确定其法律性质。

1. 体育赛事节目法律性质的争议

体育产业迅速发展,因体育赛事节目引发的著作权纠纷并不在少数,司法实践对体育赛事节目的法律性质、保护方式等均存在不同观点:一是将体育赛事节目定性为录音录像制品,但对其保护方式则既有主张将对体育赛事节目的网络实时播放行为纳入信息网络传播权调整的,①也有认为信息网络传播权无法调整网络实时转播行为,而只能适用反不正当竞争法来规制的;②二是将体育赛事节目的画面认定为作品,同时亦认为网络实时转播行为不受信息网络传播权调整,而应当由兜底权利来保护。③

理论界对此亦有"制品"与"作品"两种不同观点。一种观点认为,"体育赛事节目是录像制品"的主要理由是,体育比赛的特点以及赛事节目的连续拍摄和播出,导致体育赛事节目的画面在大多数情况下很难反映导播的个性。④ 并且在体育赛事节目的拍摄过程过程中,摄制者按照自己的主观意志所能作出的选择非常有限,不足以构成电影作品或以类似摄制电影的方法创作的作品。⑤

另一种观点则认为,从体育赛事节目的制作过程来看,其"独创性"特征是明显的,比赛现场的不同位置往往布置多台摄像机,每台摄像机都由自身的摄像人员根据制作团队要求的风格和目标自主拍摄,而后由导演或导播进行合理切换、取舍,并配以字幕信息后播出,其间还会对比赛的精彩瞬间进行慢动作回放。体育赛事节目虽然没有事先的剧本和演员的表演,但同样缺少剧本和演员的纪录片早已跻身"电影作

---

① 参见广东省广州市中级人民法院民事判决书,(2010)穗中法民三初字第 196 号。
② 参见广东省深圳市福田区人民法院民事判决书,(2015)深福法知民初字第 174 号。
③ 参见北京市朝阳区人民法院民事判决书,(2014)朝民(知)初字第 40334 号。
④ 参见王迁:《论体育赛事现场直播画面的著作权保护——兼评"凤凰网赛事转播案"》,载《法律科学(西北政法大学学报)》2016 年第 1 期。
⑤ 参见朱文彬:《体育赛事节目的著作权保护——央视公司诉世纪龙公司侵害信息网络传播权纠纷案评析》,载《科技与法律》2013 年第 2 期。

品"的行列。所以,体育赛事节目也应被列入电影作品的范畴。①

2. 体育赛事节目应为录像制品

在民主社会中,所有人都应该能够分享社会的精神生活。因此,这就提出了这样的问题:个人究竟在何种程度上才能就某个确定的文化产品享有权利?符合哪些条件之后才可以认为该文化产品是属于"他的",法学家们还必须确定,个体的利益究竟可以被保护到何种程度而不至于阻滞精神生活的进行、不至于阻碍其他人在同一产品上享有某些权利等。② 体育赛事节目究竟应当作为作品还是制品来保护,对这一问题的探讨可从其合理性和必要性两个方面入手。

(1) 将体育赛事节目认定为作品的合理性并不充分

区分电影作品和类似电影作品与制品的关键因素在于独创性:独创性程度高的,就属于作品;而未达到作品创作高度的,就属于录像制品。做出这一区分的法律效果是:对于制品,依据我国《著作权法》第44条第1款的规定,录像制作者对其制作的录像制品仅享有复制权、发行权、出租权和信息网络传播权等4项权利;广播电台、电视台享有的权利是转播权、录制权和复制权。而对于作品,作者可享有《著作权法》第10条规定的17项完整权利。

从以上争论可知,对体育赛事节目的定性,并不在于其是否具有创造性,而是在于确定创造性的程度。程度的判断,有观点认为所谓"创作高度"完全是主观臆断,在知识产权制度日益国际化与一体化的当下,著作权与邻接权区分的意义日益消减,作品与制品的界限日益模糊,我国《著作权法》应该取消制品概念,将体育赛事节目统一纳入著作权中进行保护。③ 此一观点有夸大独创性判断中主观成分的嫌疑,独创性在司法实践中确实成了利益平衡的杠杆,用以划分公有领域和作者领域,但并非完全是主观臆断,广东省高级人民法院就曾在办案指引中

---

① 参见徐康平等:《体育知识产权保护问题研究》,法律出版社2015年版,第255页。
② 参见[德]M. 雷炳德:《著作权法》,张恩民译,法律出版社2005年版,第39页。
③ 参见卢海君:《论体育赛事节目的著作权法地位》,载《社会科学》2015年第2期。

提出了电影作品和录音录像制品的区分标准及判断方法。①

不可否认,体育赛事节目的制作当然需要创造性劳动。但是著作权与邻接权区分的标准原本就不是创造性的有无,而是创造性水平的高低。从性质上看,精神方面的创作行为与精神方面的投入行为是有区别的:在精神方面的投入之情形,投入者自己的精神既不纳入该精神财富的结果之中,也不对该精神财富施加影响,因此付出这种投入的人通常是可以被替换的,并且替换投入主体不会对结果产生根本性影响;但是在精神方面的创作情形,由于个人的智慧已经体现在了表达形式上,因此作者本人是不可以替换的,一旦替换了投入者就将产生完全不同的结果。② 这种可替换性反映在体育赛事节目的制作上,各平台制作的体育赛事节目最为明显的区别通常为现场解说,其他画面的选择、回放等虽然有区别但并不属于根本性的,例如,体育赛事节目所呈现的画面并非展现完整的比赛场面,而是经过摄像师和编导人为选择过的,但任何一个制作单位在呈现这些画面时都会经过人为选择,这些选择是由体育赛事节目本身的特点所决定的必然结果,赋予导播、编导的创造性空间非常有限。这是体育赛事节目的制作与视听作品创作最为本质的不同,不同导演就同一部作品拍摄出来的视听作品,在效果上会完全不同。如《射雕英雄传》,迄今为止已有7个不同的版本,每一个版本都可以给人不同的欣赏体验。并且影视作品的独创性主要源于影像的前后衔接,影像的内容亦是导演选择与安排的结果。③ 这些都是体育赛事节目所不具备的。

至于学者所言,著作权与邻接权的二元结构可以取消,且不会涉及法律的大变动。从《大清著作权律》开始,我国著作权法二元结构已经根深蒂固,短期内很难直接彻底改变这一立法模式。并且由于著作权与邻接权在权利主体、权利客体以及权利内容方面均有所差异,必然会涉及法律较大范围的变动。从转换成本和修改效率的角度来看,在

---

① 参见广东省高级人民法院文件粤高法发(2012)42号。
② 参见[德]M.雷炳德:《著作权法》,张恩民译,法律出版社2005年版,第56页。
③ 参见祝建军:《体育赛事节目的性质及保护方法》,载《知识产权》2015年第11期。

现有体系下进行修订要比采用新体系来得更为便捷。

(2)将体育赛事节目认定为作品的必要性不足

与我国著作权制度基本相同的日本,对放送事业者制作的视听节目究竟属于作品还是制品,同样存在分歧。不过在日本,认为属于作品的观点似乎是少数派,"是作品还是制品之争"的案例也不多见。根据日本《著作权法》的规定,无论无线还是有线放送事业者,都享有"传播可能化权",放送事业者完全可以控制未经许可通过信息网络传播其制作的体育赛事视听节目的行为。所以,在日本,许多放送事业者不会去争论其制作的体育赛事视听节目是作品还是制品的问题。①

在我国,体育赛事节目究竟是作品还是制品这一问题,之所以不同于日本而引发如此多的关注和争议,主要是因为期望利用作品的定性来为录像制作者、节目传播者谋求更全面的利益保护。如前述实践争议,针对体育赛事节目的网络实时转播行为,作为侵犯节目制作者利益最严重、也最常见的盗播行为,我国《著作权法》并未给予妥善调整。但针对这一缺漏,无论怎样定性体育赛事节目,均难以实现全面保护前述主体的目的。首先若认定为制品,广播组织者权仅限于转播、录制和复制,未能扩展到互联网领域;而信息网络传播权最为核心的要求是可使公众在个人选定的时间和地点获得作品,网络实时转播显然无法满足这一要求。而若将体育赛事节目认定为作品,著作权人虽然可以获得兜底权利的保护,但《著作权法》中的兜底条款采用的表述是"应当由著作权人享有的其他权利",这便又涉及利益衡量的问题。每一位法官对此可能存在不同理解,尤其是在将体育赛事节目认定为作品的合理性并不充分的前提下,更易引发司法判决的不一致。因此即便主张体育赛事节目为作品,也无力解决救济不足的问题。

对此,可借鉴日本的做法,坚持著作权—邻接权的二元结构,将体育赛事节目认定为录像制品,而针对现实中"体育产业成为国民经济新

---

① 参见李扬:《体育赛事相关财产权问题漫谈——兼与日本学说比较》,载知产力,http://www.zhichanli.com/article/16133,2017年1月14日访问。

的增长点,现行《著作权法》又无力调整网络实时转播的盗播行为"这一矛盾,可扩张录像制品权利人的权利范围,将广播组织权扩展到互联网领域。① 如此,既可以满足体育赛事节目制作者利益保护的诉求,又可维持著作权—邻接权二元结构的稳定。

二、电子游戏的独创性与法律定性

2003年11月,电子竞技正式被国家体育总局列为第99个体育项目;在全球,电子游戏已成为与影视、音乐并驾齐驱的娱乐产业之一。电子游戏是多种类型作品的复合。在 Stern Electronics, Inc. v. Kaufman 案中已经明确:程序输出结果独立于计算机程序,可以单独获得著作权保护。② 因此本部分讨论并不涉及电子游戏中的计算机程序,而仅包含可被程序调用的其他游戏资源,各游戏资源的整体组合,以及根据电子游戏制作的节目等。

(一)电子游戏本身可成为著作权法上的作品

电子游戏的外延和内涵极其宽泛,要分析电子游戏涉及的著作权问题,可借鉴著作权法处理其他多媒体作品的一贯思路,将电子游戏区分为游戏软件直接固定的内容和游戏过程中临时呈现的内容两部分。③

游戏作品直接固定的内容,主要包含游戏引擎和游戏资源库,在游戏运行过程中,游戏资源库中的素材将通过游戏引擎调用并最终在计算机屏幕上显示。游戏引擎属于计算机程序这一结论几乎没有争议,而游戏资源库,则包含了游戏中所有涉及的视频、音频、图片、文字等文件,这些文件素材在满足条件的情况下,可分别被归入视听作品、音乐作品、美术作品、文字作品等作品类型中。对游戏资源库中的不同要素进行分门别类的保护,也符合司法实践中的做法。在暴雪娱乐等诉上海游易侵害著作权纠纷案中,法院就认为,《炉石传说:魔兽英雄传》中

---

① 参见卢海君:《论体育赛事节目的著作权法地位》,载《社会科学》2015年第2期。
② See Stern Electronics, Inc. v. Kaufman, 669 F. 2d 852 (2d Cir. 1982).
③ 参见崔国斌:《认真对待游戏著作权》,载《知识产权》2016年第2期。

同时包含美术作品、文字作品和以摄制电影的方法创作的作品。①

早期的电子游戏通常按照开发者既定的程序进行，无论画面显示，还是音乐播放，玩家所能干预的非常有限，以致不少国家都直接将视听类的电子游戏作为视听作品来保护。② 随着电子游戏交互性能的增强，游戏过程中用户操作所形成的临时内容越来越多，也越来越复杂，但这并不意味着游戏设计者的权利范围是无法确定的。无论用户如何操作，不同用户操作的游戏画面之间依然有实质不变的部分，③如此才可体现出不同用户操作的实际是同一款游戏。这部分实质不变的内容在满足著作权保护要件的前提下，就是游戏设计者所能主张的权利范围。交互性能的增强，所改变的仅是需要考虑以下新的问题：对由程序设定和玩家干预共同完成的游戏画面，是否也属于电子游戏的保护范围，玩家是否可以主张著作权。

也正是因为电子游戏越来越复杂，理论界开始出现一种观点，主张将电子游戏视作一个整体，在《著作权法》中增设游戏作品这一新的作品类型。④ 此一主张忽略了电子游戏在表现形式上的多样性。根据电子游戏表现形式的不同，可将电子游戏区分为简单的非视听类游戏（如2048、俄罗斯方块等），以及复杂的视听类电子游戏（如仙剑奇侠传、魔兽争霸等）。非视听类游戏的精髓多体现于游戏玩法或功能，而游戏玩法或功能属于思想，无法得到著作权的保护，加之程序设定对游戏运行起决定性作用，对程序代码提供著作权保护就基本可以实现保护电子游戏的目的。而视听类电子游戏，尤其一些复杂的视听类电子游戏与视听作品几乎无异，甚至电子游戏与视听作品之间存在双向改编的情形，如电视剧《古剑奇谭》改编自单机游戏《古剑奇

---

① 参见上海市第一中级人民法院民事判决书，(2014)沪一中民五(知)初字第23号。

② 美国的典型案例有：Stern Electronics, Inc. v. Kaufman, 669 F.2d 852 (2d Cir. 1982); Atari Games v. Oman, 888 F. 2d 878 (D. C. Cir. 1989). 日本、德国等国也有类似做法。参见董颖、邹唯宁、高华苓：《视频游戏作品所包含的艺术类著作权》，载《电子知识产权》2004年第11期；李宗勇：《网络游戏的法律保护》，载张平主编：《网络法律评论》第6卷，法律出版社2005年版，第207页。

③ See Williams Electronics, Inc. v. Artic Int'l, Inc., 685 F.2d 870, 874 (1982).

④ 参见冯晓青、孟雅丹：《手机游戏著作权保护研究》，载《中国版权》2014年第6期。

谭:琴心剑魄今何在》,制作精良的电视剧《琅琊榜》也开发出了同款游戏。视听类电子游戏中的单个游戏资源,在满足可版权性要件的情况下,毫无疑问可以获得著作权,有争议的是对该类型游戏的画面应当如何保护。

对于电子游戏画面的整体,在《奇迹 MU》诉《奇迹神话》游戏侵权案中,一审法院认为视听类电子游戏的创作过程与电影的创作过程类似;在表现形式上,游戏画面也和电影作品相似,因此游戏整体画面为类电影作品。[①] 二审法院不仅认可了一审法院的判决结论,更进一步指出,类电影作品的特征性表现形式在于连续活动的画面,该连续活动画面是唯一固定、还是随着不同操作而发生不同变化并不能成为认定类电影作品的区别因素。随着科学技术的不断发展,特别是网络技术的快速发展,著作权客体也会随之产生新生物,对此应当依据作品分类的实质因素进行判断分析。我国《著作权法》规定了电影作品和类电影作品,其中类似摄制电影的方法创作,应是对创作方法的规定,不应仅是对制作技术的规定,还应包括对各文学艺术元素整合的创作方法的规定。从此意义上来讲,网络游戏也采用了对各文学艺术元素进行整合的创作方法。[②] 因此,《奇迹 MU》游戏整体画面构成类电影作品,该案也是将游戏整体画面认定为类电影作品的第一案。

如果电子游戏在设计之初就有类似电影作品的人物、情节等要素,则可在整体上将其作为视听作品予以保护,无须另行规定电子游戏这一新的作品类型。视听类电子游戏的独创性认定,也遵从视听作品的一般规则,体现在故事情节、人物形象、人物关系、镜头剪辑等。前述主张将电子游戏作为特殊作品类型对待的观点,并不符合《著作权法》创设特殊作品类型的法律目的。著作权法创设特殊的作品类别,是方便创设特殊的产权归属规则,而电子游戏的创作过程决定了其并不需要特殊的产权规则来避免权属纠纷。[③]

[①] 参见上海市浦东新区人民法院民事判决书,(2015)浦民三(知)初字第 529 号。
[②] 参见上海知识产权法院民事判决书,(2016)沪 73 民终 190 号。
[③] 参见崔国斌:《认真对待游戏著作权》,载《知识产权》2016 年第 2 期。

关于在游戏进行过程中,因选手的操作而形成的单独游戏画面,是否可以构成独立于游戏整体的新作品。在上海耀宇文化与广州斗鱼著作权侵权纠纷案中,法院认为比赛画面并不属于《著作权法》规定的作品。① 此一结论失之偏颇,比赛过程具有随机性和不可复制性,并不代表过程中的某一画面就不具有独创性,不属于《著作权法》上的作品。由于选手的操作选择不同,形成的画面也就不同,所以这些画面也可能属于《著作权法》上的作品。游戏过程中出现的特定画面,与从动态录影中截取图片具有相似之处,游戏不同进度中的画面构成是不同的,加之玩家在游戏过程中的不同设置,均导致即使在相同场景下,玩家不同,所得画面也不尽相同。因此对单独的比赛画面并不能一概否定其独创性。由于游戏制作并不同于动态录影,单独游戏画面的独创性认定无法直接套用摄影作品的规则,而应当适当结合美术作品,从截图所呈现的视觉效果来综合认定。

(二) 电子游戏视频节目不满足独创性的要求

前文已经论及,传统体育赛事本身的可版权性与体育赛事节目的可版权性无关。这一结论同样适用于游戏画面的公开传播:游戏画面无论个体还是整体,都可能具有独创性从而属于著作权法上的作品,但电子游戏视频节目是否同样属于作品则需要进一步确定。②

在前述上海耀宇与广州斗鱼著作权纠纷案中,涉案dota2游戏的客户端本身就具有对外公开的旁观者观战功能,对同一场比赛可以呈现给观战者多个不同视角的比赛画面。其他网络服务提供者在技术上能够通过相关计算机软件将上述比赛画面提取到其服务器中,并通过其网站向网络用户播出。因此,倘若仅是对软件自动截取的画面进行直播,则该视频显然不满足独创性的要求。但在该案中,耀宇公司向网络用户提供的直播内容不仅是软件截取的单纯比赛画面,还包括了原告

---

① 参见上海市杨浦区法院民事判决书,(2015)浦民三(知)初字第191号。
② 本文不讨论未经许可公开传播游戏画面侵犯了电子游戏的著作权的行为,是否属于合理使用,而仅讨论以游戏为基础制作的游戏视频节目是否构成著作权法上的作品。

对比赛的解说内容、拍摄的直播间等相关画面以及字幕、音效等，属于由图像、声音等多种元素组成的一种比赛类型的音像视频节目。^① 在该案中，由于被告并未使用原告涉案赛事节目的字幕、解说、音效等组成元素及其组合，因此原告制作、播出的涉案赛事节目是否构成作品并非侵权是否成立的关键。但从理论上以及以后的司法实践中，以游戏比赛为基础制作的音像视频节目是否属于作品这一问题，无法回避。

与传统体育赛事节目相同，为了完整呈现游戏过程，视频制作者所能进行的选择极其有限，尤其是游戏画面，一般都是通过软件自动抓取的。至于音效、解说、灯光、照明，以及慢镜头回放等，虽然也体现了制作者的主观选择，但总体上仍没有达到著作权法对视听作品的独创性要求，不同游戏视频制作者制作出来的节目区别并不大，如在上海耀宇与广州斗鱼著作权纠纷案件中，斗鱼公司制作的游戏视频，使每场比赛有10多万名网络用户转投到其网站观看直播，严重分流了原告网站的用户关注度和流量。这表明，不同制作者制作的电子游戏视频节目并不具有根本性区别。因此与传统体育赛事节目相同，电子游戏视频节目亦只能作为录像制品，被归入邻接权的范畴。

第三节　动物"创作成果"作品属性之检讨^②

2011年，在印度尼西亚的苏拉威西岛丛林里，为了拍摄一个猕猴群，英国摄影家大卫·斯莱特把相机架在三脚架上，设好线控快门，让猴子自行摆弄玩耍。最终，一只黑色的猕猴按下了快门，拍出了很多照片。虽然多数都是不能用的废片，但斯莱特还是惊奇地发现，其中有一

---

① 参见上海市杨浦区法院民事判决书，(2015)浦民三(知)初字第191号。

② 本节内容，原载张玲、王果：《动物"创作成果"的民事法律关系三要素分析》，载《知识产权》2015年第2期。因该文发表时"猴子自拍照"尚未有判决结果，同时《著作权法》也于2020年完成第三次修改，所涉法条有所变更，故本节内容收入本书时略有删改。

张完美自拍照。随后,这张照片在网上迅速火爆,包括维基百科在内的很多渠道都争相刊登,斯莱特因此获得了几千英镑收入。[①] 然而,包括维基百科在内的好多机构却拒绝支付版权费。他们称,这是由动物自己拍摄的照片,因此,这张照片的版权根本就不属于斯莱特。虽然法院判决称版权保护不适用于猴子,斯莱特最终赢得了官司,但该案引发我们再次深入思考究竟"何为作品,谁又是著作权人"这一著作权法最基本、核心问题。猴子拍摄的照片在清晰度、构图、用光等方面都非常好,具有独创性。与摄影师拍摄的照片在表现形式上没有差别。那么,猴子作为非人类所形成的成果是否能够纳入著作权法框架下进行保护?非人类"创作成果"的性质是什么?是否属于著作权法所规范的作品?摄影师大卫·斯莱特主张其享有著作权,维基百科则主张著作权不能归非人所有,照片属于公共领域,任何人可免费使用。双方争议的焦点是照片的著作权归属。但是,该争议是建立在照片属于作品的前提之上。而此前提本身是有疑问的,不能作为讨论问题的出发点。因此,解决"猴子自拍照"纠纷,首先应界定照片,也即动物"创作成果"的法律属性。只有在论证动物"创作成果"是作品之后,才涉及著作权归属问题,否则,只能在著作权框架之外寻找解决问题的出路。因此,本节着重聚焦于动物"创作成果"法律属性这一前提性问题。

一、动物"创作成果"不属于著作权法所规范的作品

关于动物"创作成果"是否属于作品,存在肯定派与否定派两种截然相反的观点。否定派认为,动物既然不能成为法律主体也就不能成

---

① 参见林容、王睿:《猕猴按下快门自拍,这张照片到底属于谁?闹了两年,终于有结果了》,载微信公众号"红星新闻"2017 年 9 月 12 日,https://mp.weixin.qq.com/s?__biz = MzI3MTQzNjYxNw = = &mid = 2247487994&idx = 3&sn = fc8e91b584c89ede626a19ab65838d87&chksm = eac08fdcddb706ca1e26e8978272295f4e7d6c3b76fcb52a882feaeca6d9512da90976 79ac1b&scene = 27, 2024 年 9 月 19 日访问。

为作者,而除非能够证明有其他适格作者的存在,否则也就不存在所谓作品。① 肯定派认为,动物画作符合著作权客体的构成要件,没有理由将其排除在著作权客体之外。② 作品肯定派的论证逻辑是,作品的构成要件包括:第一,属于文学、艺术和科学领域;第二,作品必须具有法律所要求的独创性;第三,作品应该具有有形表现性。而动物具有创作作品的智力和情感能力,其画作具有独创性。同时,这些画作具有艺术价值,得到收藏家的喜爱,也具有可感知性和可复制性。故此,得出结论:动物画作是作品。③ 笔者认为,上述肯定派的分析流于形式,太过牵强,其中存在多个偷换概念、逻辑不严谨之处,没有深入问题的实质。

(一)动物"创作成果"只符合作品的形式要件

以往关于作品的研究成果大多集中在独创性的内涵上,分析独创性不同于新颖性,思想、表达二分法等问题。结合本节主题,笔者认为应另辟视角,将作品的要件区分为形式要件和实质要件,在此基础上,分别检讨动物"创作成果"是否具备。

我国《著作权法》第 3 条规定"本法所称的作品,是指文学、艺术和科学领域内具有独创性并能以一定形式表现的智力成果",并同时列举了 9 项不同作品类型。《著作权法实施条例》第 4 条对包含上述 9 项在内的共计 13 种作品分别解释了含义。综合这些规定可见,作品的创作元素是文字、点、线、面、色彩、声音、动作、画面等,创作主体有意识地选择其中的元素表达自己的设计、构思,就构成作品。运用文字表达的,即诸如文字作品、音乐作品、戏剧作品等;运用语言表达的,是口述作品;运用点、线、面表达的,为美术作品、图形作品、建筑作品等;综合运

---

① 参见 Hayden Delaney & Hayley Tarr,*What if a koala took the selfie? copyright and animals as authors*,杨可欣编译,载微信公众号"智合"2014 年 8 月 19 日,http://mp.weixin.qq.com/s?__biz=MzA5NTMwMDgzMA==&mid=200502955&idx=3&sn=2bc3036718582482bf0eecd20105d27e#rd,2014 年 8 月 28 日访问。

② 参见刘媛:《动物画作的著作权研究——以实证主义为视角》,载《西南政法大学学报》2011 年第 4 期。

③ 参见刘媛:《动物画作的著作权研究——以实证主义为视角》,载《西南政法大学学报》2011 年第 4 期。

用语言、动作、画面等因素创作的影视作品。因此，由创作元素文字、点、线、面、色彩、声音、动作、画面等组成的一个完整表达就是作品。作品的外在表现形式，或曰形式要件就是文字、音符、线条、色彩、声音、动作、画面等有机结合组成的信息。人类第一部著作权法为英国的《安娜法》，其全称是《为鼓励创作而授予作者及购买者就其已经印刷成册的图书在一定时期之内享有权利的法律》，保护客体就只有图书一种，美国1790年《版权法》的保护客体除图书外，还包括地图和海图。之后，随着科学技术的发展，著作权保护客体不断扩张，照片、电影、软件等逐步进入著作权法。创作者可以选择的能够表达自己思想的元素越来越多，而这些创作元素组成的信息就构成了作品的外在形式。

在媒体报道的动物创作成果事件中，大多是小狗、大象、黑猩猩画画；鸟唱歌；考拉、猴子拍照等。其中的画作，在外在形式上也是以线条、色彩构成的画面，与美术作品的形式要件相符；自拍照也是借助器械在一定介质上记录客观物体形象，与摄影作品的形式要件相符；但是，鸟唱歌并不是音乐作品。鸟唱的"歌"虽然也能用音符记录下来，但著作权法中的音乐作品指的是能够演唱的带词或不带词的乐谱。因此，这些典型的动物创作成果只是与美术作品、摄影作品的外在表现形式相同而已。除此之外，由于动物不懂得人类创作的文字等符号，不可能有相应的文字作品、戏剧作品、建筑作品、影视作品等表现形式。

(二)动物"创作成果"不符合作品的实质要件

作品是由文字、线条、色彩、声音、动作、画面等创作元素有机组成的信息。但是，并不是所有由文字、线条等元素组成的信息都是作品。文字、线条等元素组成的信息还需要具备作品的实质要件：独创性。世界上两种作品保护文化，无论是以自然权利为理论基础的著作权文化，还是以功利主义为出发点的版权文化，都一致确认独创性是作品的实质要件。对此，有国际公约、国内立法以及大量研究成果佐证，[1]在此不再赘述。两大体系均把独创性作为实质要件，区别只在于强调的程度

---

[1] 参见卢海君：《版权客体论》，知识产权出版社2011年版，第149页。

高低不同。但在解读独创性的基本内涵时,是一致的,都需要创作者在创作的过程中独立投入智力性的劳动,该劳动是其经过大脑对文字、线条等元素进行选择、取舍,按照一定的逻辑有机组合在一起的,而不是抄袭、模仿的。因此,在衡量和评价一个对象究竟能否成为著作权保护客体时,"智力性"特征是最关键、最具评价力的要素。独创性不能简单地理解成与现存的作品表达不一样。不一样只是外在的表现,其实质是经过了主观的思考,有了一定的构思之后,运用创作元素的一种能动的表达。而经过上述过程形成的表达,应该只有人类才能做到。智力成果是人特有的独创性劳动的产物。[1] 无论是对于思想观念的表述,还是表述所具有的独创性,都是与有血有肉的人联系在一起的。非由人类"创作"的东西不属于著作权法意义上的作品,不属于著作权法保护的范围。[2] 有些国家的法律明确规定作品必须是人类智慧的产物。如德国《著作权法》(2009)第 2 条第 2 项就明确指出"本法所称著作仅指个人的智力创作";韩国《著作权法》(2009)第 2 条也规定"作品是指对人的思想或情感的独创性表达";美国最高法院在 Sarony 案中,将《宪法》中的"作者"解释为"任何事物来源于其的人""原创者""创作者",版权法中的作者就是"原创者"。[3] 美国第九巡回上诉法院在 1997 年 Urantia Found v. Maaherra 案中又指出:"至少,为了让一个世俗的存在物承担侵犯版权的责任,这个存在物必须是复制了由另一个世俗的存在物创作的东西。"[4]由此排除了非人类作品存在的可能性。在猴子自拍照案中,美国法院再次重申了这一观点。

作品肯定派认为动物具有创作作品的智力和情感能力。其理由是:第一,动物的行为是有意识的。例如,大猩猩能够用探针从土堆中把白蚁取出来;侏儒黑猩猩能够理解抽象概念的能力,它能听懂人的部分词汇。这说明,动物具有"独立创作"的智力基础。第二,动物有爱,

---

[1] 参见彭诚信:《智力成果、知识产权与占有制度》,载《法商研究》2002 年第 6 期。
[2] 参见李明德、许超:《著作权法》,法律出版社 2003 年版,第 32 页。
[3] 参见卢海君:《版权客体论》,知识产权出版社 2011 年版,第 136 页。
[4] 李明德、许超:《著作权法》,法律出版社 2003 年版,第 32 页。

有情感。因此，动物也具有在作品中体现情感和个性的可能。① 笔者认为，上述论证中的论据不支持论点。从动物有一定的意识、理解能力，有情感，并不能就直接得出动物能够创作出表达自己思想感情的作品。我们不否认动物也有智力和情感能力，但是，这与人类经过大脑独立构思后，选择不同的符号组合在一起来表达其情感完全不同。德国哲学家恩斯特·卡希尔的文化哲学理论回答了"人类智力成果的本质是什么"，卡希尔认为，人区别于动物的根本特征，就在于动物只能生活在自然的世界中，而人在自然世界之外，还要创造一个自己所能理解的人为世界。这个世界的建设不是通过自然界的物质与能量，而是通过人自己创设的符号。人类运用符号，创造出自己的理想世界，而动物只能按照物理世界给予的信号行事。人类文化的产品——神话、宗教、语言、艺术、历史、科学等尽管具有多样性，但它们的劳作过程是统一的，都是一种符号生产。人——运用符号——创造文化。② 动物虽然具有一定的智力，在人类的训练下，也能被动地记忆一些数字等简单的符号并进行运算，但是，动物只能服从本能的欲望，并不能在主观上认识到自己的行为，只能最大限度地模仿人类的行为，或者条件反射式地做出经过训练的行为，这种无意识的本能的活动与人类的有意识、有目的的实践活动有着本质区别。③动物不可能完全懂得人类的符号及其所代表的意义，也不能能动地选择符号并有机地组合在一起，来表达它们的情感。"猴子自拍照"事件中，猴子拍的照片大多数都很模糊，只有其中几张是清晰的。这足以说明，猴子自拍照是猴子玩弄相机时，无意识触碰到快门才拍摄下来的。而著作权法所保护的摄影作品是借助器械所创作的艺术作品，它体现了摄影者独特的审美眼光和艺术视角以及独特的曝光、拍摄速度等技巧。所以，动物"创作成果"并不具有作品的实质要件：独创性。

---

① 参见刘媛：《动物画作的著作权研究——以实证主义为视角》，载《西南政法大学学报》2011年第4期。

② 参见李琛：《论知识产权法的体系化》，北京大学出版社2005年版，第131页。

③ 参见霍原、崔冬、张衍武：《论动物法律地位的应然选择》，载《东北农业大学学报(社会科学版)》2012年第4期。

二、动物"创作成果"属于可财产化信息

(一)动物"创作成果"属于非物质性的信息

猴子自拍照、大象画作等动物"创作成果"不是有形有体、占据一定物理空间的物质产品。在属性上与著作权法保护客体是相同的,属于信息范畴。第一,不存在有形控制意义上的占有。猴子自拍照、大象画作与摄影作品、美术作品一样,不具有实体性,没有物质形态。人们对它的占有不是一种实在而具体的有形控制,而是表现为认识或感受。第二,不能独立存在,必须依赖一定的物质载体。它只能通过一定的客观形式或曰载体表现出来。照片借助感光材料或其他介质,或在电脑、手机上,人们才能感知它。画作要借助纸张等体现出来。第三,在时间上具有永存性。猴子自拍照、大象画作等动物"创作成果"具有永不磨损的品格,人们对它的使用不发生任何有形的损耗。一旦完成后,只要有一定的载体体现,它可以一直存在下去。第四,在空间上可以无限地复制。猴子自拍照登上了世界各大媒体头条,并被收录到维基百科中上传到网络,人们可以在网站上将其下载到自己的存储空间中。

(二)动物"创作成果"符合财产化条件

"猴子自拍照"在摄影师和维基百科之间的纷争,大象、小狗绘画办画展,大象一幅画售2000泰铢……这些事件证实了动物创作成果能带来经济利益。这些经济利益是否意味着财产权?对此问题,可以借鉴在作品之上创设私人财产权的论证逻辑。

规范作品的法律制度有著作权和版权之分,前者的理论基础是自然权利哲学,"既然是作品的作者创造了所有的价值,那么他就有权收获全部的回报"。作者有权控制他的劳动成果。[①] 后者的理论基础是功利主义。"若无收获之希望,无人费力去播种",因此,版权作为创作与传播那些创造性作品的一种激励是必需的。并且,版权保护只扩展至

[①] 参见[美]保罗·戈斯汀:《著作权之道:从谷登堡到数字点播机》,金海军译,北京大学出版社2008年版,第13、21页。

激励所必需的程度,不能超越此限度。两种作品法律制度文化虽然在扩张与限制保护力度以及一些具体规则的设计上不同,但是,两者在对知识产品赋予私人财产权方面有着相同的结论:只要许可使用的谈判成本不至于过高,著作权就应当扩展于经济价值的每一个角落。财产权的逻辑表明,人们在哪里能够从文学艺术作品中获得享受与价值,就要把财产权扩展至哪里。① 因此作为交易对象的任何有价值的资产均被恰当地当作物,②即财产。特别是在当今的信息社会,信息商品化、财产化的诉求强烈,信息财产已经成为高于土地、机器等有形财产的主要财产,③那么,什么样的信息可以财产化,或曰信息财产化的条件是什么？学者经过研究论证,认为:能够作为财产权客体的信息应至少在形式上具有可描述、可再现的符号形态;在内容上能够表达某种可被理解的意义,并能够符合价值正当性。界定信息产权客体还应考虑信息的经济价值与可交易性。④ 用上述条件对动物"创作成果"进行衡量,可以得出结论:动物"创作成果"符合财产化条件。第一,猴子自拍照、大象画作在形式上具有可描述、可再现的符号形态,具有可支配性。动物"创作成果"不是自然存在的,它们是经过了加工,并被固定在一定载体上的信息。能够置于权利之下,被人们所支配。第二,猴子自拍照、大象画作有价值,人们愿意购买它们,具有交易性。动物"创作成果"在内容上具有可理解性和表意性,即能够表达或传达某种可被理解的意义,用经济学上的概念来解释即具有使用价值。虽然这种解释是人类在自己所创设符号的意义之下的解读。动物"创作成果"作为客体资源既是有用的,也是稀缺的。因此,应使之财产化。

---

① 参见[美]保罗·戈斯汀:《著作权之道:从谷登堡到数字点播机》,金海军译,北京大学出版社 2008 年版,第 139、147 页。
② 参见[英]F.H.劳森、[英]B.拉登:《财产法》,施天涛等译,中国大百科全书出版社 1998 年版,第 15 页。
③ 参见郑成思:《信息、信息产权及其与知识产权的关系》,载《中国知识产权报》2003 年 11 月 4 日,第 4 版。
④ 参见李晓辉:《信息产权:知识产权的延伸和补充》,载《电子知识产权》2013 年第 11 期。

三、动物"创作成果"属邻接权保护范畴

动物"创作成果"属于可财产化的信息这一定性讨论仅解决了其应当受保护的问题,还应当继续探讨如何保护。

(一)动物"创作成果"的保护模式

动物"创作成果"由于不具有独创性,因而,不属于现行著作权法保护的作品。但是,在表现形式上,其与人类创作的作品完全一样:动物画作也是由线条、色彩或者其他方式构成的有审美意义的平面艺术品;猴子自拍也是借助器械在感光材料或者其他介质上记录客观物体形象的艺术品。"如果该作品是由人类创作完成,则毫无疑问可以被授予版权。"[1] 表现形式上的一致,为动物"创作成果"纳入著作权法保护模式提供了类型化基础。在著作权法框架下所保护的信息,以其来源不同可以分为智力创作直接产生的信息和投资加非智力创造性劳动产生的信息,前者如作品,后者如版式设计、录音录像制品、广播信号等。动物"创作成果"不属于人类的智力创作,因而不能适用作品类型的保护。但是,动物"创作成果"中凝结了摄影师付出的劳动和资金。"猴子自拍照"案件中,摄影师斯莱特就宣称:其花了整整3天时间跟这些猴子熟悉,猴子才让其靠近,并且拍摄之前还需要将相机调到正确的设置,保证曝光和各种参数准确,为了"拍到"这张照片花费了巨大精力。[2] 因此,对动物"创作成果"可以类推适用"投资+非智力创造性劳动产生的信息的保护"模式,纳入邻接权范畴。

---

[1] U. S. Congress & Office of Technology Assessment,*Intellectual Property Rights in an Age of Electronics and Information*,OTA-CIT-302,at 72(1986).

[2] 参见林容、王睿:《猕猴按下快门自拍,这张照片到底属于谁?闹了两年,终于有结果了》,载微信公众号"红星新闻"2017 年 9 月 12 日,https://mp. weixin. qq. com/s? __ biz = MzI3MTQzNjYxNw= =&mid=2247487994&idx=3&sn=fc8e91b584c89ede626a19ab65838d87&chksm= eac08fdcddb706ca1e26e8978272295f4e7d6c3b76fcb52a88 2feaeca6d9512da9097679ac1b&scene=27,2024 年 9 月 19 日访问。

(二)权利的内容及期限

1.权利的内容

以权利内容是否属于财产利益为标准,民事权利可区分为人身权和财产权。人身权体现的是对人格的尊重,保护的是精神利益。著作权法所规范的作品是作者所思所想的外在表达,因而,著作权涵盖了人身权和财产权。但是,动物"创作成果"中,并没有人类智力的直接投入,人类在其中充当的仅是投资者角色,动物"创作成果"并未直接体现或承载人类的精神利益。因此,在权利设定上,人类对动物"创作成果"只能享有财产权,以符合著作权法的理念。著作权法框架涵盖了智力和投资的双重保护标准。与智力投入者享有人身权不同,财力投入者一般仅享有财产权。

著作权法保护财产权的实质在于让权利人获得信息在市场流通传播中所产生的利益。因此,著作权法基于该信息客体在实际传播中被使用的方式不同,规定了权利人所享有的具体权能:专有的行为方式。依据我国《著作权法》,出版者对其版式设计享有使用权(第37条);录音录像制作者对其录音录像制品享有复制、发行、出租、信息网络传播权(第44条);广播电台、电视台对其播放的广播、电视信号享有转播、录制及复制、信息网络传播的权利(第47条)。动物"创作成果"与上述邻接权保护客体的传播方式最为接近的是录音录像制品。因为版式设计的使用方式非常有限,只局限在出版领域;广播、电视信号的直接使用需要有相应的机器设备接收后转播、录制;而录音录像制品则可以被直接复制传播,动物"创作成果"即是如此。所以,可以类推适用录音录像制品的权利设定种类,由权利人享有复制、发行、信息网络传播权。录音录像制作者享有的出租权,是基于录音录像制品的出租已经严重影响到销售市场的份额,消费者租借录音录像制品后,不会再购买录音录像制品。由此,使录音录像制作者的经济利益受到损失。为避免该消极影响,保护录音录像制作者的投资收益,法律赋予录音录像制作者出租权。① 而动物"创作成果"不存在上述问题,因而,

---

① 参见吴汉东主编:《知识产权法》,法律出版社2009年版,第76页。

不应享有出租权。此外,考虑到动物"创作成果"在表现形式上最类似美术作品或摄影作品,所以,可以赋予权利人展览权。综合上述分析,在动物"创作成果"上设定的财产权为:复制、发行、信息网络传播权,展览权。

2. 权利的期限

动物"创作成果"作为可财产化的信息,其客体可以永存于世。但是,与知识产权具有时间性同理,从立法政策考虑,应该对权利人控制该信息规定期限,以平衡个人利益与社会利益。在保证权利人获得投资回报的同时,满足公众自由获取分享信息的需求。关于期限的长短,从理论上来讲应当以获得的报酬与实质性投资等值的时间点为基准来确立。使投资者有时间收回投资,并能取得合理的盈利。但是,由于在实践中该等值时间点几乎无法确定,所以,只能人为推定。在动物"创作成果"上设定权利,其目的是保护投资,使权利人获得投资回报,因此,可以借鉴现有法律中投资类信息的保护期限。我国《著作权法》规定的期限中,最短的是版式设计的保护期:10 年。数据库的保护期限,多数国家规定是 10 年。[1] 相对于邻接权保护客体以及数据库而言,动物"创作成果"所投入的资金有限,社会价值也较低,因此,类推适用 10 年期限为宜。截止到成果首次发表后第 10 年的 12 月 31 日,但是,自成果完成后 10 年内未发表的,不再保护。

第四节　人工智能生成内容作品属性之厘清[2]

1979 年,美国版权作品新技术应用国家委员会(CONTU)的最终报告拒绝给予计算机"创作作品"特殊对待,理由在于真正意义上的计算

---

[1] 参见李扬:《数据库法律保护研究》,中国政法大学出版社 2004 年版,第 179 页。

[2] 本节内容节选自王星:《计算机"创作作品"的著作权保护》,载《云南大学学报(法学版)》2016 年第 1 期。因论文成文时人工智能技术尚未有实质性突破,人工智能并未具有较强自主性,文中观点与当下技术发展现状已不完全匹配,故在本节中部分观点和论证有所删改。

机"创作作品"尚未出现也无法预见会出现无法克服的障碍。① 基于此,CONTU 将计算机同照相机、打印机以及其他创作工具对比,认为没有任何合理理由认可计算机仅仅通过人类对其的使用行为就向作品贡献了作者性,进一步得出结论:照片的作者是使用照相机的人,计算机"创作作品"的作者就是这些使用计算机的人。② 然而时至今日,随着人工智能技术的发展,计算机早已从被动接受用户指令升级为可实质性地决定生成内容的表达性要素,将计算机仅仅作为创作工具的观点,早已不能涵盖人工智能生成内容的全部范畴,因此有必要在当今新的技术环境下重新探讨机器创作的法律属性。

一、从计算机"创作作品"到人工智能生成内容

传统观点将计算机等同于其他创作工具,回避了"交互式计算将计算机作为合作创造者使用而不是创作工具"的实质问题,将人工智能机器引入歧途。③ 信息技术的发展,不仅革新了计算机"创作作品"的实质内涵,也突破了 CONTU 的制度前提。

(一)人工智能介入创作应当与计算机工具性利用相区分

早期有关计算机"创作作品"的界定,一般都沿用 CONTU 中工具性利用的观点,即使有变革也都停留在作品创作由计算机完成的外形表征上,并未涉及更深层次的含义揭示。如 Jonathan 将计算机"创作作品"定义为"利用信息技术在计算机上创作并在显示屏上显示或者以其他硬拷贝形式存在的作品"④;又如,世界知识产权组织的《版权示范法

---

① See National Commission on New Technology Uses of Copyrighted Works, *Final Report on New Technology Uses of Copyrighted Works 82* (1979), at 11,14 – 15,38,43 – 46.

② See National Commission on New Technology Uses of Copyrighted Works, *Final Report on New Technology Uses of Copyrighted Works 82* (1979), p. 43 – 45.

③ See William T. Ralston, *Copyright in Computer-Composed Music*: HAL Meets Handel, 52 J. Copyright Soc'y U. S. A. 281,4; Dane E. Johnson, *Statute of Anne-Imals*: Should Copyright Protect Sentient Nonhuman Creators?, 15 Animal L. 15, p. 4.

④ Jonathan C. Jackson, *Legal Aspects of Computer Art*, 19 Rutgers Computer & Tech. L. J. 495, p. 1 – 2.

草案》将计算机"创作作品"定义为"通过计算机创作而成,但在该作品中不可能识别出创造性贡献和作者"①。综观计算机的工具性利用,都具有一个共同的特点:创作者都是将计算机作为最终成果发展过程中的一个步骤,计算机本身并不是终点而仅仅是艺术家创作过程的一部分。② 彼时的计算机,仍然属于创作工具的范畴。"创作工具"是人根据自由意志将有关表达性要素的决定付诸实施时所借助的消极手段,该手段严格受控于人的意志,不可能实质性地参与确定构成作品的表达性要素的决策。③ 但很显然,人工智能介入创作已然突破了创作工具的定位。世界知识产权组织发布的《经修订的关于知识产权政策和人工智能问题的议题文件》在"定义"部分明确指出:"人工智能生成的"(AI-generated)与"人工智能自主生成的"(generated autonomously by AI)是可以互替使用的术语,系指在没有人类干预的情况下由人工智能生成产出。在这种情况下,人工智能可以在运行期间改变其行为,以应对意料之外的信息或事件。要与"人工智能辅助完成的产出加以区分,后者需要大量人类干预和/或引导"④人工智能对作品表达性要素的决定作用,也就否定了人工智能仅作为创作工具的假定。计算机的工具性利用与人工智能介入创作的核心区别在于:何者对作品表达性要素的构成起决定性作用,如作品表达性要素仍由人(无论是技术开发者还是使用者)来控制,则计算机始终处于创作工具的地位,其生成内容由计算机辅助完成,也因此对其生成内容的属性判断仍以自然人为中心;如作品表达性要素是由人工智能自身来决定,无论是技术开发者还是

---

① International Bureau of WIPO, *Preparatory Document*, *Draft Model Law on Copyright at 126 - 127* (No. CD/MPC/Ⅲ/2, Mar. 30, 1990).

② See Ruth Leavitt, *The Computer Art Myth*: *Differentiating Between Computer Art and Computer-Aided Art*, Computer Graphics World, Aug. 1992, p. 100. Quoted from Jonathan C. Jackson, *Legal Aspects of Computer Art*, 19 Rutgers Computer & Tech. L. J. p. 495.

③ 参见王迁:《三论人工智能生成的内容在著作权法中的定位》,载《法商研究》2024年第3期。

④ WIPO/IP/AI/2/GE/20/1 REV., *Revised Issues Paper on Intellectual Property Policy and Artificial Intelligence*, p. 12.

使用者均只能间接决定作品的表达性要素,则人工智能就不再属于创作工具,至少应当可以成为"合作创作者"。在此过程中,人工智能不再是艺术家创作过程的一部分,而是直接作为作品创作中全部或部分创造性工作的承担者。并且该创作内容在表现形式上已经与自然人无异。人工智能诗人"小冰"经过1万次的迭代学习,获得了创作现代诗的能力。科学家们用了27个化名在多个网络社区诗歌讨论区中发布小冰的诗歌,又向多家媒体投稿并得到录用。之后人类编辑从她的数万首诗中挑出了139首结集出版,没有润色改动,诗句中的错别字也有意保留,书名《阳光失了玻璃窗》也是小冰自己所起。① 该诗集一经发布便引发轰动,其定价甚至超过了一般自然人出版的同类诗集。

(二)人工智能生成内容突破了传统著作权假定

人类历史上发生了四次工业革命,但是前三次的工业革命主要都是生产力的发展问题,没有涉及人类的自主性危机问题。然而,随着第四次工业革命的推进,"全世界进入颠覆性变革新阶段"②。第四次工业革命中的人工智能技术拥有了"智能",这是前所未有的事情。当有自由意志的人对同样有自由意志的物进行控制时,这种控制是不稳固的。③ 人工智能生成的内容具有自主、无法预测和不确定性等特点。服务提供者虽有能力在一定程度上控制何种内容生成。但此种控制更多是一种导向性的控制(如在算法中嵌入伦理规则),而非针对某一具体内容的精准控制。④ 并且,从技术层面来看,该自主和不可预测性正是

---

① 参见《阳光失了玻璃窗》,载百度百科,https://baike.baidu.com/item/%E9%98%B3%E5%85%89%E5%A4%B1%E4%BA%86%E7%8E%BB%E7%92%83%E7%AA%97/20811991?fr=ge_ala#reference-4,2024年9月18日访问。
② 郭子涵:《自主性视角下技术利维坦问题的需求侧和供给侧分析》,载《西部学刊》2023年第1期。
③ 参见郭子涵:《自主性视角下技术利维坦问题的需求侧和供给侧分析》,载《西部学刊》2023年第1期。
④ 参见徐伟:《生成式人工智能侵权中因果关系认定的迷思与出路》,载《数字法治》2023年第3期。

服务提供者在设计人工智能体时所积极追求的目标。①

　　传统著作权理论在讨论问题时均以人类为中心展开，认为只有自然人才能进行创造性选择，而人工智能显然背离了"人类中心"的假定。传统的自然人创作是建立在自身所独有的语言理解能力之上，特定的语言与特定的文字对应以后，文字表达便通过内含的语义来传递人类的思想。当语义通过文字方式不断组合，便形成了不同的词汇、短语，进而持续扩展表达的丰富程度。久而久之，文字之间形成了特定的结构，使人们能够理解交流对象所要表达的意思，这就形成了人类的语法和语句。② 以 ChatGPT 类产品为代表的新一代生成式人工智能的兴起，打破了自著作权制度诞生以来长久的共识——内容生产特别是作品创作，是自然人专属智慧的体现。③ 虽然人工智能目前依然只能按照人类预先设定的算法、规则和模板进行计算并生成内容，④但在智能自主创作模式之下，专属人类的创作行为被"外包"给人工智能，较少需要使用者的创造性投入（构思与构思执行）。如生成式人工智能的预设程序限制了使用者的构思空间，使用者按下按钮、提出问题即可触发算法自主运行，使创作过程脱离使用者内在构思的控制与指导，复杂与不断进化的算法引发的意外致使内容的表现形式更易偏离使用者的内在构思，使使用者难以完全将其意志投射于产物上。⑤ 虽然人、机学习机制存在本质差异，人工智能通常仅限于从数字化数据的输入中学习，以数据为中心，⑥而人类社会的学习则是各种经验、互动和指导综合作用的结果，

---

① 参见冯珏：《自动驾驶汽车致损的民事侵权责任》，载《中国法学》2018 年第 6 期。
② 参见王雁翔：《从语言学的角度探讨著作权法的表达》，载微信公众号"IP 实务前沿"2022 年 3 月 15 日，https://mp.weixin.qq.com/s/iu6Zcs-_rbNLI3DFeoZSZA，2024 年 9 月 15 日访问。
③ 参见司晓：《奇点来临：ChatGPT 时代的著作权法走向何处——兼回应相关论点》，载《探索与争鸣》2023 年第 5 期。
④ 参见王迁：《论人工智能生成的内容在著作权法中的定性》，载《法律科学（西北政法大学学报）》2017 年第 5 期。
⑤ 参见刁佳星、冯晓青：《人工智能生成内容的著作权法问题——分析框架与纾解方案》，载《河北大学学报（哲学社会科学版）》2024 年第 2 期。
⑥ 参见陈昌凤、张梦：《由数据决定？AIGC 的价值观和伦理问题》，载《新闻与写作》2023 年第 4 期。

但不可否认机器已经掌握了人类语言,可以实现与人类的无障碍交流。人工智能的"学习"能力甚至在数据处理方面具有极大的优势,相当于自然人"神经—中枢—大脑"的工作原理被设计成了不断迭代、不断抽象的过程。根据学术界的既有研究可知,深度神经网络的学习能力和模型的参数规模呈正相关。人类大脑皮层有 140 多亿个神经细胞,每个神经细胞有 3 万余个突触,因此,大脑皮层的突触总数超 100 万亿个,神经细胞通过突触相互建立联系。① 当生成式人工智能达到 100 万亿参数规模时,就达到了与人类大脑神经触点规模的同等水平,ChatGPT-4 已经实现。这意味着生成式人工智能已经堪比人脑,在某些方面甚至优于人脑,可以从无数可能性中找到唯一或者极为有限的最优选择。当创作不再成为自然人的专属能力时,就有必要重新思考究竟何为作品。② 人工智能生成内容是著作权领域内悬而未决的新问题,随着生成式人工智能与下游产业融合的加剧,求解该问题答案的要求也将越来越迫切。

二、人工智能生成内容的法律应然定性

人工智能生成内容的一个突出特点就是在表现形式上同自然人创作作品完全一致,以至于"如果该作品是由人类创作完成,则毫无疑问可以被授予著作权"③。但如果探究人工智能生成内容的可版权性,仍然需要回归到基本理论上来。

(一)人工智能生成内容法律定性的比较法考察

人工智能生成内容是否构成著作权法意义上的作品,各国法院立场并不相同。我国与意大利总体持肯定态度,美国和日本则主要持否

---

① 参见朱光辉、王喜文:《ChatGPT 的运行模式、关键技术及未来图景》,载《新疆师范大学学报(哲学社会科学版)》2023 年第 4 期。

② See U. S. Congress, *Office of Technology Assessment, Intellectual Property Rights in an Age of Electronics and Information* (1986), p.72.

③ U. S. Congress, *Office of Technology Assessment, Intellectual Property Rights in an Age of lectronics and Information*, OTA-CIT-302, at 72 (1986).

定态度。

1. 肯定态度

在 2019 年的 Dreamwriter 案中，深圳市南山区人民法院认为，认定独创性应遵从以下规则：首先，是否独立创作及外在表现上是否与已有作品存在一定程度的差异；其次，生成过程是否体现了创作者的个性化选择、判断及技巧等因素，是否属于著作权法意义上的创作行为应当考虑该行为是否属于一种智力活动，以及该行为与作品的特定表现形式之间是否具有直接的联系。涉案文章对相关股市信息、数据的选择、分析、判断，文章结构合理、表达逻辑清晰。Dreamwriter 软件在技术上"生成"的文章，均满足著作权法对文字作品的保护条件，是原告主持创作的法人作品。[①] 在 2023 年的"春风送来了温柔"案中，北京互联网法院认为：人们利用人工智能模型生成图片时，本质上仍然是人利用工具进行创作，即整个创作过程中进行智力投入的是人而非人工智能模型。原告对于人物及其呈现方式等画面元素通过提示词进行了设计，对于画面布局构图等通过参数进行了设置，体现了原告的选择和安排。此外，原告通过输入提示词、设置相关参数，获得了第一张图片后，其继续增加提示词、修改参数，不断调整修正，最终获得了涉案图片，这一调整修正过程亦体现了原告的审美选择和个性判断。涉案图片具备"独创性"要件。鼓励创作，被公认为著作权制度的核心目的……人工智能生成图片，只要能体现出人的独创性智力投入，就应当被认定为作品，受到著作权法保护。[②]

2021 年意大利最高法院对 Chiara Biancheri 诉意大利广播电视公司（RAI）数字图像作品侵权的再审案件作出判决，该案也被称为世界范围内由一国最高法院作出的回应算法软件生成图片的第一案。判决中，意大利最高法院就"独创性"的定义做出新解释，认为该案中借助软件创作的数字花卉受著作权保护，其指出使用软件创作作品的行为本

[①] 参见广东省深圳市南山区人民法院民事判决书，(2019) 粤 0305 民初 14010 号。
[②] 参见北京互联网法院民事判决书，(2023) 京 0491 民初 11279 号。

身并不会导致作品不受著作权法保护,判定软件的输出结果是否受保护需要确定人类的创造性输入是否存在及在多大程度上存在。只要作品展示了可被外部世界感知的人类创作行为,即便是微小的,也符合法律所保护的范畴。虽然该案发生在生成式人工智能快速发展前且本身与人工智能关系不大,但意大利法院在该案的说理可供将来人工智能生成内容相关案件参考。①

2. 否定态度

与我国、意大利持肯定态度不同,美国法院则拒绝给予人工智能生成内容作品地位。在 Bleistein 案中,联邦最高法院认为"人类"独特的创造性和对自然的反应是区分人与动物、人与机器等类人事物的重要依据,也更是其受到著作权保护的核心。受此影响,美国行政机关对人工智能生成内容的"人格要素"要求则十分严苛。美国版权局多次重申,"如果确定该作品不是人类创作的,将拒绝登记请求"②。在"黎明的扎里亚"案中,美国版权局认为:《黎明的扎里亚》作品中所涉及的文字系由 Kashtanova 编写的,没有任何其他来源或工具的帮助,包括任何生成性人工智能程序,因此能够获得版权的保护。此外,由于 Kashtanova 选择、协调和安排了图像和文字来反映扎里亚的故事,因此,整个作品作为汇编作品,体现了独创性,也应获得版权的保护。但是对于完全由人工智能工具生成的图像,美国版权局则排除了对其赋予版权保护的可能,其具体理由如下:Midjourney 基于用户输入的文本生成 4 张图像,用户可以在照片下的按钮中选择更高清的版本或在这 4 个图像之上生成变体,又或是重新生成 4 个新图像。在 Midjourney 的生成方式中,输入的文本不会指向特定图片,而是将输入的文本拆解成单词和短语,与其图库中的图片进行比较,生成最终呈现的图片。版权局认为这不能视为用户使用工具来创作图像,而是以一种不可预测的

---

① 参见王飞、蒲柯洁:《以全球范围 AIGC 诉讼为例梳理 AIGC 的侵权认定和权利限制规则》,载搜狐网,https://www.sohu.com/a/801358463_121123759,2024 年 9 月 18 日访问。

② 屠画:《人工智能生成内容独创性认定的国际版权法经验与中国本土镜鉴》,载上海市法学会,https://www.thepaper.cn/newsDetail_forward_28729823,2024 年 9 月 18 日访问。

方式生成图像，用户输入的文本对 Midjourney 最终生成的图像缺乏足够的控制。美国版权局肯定了 Kashtanova 所付出的劳动，但是根据《美国版权局实务手册（第 3 版）》第 310.7 条，创作作品所需的时间精力或费用与"一部作品是否具有版权法和宪法所要求的最低创作火花"无关，无法使 Kashtanova 成为著作权法意义下图像的作者。① 基于同样的理由，美国版权局同样拒绝登记游戏设计师杰森·艾伦使用人工智能绘图工具 Midjourney 生成的数字艺术作品《太空歌剧院》。委员会经审查认为该作品包含超过最低限度的人工智能生成内容，艾伦拒绝在申请中排除这些内容，也就无法进行作品登记。版权局审查委员会复审后维持了该结论。②

日本对人工智能及其生成内容的讨论由来已久。早在 1993 年 11 月，日本文化厅发布《著作权审议会第九小委员会（计算机创作作品关系）报告书》试图通过创作意图、创作贡献、创作外观等维度证明计算机是作为自然人创造性地表达思想或感情的辅助工具。日本知识产权战略总部每年发布的《知识产权推进计划》，也有涉及人工智能生成内容的法律保护问题。《知识产权推进计划 2016》指出，目前日本著作权法仅针对自然人思想或感情的独创表现形式提供保护，不涉及非自然人自主创作内容，可以创设其他保护机制来保护人工智能生成内容。《知识产权推进计划 2017》继续强调了该观点，认为如果人工智能作为创作辅助工具参与创作，则生成作品仍由自然人所创造，应受到著作权法保护；如果人工智能自主创作生成作品，此时日本著作权法仍以自然人作为著作权人，人工智能生成作品难以成为权利客体，无法取得保护。但《知识产权推进计划 2023》也指出了生成式人工智能带来的冲击，认为随着 ChatGPT 等生成式人工智能的横空出世，标志着人工智能从辅助创作工具向自主创作主体转变。事实上，学者对人工智能自

---

① 参见 SHIPA：《AI 参与创作的作品，是否享有著作权？美国版权局这么说》，载搜狐网，https://www.sohu.com/a/652194447_121124708，2024 年 9 月 18 日访问。

② 参见林文琪：《AI 生成图片著作权首案引发广泛争议，独创性和著作权难认定》，载搜狐网，http://news.sohu.com/a/741248168_161795，2024 年 9 月 18 日访问。

主创作作品应当受到保护方面并无异议,真正存在争议的是如何保护。①

(二)人工智能生成内容可版权性的理论争议

关于人工智能生成内容的可版权性,同样存在两种完全对立的观点。肯定派认为人工智能生成内容属于著作权法意义上的作品,具体论证理由如下:对人工智能生成物的独创性判断,应采用版权体系的客观标准,即从外在形式上考察其是否与既有作品的表达不同,②判断"智力成果"是不是作品,著作权法只能依据展现在外的表达判断是否具有独创性,无法察知创作者的真实意图和想法,至于作者是如何把作品创作出来的,更不是著作权法调整的范围。③ 当人工智能生成物在形式上具备高度的作品外观时,读者可以从中感受到与普通作品无异的知识享受,又愿意为其支付对价,则可将其视为具有独创性的作品。④ 人工智能生成物的价值中凝结了人类智力劳动的烙印,是人类加工创造而非自然形成的结果,因而具有著作权法保护的正当性。⑤ 肯定派认为既然人工智能生成内容满足独创性的要求,就没有理由否定其可版权性。早期作者权体系国家主要从主体个性的角度来界定独创性,德国理论认为作品须为"个人性的智力创造"⑥,法国理论表述为"个人印迹"⑦。而随着作品类型的不断丰富,许多未反映作者个性的新作品类型如汇

---

① 参见刘杰勇:《论人工智能生成内容的著作权保护——基于比较法的视角》,载《比较法研究》2024年第4期。

② 参见易继明:《人工智能创作物是作品吗?》,《法律科学(西北政法大学学报)》2017年第5期。

③ 参见李伟民:《人工智能智力成果在著作权法的正确定性——与王迁教授商榷》,载《东方法学》2018年第3期。

④ 参见徐小奔:《论算法创作物的可版权性与著作权归属》,载《东方法学》2021年第3期。

⑤ 参见朱梦云:《人工智能生成物的著作权保护可行性研究》,载《出版科学》2019年第3期。

⑥ J. A. Sterling, *World Copyright Law*, Sweet & Maxwell, London, 1988, p. 254, 259. 转引自李琛:《著作权基本理论批判》,知识产权出版社2013年版,第132页。

⑦ Cornishi, *Intellectual Property: Patents, Copyright, Trade Marks and Allied Rights*, 3rd Edition, Sweet & Maxwell, London, 1996, p. 334. 转引自李琛:《著作权基本理论批判》,知识产权出版社2013年版,第132页。

编作品、数据库和计算机软件等也相继得到著作权法的认可，①作者权体系国家的独创性判定标准逐渐向美国 Feist 案确立的最低限度创造性的客观标准②转移。至此，版权体系和作者权体系对独创性的判定统一为"创造性选择产生差异"。而从现有判例对创造性的确认标准来看，无论是 Atari Games Corp. v. Oman 案确立的可区别变化标准，还是 Allen-Myland v. IBM. 案确立的多重选择标准等，人工智能生成内容均可满足创造性要求。肯定派进一步提出，著作权的目的是明确包含创造力本身，而不仅是保护由人类产生的创造力，③故创造性源于人工智能而非人类，并不影响其获得著作权法的保护。人工智能生成内容既包含来自机器的选择，也包含来自人类用户的选择。当后者满足独创性表达要求时，人工智能生成内容足以被认定为作品。在判断用户的独创性表达时，裁判者应当关心"人"贡献了什么，而不是"工具"贡献了什么；应当关心人"贡献了什么"，而不是人"没有贡献什么"；应当关心人贡献的实质，而非纠结于其形式。在以上原则的指导下，既有的作品构成要件足以支持相当一部分人工智能生成内容获得作品资格。④人工智能生成内容与人类作品在客体外观上具有一致性，在经济利益上具有同质性且符合著作权法激励创新的制度目的，这些是二者得以获得平等保护的前提基础。通过著作权法平等保护，可以降低法律制度摩擦成本、打造统一的著作权交易市场、鼓励标识真实来源并塑造人工智能生成内容的市场价值。⑤

反对观点则认为，人工智能生成物是算法、规则和模板的应用结

---

① See Daniel J. Gervais, *Feist Goes Global*: *A Comparative Analysis of the Notion of Originality in Copyright Law*, 49 J. Copyright Soc'y U. S. A. 949, p.8(2002).

② See Feist Publ'ns, Inc. v. Rural Tel. Serv. Co., 499 U. S. 340, 345 (1991).

③ See Dane E. Johnson, *Statute of Anne-Imals*: *Should Copyright Protect Sentient Nonhuman Creators?*, 15 Animal L. 15.

④ 参见蒋舸：《论人工智能生成内容的可版权性：以用户的独创性表达为视角》，载《知识产权》2024 年第 1 期。

⑤ 参见徐小奔：《论人工智能生成内容的著作权法平等保护》，载《中国法学》2024 年第 1 期。

果,无法体现创作者的个性,不能将其认定为作品;[1]人工智能的研发者和使用者均不能基于自由意志直接决定人工智能生成的内容,因此该内容并非由人类以人工智能为工具创作的内容。[2] 由于生成式人工智能实质性地决定构成作品的表达性要素,因此其与照相机和常规图像处理软件等创作工具存在本质区别。"创作"是一种基于能直接决定表达性要素的自由意志的行为,"无意识的自动创作"并不是真正的创作。[3] 人工智能不具有作者主体资格,因此人工智能生成物不具有独创性。作品独创性和作者资格的认定属于密不可分的整体,只有具备作者资格的人所创作的智力成果,才具有认定独创性的必要性。若给予缺失作者资格的人工智能生成物著作权保护,难以实现《著作权法》的立法目的。《著作权法》旨在激励人类作者进行创作,从而实现科学文化事业的繁荣发展,而能够感知财产权激励的只能是人类作者而非人工智能。[4] 著作权法在作者含义的立场上是坚定而不可改变的,关于作品作者性要求的主流观点认为创造力的世俗来源都被假定为人类。一些国家的著作权立法就明确表明作者只能是自然人,如 1984 年美国《版权实施第二次纲要》指出,"作者性"一词表明,作品要获得版权保护,就必须能追溯至自然人;[5]德国《著作权法》(2009) 第 2 条指出:本法所称著作仅指个人的智力创作。即使没有明文规定作者必须是自然人,从各国著作权法对作品保护的其他条文中也可以推断出这一结论。如各国对作品的保护通常在作者死亡之后都有若干年的延长期限,以及都有继承人继承著作权的相关规定,这些延长期限和继承人都表明

---

[1] 参见王迁:《论人工智能生成的内容在著作权法中的定性》,载《法律科学(西北政法大学学报)》2017 年第 5 期。

[2] 参见王迁:《再论人工智能生成的内容在著作权法中的定性》,载《政法论坛》2023 年第 4 期。

[3] 参见王迁:《三论人工智能生成的内容在著作权法中的定位》,载《法商研究》2024 年第 3 期。

[4] See Mark Perry and Thomas Margoni, *From music tracks to Google maps: Who owns computer-generated works?*, 26:6 Computer Law & Security Review (2010) 621: p.626.

[5] See U. S. *Copyright Off.*, *Copyright Office Practices Compendium* II § 202.02(b) (1984).

作者只能是有生命的自然人。

(三)对前述不同观点的分析与回应

前述不同国家的不同立场以及学者的不同观点,最终结论虽有矛盾,但仍然存在部分逻辑的内在一致性。

从实践分歧来看,我国和意大利两国均是认可了人工智能生成内容的作品属性,但在分析论证时均在强调不可一概而论,需要辨别人工智能之外是否存在自然人的贡献,要求体现独特性或主观创造;美国版权局虽然拒绝了人工智能生成内容的版权登记,但拒绝理由是人工智能生成内容缺少包含超过最低限度的人格要素,申请者拒绝在申请中排除这些内容才导致该作品无法登记;日本区分对待人工智能辅助创作生成内容与人工智能自主创作生成内容,认为人工智能辅助创作的属于作品,自主创作的则不是。从这背后我们可以看到,要求可以识别出来自自然人的人格要素,仍然是各国共同坚持的著作权底线。我国和意大利即便认可人工智能生成内容的作品属性,也并非认为可不加区分地确认人工智能生成内容的作品属性,美国版权局方面,如申请者愿意排除其中的人工智能生成要素,其也将同意版权登记。美国版权局拒绝将人工智能登记为作者,只是表明人工智能不能通过版权登记而成为著作权人并实际享有著作权。自然人作者在声明作品中包含人工智能生成内容并披露 AI 技术来源之后,是可以获得登记的。这意味着美国版权局在现阶段并没有全盘否定人工智能生成内容的可版权性。① 背后的逻辑统合可以归结为:只要人向最终内容贡献了创造性,就不能否定该内容的作品属性。真正的分歧,应当是权利保护模式与具体归属。做出创造性贡献的人在主张权利的时候,仅能就自己的贡献部分主张专有权利还是可以就全部内容主张权利。如我国法院认定是可就全部内容主张权利,美国版权登记则坚持要求排除人工智能的

---

① 参见孙远钊:《"人工智能"与美国著作权法:对应和挑战》,载微信公众号"知识产权那点事"2023 年 11 月 10 日,https://mp.weixin.qq.com/s/3gzFXMCkiD-O-4AViIbpmw,2024 年 9 月 19 日访问。

贡献。但是在具体说理部分,我国法院在"春风送来了温柔"案中,认为人工智能是创作工具,此一观点有失妥当。如前所述,"创作工具"不能实质性地参与确定构成作品的表达性要素的决策,①但是人工智能生成内容属于人工智能自主生成的,反而人仅能间接决定表达性要素的内容,所以人工智能并不是纯粹的创作工具。

  从理论争议来看,两种观点均有其缺陷。肯定派的逻辑缺陷在于仅从外形表征上来认识作品的独创性要求,而忽略了独创性与作者性的内在关联。而否定派观点虽然意识到作者性对作品要件的影响,但仅局限于法律条文本身,并未触及作者性和独创性的实质内涵。作品独创性和作者性是紧密联系的两个方面,甚至对作品独创性的要求潜在地源于作者性。这也就意味着探讨人工智能生成内容的可版权性时,不能将作品的独创性和作者性要求割裂开来进行讨论。关于作者性,著作权法保护的是源于作者意志的思想之表达,这一基本原则的必然结果之一就是作者必须具有能产生思想的意志。② 所谓意志,是一种能够自己思维,能够判断对错并对自己的行为作出自我决定的"自制"意识。③ 显然,人工智能作为一种机械存在,本身并不具有产生思想的意志。至于有学者指出的运行程序的用户或者程序员可视为作品的来源,因而人工智能可满足作者性的要求,④该观点忽略了人工智能本身与其输出结果之间的独立性。人工智能由自然人创造完成从而满足作者性的要求,但其输出结果与最初设计者以及最终用户之间的关系则是间接的,这种间接性太过广泛以至于任何事物都可以归因于人类。《著作权法实施条例》第 3 条第 1 款亦强调,创作必须是能直接产生文

---

  ① 参见王迁:《三论人工智能生成的内容在著作权法中的定位》,载《法商研究》2024 年第 3 期。

  ② See Dane E. Johnson, *Statute of Anne-Imals*:*Should Copyright Protect Sentient Nonhuman Creators*?,15 Animal L. 15.

  ③ 参见许翠霞:《动物真的能够成为法律主体吗?——关于法律主体的前提性说明》,载《安徽大学学报(哲学社会科学版)》2010 年第 6 期。

  ④ See William T. Ralston, *Copyright in Computer-Composed Music*:*HAL Meets Handel*,52 J. Copyright Soc'y U. S. A. 281,4.

学、艺术和科学作品的智力活动。倘若认可自然人与输出结果之间的间接关联，就将使著作权法要求的作品与作者之间的联系失去意义。

人工智能生成内容不满足作者性的要求，也就意味着人工智能生成内容不可能具有实质意义上的独创性。从外形来看，人工智能生成内容确实具有同人类作品相同的特征，但独创性不能简单地理解成与现存的作品表达不一样。不一样只是外在的表现，其实质是经过了主观的思考，有了一定的构思之后，运用创作元素的一种能动的表达。① 此种能动的生物过程既是人之所以为人的主要特质，也是此人与彼人进行区分的个性差异之所在。科学技术能使人工智能的思维模拟范围不断扩大，在功能上不断向人脑接近，但再先进的技术也不能使人工智能获得社会性，因此人工智能永远都只是机械的物理过程，其只能最大限度地模拟人类智力。模拟就意味着不等同，在人工智能与人类思维之间存在一条渐近线，二者可以无限接近但永远不会重合。因此人工智能进行的创造性选择本质上仍然是机械的物理过程而非能动的生物过程，其生成内容也就不属于著作权法意义上的作品。

有反对意见提出，既然已无法根据表象分别人类创作的作品与人工智能生成内容的差别，那么将最低限度创造性所需要的选择和风格拘泥于完全由人所独有，显然不具备司法上的可操作性，所以人工智能生成内容在客观上应视为满足独创性要件中对最低创造性的要求，避免未来在此问题上出现因缺少必要证据而无法认定的情形。② 针对这一观点，首先，人工智能生成内容在表现形式上与人类创作的作品一致，在未有标明来源的情况下，确实给司法实践带来了很大的困难，但这并不是认可人工智能生成内容具有作品属性的理由。作品只能源于人的主观思考，这是著作权法始终坚持的理念内核。不认可人工智能生成内容的作品属性，意味着在不能通过形式辨别内容来源的时候，即使错误地赋予了人工智能生成内容以著作权，未来若是有相应证据可

---

① 参见张玲、王果：《动物"创作成果"的民事法律关系三要素分析》，载《知识产权》2015 年第 2 期。

② 参见熊琦：《人工智能生成内容的著作权认定》，载《知识产权》2017 年第 3 期。

以证明该内容源于人工智能而非自然人,则原来错误赋予的著作权可以被撤销。如果因为形式上难以辨认,即赋予人工智能生成内容以著作权,则意味着该权利是不可撤销的。这显然与著作权法始终坚持的理念内核相违背。其次,人工智能生成内容也并不能视为代表设计者或训练者意志的创作成果。既然人工智能具备了自主学习的能力,当人工智能自主进行创作时,就完全脱离了设计者和训练者。即使在之前的训练过程中主要依赖设计者和训练者,设计者和训练者最多也只是提供了创作的基本框架,在此基本框架下具体如何安排,则仍然取决于人工智能的自主选择,而与设计者和训练者无关。因此,基于以上两点,无论人工智能发展为何种程序,其发展越先进越会脱离人类的控制,则人工智能生成内容越是难以满足独创性的要求,其作品属性也越是难以得到认可。人工智能生成内容可能会因外形上的欺骗性,在法律定性上出现"实然"和"应然层面"的冲突。但这种冲突,可能不会如想象中那么严重。从市场驱动来看,纯粹的人工智能生成内容的吸引力主要在于来源的新奇,利益主体通常不会隐瞒来源。从艺术驱动来看,用机器创作本身就带有行为艺术的色彩,即便法律上认可艺术家是作者,艺术家都极有可能把作品来源彰显出来。目前,市场上销售的人工智能"作品"已经证明了这一点。作者为了避免公众把自己的作品当成仿创"赝品",也会尽力保存创作证据。只要有法律和市场的动力,来源识别技术的产生与运用也指日可待。① 在信息发布者主动披露来源的情形下,也就没有了来源识别的必要。

三、人工智能生成内容应确立为独立权利形态

是否属于著作权法意义上的作品,与如何保护虽是两个相互关联的问题,但二者仍具有一定独立性。基于我国著作权与邻接权二分的立法体例,不属于著作权法意义上的作品,仍有可能被归入广义著

---

① 参见李琛:《论人工智能的法学分析方法——以著作权为例》,载《知识产权》2019 年第 7 期。

作权范畴。无论对人工智能生成内容作何定性,都可以统合进入知识产权法的范畴。知识产权法的基本功能是分配符号表达所形成的市场利益,其规范的财产在形态上属于符号组合。① 如果实践证明有保护的必要性,因其形态属于符号财产,完全可以纳入知识产权法。即使该符号组合无法被解释为作品,也不妨碍其受保护。知识产权法保护的符号财产本来就包括创造性的和非创造性的。② 人工智能生成内容确立为独立权利形态,不仅具有现实基础,也符合知识产权的理论逻辑。

(一)人工智能生成内容确立为独立权利形态的现实基础

1979 年 CONTU 认为真正意义上的计算机"创作作品"尚未出现,但如今人工智能生成内容不仅数量越来越多,类型也越来越广泛,"文生文""文生图""文生视频"等各类人工智能应用程序都越来越成熟。据测算,2022 年中国人工智能行业市场规模为 3716 亿元人民币,预计 2027 年将会达到 15,372 亿元人民币,在下游制造、交通、金融、医疗等多领域实现大规模落地应用。③ 当下,生成式人工智能的迅猛发展,正在使"创作"与"人类的表达"快速解耦。内容创作从"大脑构思 + 手工表达"转变为"人脑思考 + 机器表达"。由此,人们设想的内容创作领域大规模工业化的场景也将加速来临。有研究发现,ChatGPT 在 2023 年 1 月的内容输出能力为每分钟 3.1 亿个单词。而据谷歌公司此前的统计,自 1440 年古登堡印刷机发明至 2010 年,全球出版了约 1.298 亿本书。每本书估算有 5 万个单词,总共约有 6.5 万亿个单词。由此,按照 ChatGPT 目前的内容生产能力,几乎每 14 天便可以输出相当于人类全部印刷作品的内容量。可以预见,未来生成式人工智能输出的内容将

---

① 参见李琛:《知识产权法基本功能之重解》,载《知识产权》2014 年第 7 期。
② 参见李琛:《论人工智能的法学分析方法——以著作权为例》,载《知识产权》2019 年第 7 期。
③ 参见《中国人工智能行业概览(2023)》,载 http://xxzx.guizhou.gov.cn/dsjzsk/zcwj/202306/t20230626_80503337.html,2024 年 6 月 11 日访问。

会成为全球社会信息内容的主体。① 大量出现的人工智能生成内容构成确立独立权利形态的现实基础,再以人工智能生成内容在现实中尚未出现为由拒绝给予其特殊对待显然不具说服力。一个为人工智能所垄断的没有版权甚至没有产权的世界,对于产业、市场、经济、社会乃至人类的命运本身,都是不可承受之重。②

(二)人工智能生成内容确立为独立权利形态的理论可能

民事权利具有法定性,什么是民事权利,什么不是民事权利,应当以民事法律的规定为准。③ 因此要被确立为独立权利形态还必须经过合法化的过程。而合法化的条件,首先,必须是既有法律体系不足以保护此种利益,否则即无创设新权利的必要;其次,该利益需要得到所在群体的肯定性评价,人们的权利意识会随着社会环境的变化而相应调整,原来不曾重视的利益在现下则可能日渐重要,而将这一利益确认为独立权利就成为法律发展的必然规律;④最后,利益权利化之后,能与既有的权利体系相协调。一种特定的法益被确认为法定的权利后,只有与整个权利体系相协调,才可能发挥其应有的作用。⑤

上述合法化条件,人工智能生成内容同样满足。人工智能创作与人类创作的确存在意义理解、表达路径等方面的不同,但也存在客体外观相同与经济利益同质的类似之处,这是二者获得相同法律评价的关键依据。⑥ 人工智能生成内容并不属于著作权法意义上的作品,无法得到著作权法的保护;而纯粹依靠其他法律的边缘化救济,主要是不正当

---

① 参见司晓:《奇点来临:ChatGPT 时代的著作权法走向何处——兼回应相关论点》,载《探索与争鸣》2023 年第 5 期。

② 参见易继明:《人工智能创作物是作品吗?》载《法律科学(西北政法大学学报)》2017 年第 5 期。

③ 参见梁慧星:《最高法院关于侵犯受教育权案的法释〔2001〕25 号批复评析》,载 http://www.chinalawedu.com/news/15300/155/2004/4/yu1332834101440026898_108111.htm,2015 年 4 月 11 日访问。

④ 参见李友根:《人力资本出资问题研究》,中国人民大学出版社 2004 年版,第 188 页。

⑤ 参见李友根:《论经济法权利的生成——以知情权为例》,载《法制与社会发展》2008 年第 6 期。

⑥ 参见徐小奔:《论人工智能生成内容的著作权法平等保护》,载《中国法学》2024 年第 1 期。

竞争或合同制度,不正当竞争法是行为法,仅能被动性防御,合同又具有相对性仅能约束特定主体,难以满足人工智能生成内容的保护需求,因此既有法律体系并不充分。此外,对人工智能生成内容的权利化,无论是程序设计者、用户还是社会大众,都持肯定态度,三者之间的冲突仅在于应当将权利划归于谁。同时,人工智能生成内容的权利化能与既有法律体系相协调,人工智能生成内容虽不符合著作权法规定的独创性要求,但单独对其权利属性予以认可并不会瓦解著作权法的完整性,更不会与其他单行法的实施产生冲突。因此确立人工智能生成内容的独立权利属性具有充分的正当性和合理性。具体立法路径,可在现有《著作权法》中增设一类邻接权,并就具体权利内容和权利期限做出规定。权利内容对比作品的著作权,人身权方面因人工智能开发者和使用者均只能间接影响最终内容的生成,并不能直接体现二者的精神利益,故不设置发表权、修改权和保护作品完整权。至于署名权,基于人工智能生成内容的特殊性,应当进行适当调整。署名权既然作为权利,则作者就有是否行使以及如何行使的自由,但人工智能介入创作的情境中,对大众而言,保证信息源的真实性至关重要。但是与一般情形下知情权立法逻辑的差异在于,人工智能生成领域的标识制度并不以增强产品的吸引力、易理解性、可信赖度为目的,相反要遏制产品(生成内容)的强引导性与可信赖性。[①] 全国信息安全标准化技术委员会在《网络安全标准实践指南——生成式人工智能服务内容标识方法》中给出了两种内容标识方法,一是显示水印,即在交互界面内或背景中添加半透明文字的方式;二是隐式水印,通过修改图片、音频、视频内容添加的,人类无法直接感知、但可通过技术手段从内容中提取的标识。前述两种标识方式,都是针对生成式人工智能服务提供者的,包括梳理其他有关生成式人工智能标识义务的承担主体,都是服务提供者,仅《网络音视频管理规定》规定了使用者的披露义务。但是对生成内容的公开

---

① 参见张凌寒、贾斯瑶:《人工智能生成内容标识制度的逻辑更新与制度优化》,载《求是学刊》2024年第1期。

发布和传播主体,特别是在社交媒体传播中,往往是使用者而非服务提供者。① 因此,除依照既有规则要求服务提供者进行标识外,使用者做出来源标记不仅是权利,也属于应当履行的信息披露义务。保护期限类比动物"创作成果",以 10 年为宜。在财产权方面,可以预见,人工智能生成内容的表现形式随着技术的进一步发展,将可以涵盖人类创作作品的全部类型,故财产权可以与作品保持一致。

---

① 参见姚志伟、李卓霖:《生成式人工智能内容风险的法律规制》,载《西安交通大学学报(社会科学版)》2023 年第 5 期。

第二章

著作权主体：作者与著作权人归因的理论阐释与规则设计

依据我国《著作权法》的相关规定，作者与著作权人是两个不同的概念。只是在法律没有特别规定时，作者享有著作权，成为著作权人，此时，两种身份集于一体。在涉及特殊职务作品、视听作品等情形下，作者与著作权人是不同的主体。[①] 也因如此，两者在规则设计上也有不同安排。

第一节 作者资格从本体论到资格论的转变[②]

所谓资格者，是指为获得某一特殊权利而必须具备的先决条件。而关于作者资格，鲜有国家作出专门的直接规定，只能从著作权主体与客体等其他条款间接推演。推演的基础在于，作者身份是行为人原始取得著作权的前提，同时也是智力创造性活动这一事实行为的结果。[③] 且在一个逻辑严密的法律体系内部，从主体与客体两条路径对作者资

---

① 参见张玲:《署名权主体规则的困惑及思考》，载《中国法学》2017年第2期。
② 本节内容，原载王果:《试论作者资格从本体论到资格论的转变》，载《电子知识产权》2016年第5期，收入本书时略有删改。
③ 参见吴汉东:《关于知识产权本体、主体与客体的重新认识——以财产所有权为比较研究对象》，载《法学评论》2000年第5期。

格界定的结论应具有一致性。

对主体而言,由于各国著作权法基本都将作者认定为著作权的原始主体,作者资格就必然受到法律主体的制约,法律主体构成作者资格外延扩展的边界。在现有的民法理论框架之下,法律主体的内涵首先是借助于权利能力这一术语而得以彰显的,同时以权利能力为基础,本质上极为不同的两种事物(人和组织)可以达成形式上的一致,且并存于同一个法律结构之内,没有高低之分。① 我国《著作权法》也遵从了这一形式上的一致,将自然人和组织体均纳入作者范畴。在此意义上作者资格实际等同于法律主体的要求,也因此作者资格只能将不符合法律主体要求的排除在作者范畴之外,如动物、机器等,而并不在法律主体内部作出区分。但从作者范畴的历史演变以及延续至今的"法人能否成为作者"的争议来看,这种形式上的一致性引致的一个误区就在于作者资格仅是从法律主体的角度进行限制的,并导致其同客体独创性要件之间的矛盾。

作者身份作为智力创造性活动的结果,其中的"智力性""创造性"作为可版权性要件的两大核心,要求作者必须是能向作品贡献独创性的个体。亦即学者主张的"作品的独创性表明,有关的作品来自作者,是由有血有肉的作者创作的。与此相对应,由天神、动物或者计算机'创作'的东西,不能成为版权法意义上的作品"②。作者资格作为独创性要件的内在本质要求,即否定了不能直接从事创作活动的法人的作者地位。

如此则从主体与客体的不同角度界定作者资格,不仅未能形成一致性的结论,反而呈现两种相互矛盾的结果。解决这一矛盾不外乎三种途径:一是继续单纯从主体角度界定作者资格,不必纠结于应受版权保护的作品到底是什么,应该转换视角,从主体利益分配与行为规制方面进行制度设计,规避或者没有必要纠结于版权客体的真实所指与边

---

① 参见毋国平:《法律主体的内涵》,载《辽宁大学学报(哲学社会科学版)》2013年第2期。
② 李明德:《美国知识产权法》,法律出版社2014年版,第243页。

界。① 如此则向作品贡献了独创性的主体与作者地位相互分离,动物、计算机"创作"的东西能否成为版权法意义上的作品也因此仅需单纯从可版权性要件入手而与创作者的血肉之躯无关。二是坚持作者资格是独创性要件的内在要求,调整作者资格的外延,即否定法人的作者身份。三是在既有主体外延和客体内涵的规定下,脱离本体论的束缚重新认识作者资格,在主体和客体之间重新建立联系。探讨究竟哪一种界定进路更符合作者资格的本质,即本节目的之所在。

一、单纯从权利主体角度界定作者资格无法完整解释作者范畴的历史演变

民事主体经历了由以自然人为中心的一元论,到自然人/法人二元论的转变。且自1896年德国《民法典》建立起世界上第一个完整的法人制度以后,该二元主体结构就一直维持至今,民法的权利配置都是围绕着该二元主体来进行的。② 民事主体的核心要素表现为理性和意志,倘若认为作者资格等同于法律主体的要求,那么作者范畴就应当与民事主体保持一致。然而从作者范畴的演变来看,作者资格较之于法律主体实际更为严格,除对理性、意志的坚持外,还服从于不同阶段的价值目标。

(一)符合法律主体要求的法人起初并未获得作者资格

1709年英国《安娜法》之所以被认为是世界上第一部版权法,主要原因在于它已经从过去以出版管理为主转向了以保护作者为主。版权制度的本质就是保护与鼓励用头脑去从事创作之人。③ 作者开始逐渐摆脱"工匠"的角色定位转而成为创造力的来源,但形成于农耕时代的立法理念却一直延续到了工业社会的今天,并深刻影响着作者范畴的发展。作者身份在很长一段时间里专属于自然人,作者范畴事实上小

---

① 参见卢海军:《版权客体论》(第2版),知识产权出版社2014年版,自序第21页。
② 参见熊琦:《著作权法中投资者视为作者的制度安排》,载《法学》2010年第9期。
③ 参见郑成思:《版权法》(上),中国人民大学出版社2009年版,第36页。

于民事主体。

从历史来看,作者范畴小于民事主体表现在:法人主体地位的承认与作者身份的认可存在时间上的错位。法人概念虽然始创于德国民法,但组织体主体化的法律实践,早在罗马法就开始了。罗马法在早期就承认各种公共团体的主体地位,到帝国时期又广泛承认私团体的主体意义。① 但在著作权制度形成初期,作者被限定为了自然人,甚至在法人主体地位确立后作者资格亦未随之扩张。最早规定雇主可以成为作者的是1909年美国《版权法》,其第26条规定"作者应包含受雇作品的雇主"。但该条仅作了原则性的规定,既没有明确何谓雇主和雇佣作品,也没有区分雇佣关系和合同关系之间的区别,直到1976年雇主的作者地位才真正得以确立。② 这表明法人作者地位的确立要远远滞后于其民事主体地位的确立。

而从现实来看,作者范畴小于民事主体表现在:部分作者权体系国家仍然恪守着自然人创作的基点,拒不承认法人的作者资格。如2009年德国《著作权法》第2条第2项明确指出"本法所称著作仅指个人的智力创作",西班牙《知识产权法》第5条"创作作品的自然人系作者"。反对法人成为作者,主要理由即著作权法的宗旨在于鼓励创作,认可法人为作者可能"有损于那些真正动脑筋去从事创作的作者所希望得到的保护"③。因此,在这些国家法人虽具有独立主体地位,但不能成为作者。

(二)法人作者资格得到承认与法人是否属于法律主体无涉

进入工业社会之后,形成于农耕时代的著作权理论遭遇适用危机,其压力主要来自文化产业与计算机软件行业。对于文化产业而言,如果作品主要是由众多雇员组成的团队创作完成,如电影、报纸、期刊和辞书(百科全书、词典、电话簿、商品目录等),则雇主享有版权似乎最为

---

① 参见龙卫球:《民法基础与超越》,北京大学出版社2010年版,第199页。
② 参见熊琦:《著作权法中投资者视为作者的制度安排》,载《法学》2010年第9期。
③ 参见吴汉东等:《知识产权基本问题研究》,中国人民大学出版社2005年版,第216页。

适当。如果版权属于众多的团队成员,那么,希望使用整个作品的第三人会发现与所有雇员作者打交道将十分不便。① 且在影视业中,雇主提供资金支持承担投资风险,也不能接受电影作品由实际创作者享有著作权的立法安排。于是在压力之下法律不得不进行调整,即前文所述美国 1909 年和 1976 年《版权法》对雇用作品进行了规定。世界版权法立法史上第一次产生了拟制作者。拟制作者的"诞生",标志着实际作者的"死亡",按照菲斯克教授的说法,实际作者是在公司实体中"淹死"的。②

即使受到"实际创作人为作者"和"精神权利不得转让"的双重束缚,面对产业界的压力,作者权体系也不得不违反逻辑做出特殊安排,甚至直接吸收了拟制作者制度。如法国《著作权法》规定,除另有约定外,一名或多名雇员为履行职责而创作的软件属于雇主,雇主同时享有法律赋予作者的所有权利;德国《著作权法》第 94 条规定,电影制作者拥有复制、传播和为公开上映或使用提供录有电影著作的图像制品或音像制品的专有权利。电影制作者还有权禁止任何歪曲和缩短图像制品或音像制品从而危及其对制品享有的合法利益的行为。法人在事实上获得了作者的专属权利,但与版权体系不同,法人作者资格在作者权体系国家得到承认是逻辑向经验妥协的产物,而与法人是否为独立法律主体无关。这也表明,单纯从权利主体角度界定作者资格无法解释自然人与法人的差别待遇。

二、作者资格作为权利客体独创性的内在要求遭遇挑战

关于作者资格与独创性之间的关系,在 Telstra Corporation Ltd. v. Phone Directories Co. Pty Ltd. 案中,初审法官 Gordon J. 这样解释:"作

---

① See Varner, *reprinted in Omnibus Copyright Revision Legislative History*, Copyright Law Revision Study No. 13(1958). 转引自孙新强:《论作者权体系的崩溃与重建——以法律现代化为视角》,载《清华法学》2014 年第 2 期。

② See Catherine L. Fisk, *Authors at Work: The Origins of the Work-for-Hire Doctrine*, 15 Yale J. L. & Human 1,1(2003).

者资格和独创性是相关的。著作权是否存在的问题与作品的特殊表达形式有关。你必须识别出作者,而且这些作者必须为作品的特殊表达形式做出了自己的贡献。从作品开始,找到它的作者们。"[1]作者被视为作品特殊表达形式的来源,则作品特殊表达形式(独创性表达)的认定就必然影响到作者资格的界定。在作品类型相对简单、信息技术也欠发达的时代,无论主观标准还是客观标准均可以维持"作者必须是自然人的资格限制是独创性内在要求"在体系内的和谐。然而随着作品类型的日益丰富以及信息技术的不断发展,无论独创性标准本身还是创造力的来源渠道都发生了改变,作者资格作为权利客体独创性的内在要求也就同时遭遇挑战。

(一)主观独创性标准的式微直接减弱了作者须为自然人的资格限定

作者权体系将独创性解读为作者个性的标记,因而要满足独创性的要求,作者就必须具备人格和个性(被限定为了自然人主体),从表面上看似乎验证了作者资格附属于独创性这一论点。但深究该标准产生的历史背景以及该标准当下发生的变革,就可知以作者权体系的主观判断标准作为逻辑前提也日益面临现实的拷问。

19世纪法国学者提出作者权体系关乎独创性这样一个主观的概念是非常正常的,因为当时流行的表达风格——雕塑、绘画和著作——是作者内心的表达,是情感的、主观的和人类思维的非理性方面。在某种程度上,一部作品区别于另一作品就是它的非理性,反映作者自己的非理性思维。[2] 早期作品因为仅局限于文字类型,作者个性很容易体现,而随着作品类型的不断丰富,科学、技术作品又往往是功能性的,如计算机软件、数据库等,很难表达作者的思想情感,因此,法国的独创性界定标准难以作为一般标准。[3] 法国法院试图发展一种新的检测方式,即创造性选择产生差异。在 Harrap's 案中,巴黎上诉法院认为创作字典

---

[1] PDC(2010)194 FCR 142,169 - 70[84];see also 184[143](Yates J).

[2] See Daniel J. Gervais,*Feist Goes Global: A Comparative Analysis of the Notion of Originality in Copyright Law*,49 J. Copyright Soc'y U. S. A. 949,p.8(2002).

[3] 参见姜颖:《作品独创性判定标准的比较研究》,载《知识产权》2004年第3期。

所要求的选择和智力操作能使作品获得一定程度的独创性，即使它处理的是技术类型的作品。法院同时明确按照字母顺序整理而成的资料不具有独创性，独创性仅仅产生于智力性创造选择。① 在另一个涉及传统民间故事汇编的案例中也体现了"创造性选择"的检验方式。这些故事由于本身已经处于公有领域，版权就仅仅存在于对故事的创造性选择和编排中。法院认为，通过选择这些故事，用自己的风格叙述它们，根据选择的结果进行安排，然后给予书本特殊的结构，就创作了一部独创性作品。②

作者权体系采纳客观创造性标准已经成为新的趋势，我国在司法实践中也基本采纳客观标准，这从我国1994年著名的广西"电视节目预告表"案和1995年的北京市"出版发行名录"案中可见端倪。③ 如果说早期体现作者个性的主观标准尚且还暗示着作者必须是特定的自然人，那么在主观独创性标准本身已经受到质疑并不断向客观独创性标准转变的今天，再以该标准为逻辑前提来论证作者资格从属于独创性要求，就难具说服力。

（二）客观独创性标准仅依结果的外形表征难以界定作者资格

版权体系的客观独创性标准，似乎并未涉及作者资格。也因此，英国《版权、设计和专利法案》（1988）规定：在作品是由计算机创作完成时，作者是为作品创作做出必要安排的人。但在澳大利亚、美国等其他国家，人工智能生成内容依然不被著作权法所接受。反对者们首先从智力性特征出发，认为作品必须是创造性智力成果，智力性特征就相当于隐含了对作者资格的要求。这些国家的立法者认为，虽然没有在法

---

① See CA Paris, 4e ch., Mar. 21, 1989: 142 RIDA 333, 338 – 39. Quoted from Daniel J. Gervais, *Feist Goes Global: A Comparative Analysis of the Notion of Originality in Copyright Law*, 49 J. Copyright Soc'y U. S. A. 949, p.8(2002).

② See CA Paris, 4e ch., Mar. 21, 1989: 142 RIDA 333, 338 – 39. Quoted from Daniel J. Gervais, *Feist Goes Global: A Comparative Analysis of the Notion of Originality in Copyright Law*, 49 J. Copyright Soc'y U. S. A. 949, p.8(2002).

③ 参见李伟文：《论著作权客体之独创性》，载《法学评论》2000年第1期。

案中定义,但"作者"一词表达的是一种创造力和独创性的观念。① 无论是对于思想观念的表述,还是表述所具有的独创性,都是与有血有肉的人联系在一起的。② 上述思路实际仍然是希冀在作品表现形式之外,从主体角度来论证独创性。然而法的局限性在于无力再现过程,法律只能识别权利对象自身的特征,并不能就权利对象产生的来源做出判断。我们可以轻易得出"猴子自拍照不属于著作权法意义上的作品"这一结论,完全是基于事先已经完全知晓该照片由猴子拍摄完成的事实;缺乏这一事实,由于其在表现形式上同人类作品完全一致,亦很难确保能得出正确结论。人工智能生成内容也面临同样的困境,我们可以从主体角度去论证客体独创性的缺失,但该论证逻辑并不能倒推,即无法单纯从客体的表现形式去反推主体资格的有无。

三、对作者资格的资格论审视

前述对于作者资格的研究,无论是从客体的独创性角度,还是从主体角度对自然人、法人的探讨,都是以孤立、静态的角度来审视作者资格,即从本体论上来强调作者应当具备什么样的条件。本体论上的研究有助于我们深入把握作者的本质特性,尤其在作品创作尚未产业化、作者资格仍从属于独创性要求的初期阶段,有着非常重要的意义。然而一旦社会背景发生变化,继续停留在本体论上的探讨就很难完整解释既有体系:若坚持作者必须是能进行实际创作的本体要求,则无法解释法人何以成为作者;而若认为作者从属于享有权利、承担义务的民事主体,虽然能解释法人作者的合理性,但却无法体现为何法律会放弃自然人的天然作者身份,而转而将法人拟制为作者。一个科学合理的资格界定应当既能准确反映历史沿革、完整解释既有体系,同时又能对变革缘由有所体现,因此,研究作者资格应当转换传统的本体思维。

---

① See [1998]2FC 22,37. Quoted from David Lindsay, *Protection of Compilations and Databases after IceTV: Authorship, Originality and the Transformation of Australian Copyright Law*, 38 Monash U. L. Rev. 17 (2012), p.58.

② 参见李明德、许超:《著作权法》,法律出版社2003年版,第32页。

（一）作者资格应从本体论的事实判断转变为资格论的价值判断

1. 作者资格聚焦于规范意义上的作者

"作者"一词包含两种不同层面的含义，一是规范意义上的作者，即被法律明确赋予作者地位的主体，无论是实际创作者还是拟制作者、推定作者，均属于这一层面，属于法律作者；二是事实意义上的作者，即实际创作作品的自然人，是为事实作者。法律作者与事实作者并非一一对等，事实作者只有经过法律确认才可成为法律作者并产生相应法律效果。缺乏法律确认这一环节，事实作者并不产生法律意义。因此探讨作者资格的问题时，首先应明确其究竟是在哪一层次上进行。实质独创性要求作者必须是自然人，强调的是事实作者，包括《著作权法》的立法宗旨在于鼓励创造，从而要求作者是自然人，也是从事实作者的角度讨论的。而出于信息效率将法人拟制为作者，则是从法律作者出发。随着版权产业化的进一步发展，事实作者会进一步让位于法律作者，计算机软件、职务作品、委托作品等的规则设计，无不突显这一趋势。因而在作者资格已与独创性分离的前提下，作者资格实际讨论的就是法律作者的问题，与事实作者无涉。除事实作者不可替代外，拟制作者、推定作者均主要强调利益归属，与著作权人的身份相重合。但是区别于一般著作权人仅能继受取得著作财产权，拟制作者可以原始享有包含著作人身权在内的所有权利。

2. 作者资格表现为法律作者与作品之间的连接

从作者范畴的演变来看，自1709年英国制定世界上第一部具有现代意义的版权法至19世纪上半叶的近150年里，世界各国大多处在农耕时代。那时，作品的创作几乎是创作者一人的事情，他在创作上无须他人合作或协助，他的创作只与自己有关，而与他人无涉。[①] 所以在这一阶段，早期作者仅包含自然人，自然人基于创作事实获得法律作者身份。随着科学技术和版权产业的发展，作品创作与传播中的分工

---

① 参见孙新强：《论作者权体系的崩溃与重建——以法律现代化为视角》，载《清华法学》2014年第2期。

日益复杂,雇主的投资和组织对于作品的产生起到了更为关键的作用。①倘若继续奉行"创作者即为作者"的原则,一来不被实力雄厚的资金投入方所接受,二来也不利于对作品的利用。于是便出现了拟制作者这一制度设计,雇主因为资金投入和必要安排获得法律作者身份,即使部分严格坚持"创作者即为作者"的国家,也不得不以其他妥协性立法安排来应对产业界的巨大压力。而无论创作者为作者还是拟制作者,为了节约交易成本,在无相反证据时将作品上的署名者视为作者,由此产生法律作者的第三种情形。

从上述可以看出,法律确认作者身份无非基于这样几个事实:实际创作、必要投入和作品署名。这三者背后所反映的恰恰是法律作者与作品之间的特定连接,作者资格实际就是此种连接的法律表征。作者资格作为连接点的集合是开放且可变的,受社会环境、哲学依据、立法政策等不同因素影响,在不同历史时期、不同法律体系中会有不同的表现形式。在著作权诞生初期,连接点仅为创作事实;版权产业化发展便出现了"必要投入"这一新的连接点;甚至为了降低交易成本,在无相反证据时作品署名亦成为一个连接点。正是这种开放性,才使作者资格得以完整解释作者范畴如何从一元发展到二元;也因如此,作者资格已经不再是单纯"是什么"的事实判断,而是演变成了"应该是什么"的价值判断。

作者资格作为主体与客体之间的连接点集合,实际也意味着客体权利归于主体的正当性依据,这在英国《版权法》中体现尤为明显,其视各种不同作品类型分别规定了不同的作者确认因素。虽然英国《版权法》中的"作者"同时包含了邻接权人的角色,但依然从整体上反映出作者资格的价值判断属性。

(1) 与作品相联系,本编中的"作者"系指创作人。
(2) 该人应当是——

---

① 参见熊琦:《著作权法中投资者视为作者的制度安排》,载《法学》2010年第9期。

(a)在录音或影片的情况下,对录音或影片制作之必要安排承担责任的人;

(b)关系到广播时,制作广播的人或者,在以接收并即时传输方式转播其他广播的情况下,其他广播的制作人;

(c)关系到电缆节目时,提供收入该节目之电缆节目服务的人;

(d)关系到版本之版面安排时,出版人。

(3)在文学、戏剧、音乐或艺术作品产生自计算机的情况下,作者应当是对作品创作之必要安排承担责任的人。

(二)作者资格"资格论的价值判断"演变符合著作权的发展趋势

传统观点认为只有源自人的信息才有可能成为知识产权的对象,若要将非源于人的信息列为知识产权的对象,则要么因权利主体的缺位而致权利无所归依,要么有悖于设立知识产权的目的而致权利无由证立。[①] 对此需要澄清的是,之所以强调作者与著作权人的区别,是因为作者可以原始取得包括著作人身权在内的完整著作权,基于著作人身权的不可转让性,著作权人通常仅能获得著作财产权。同时"只有源自人的信息才有可能成为知识产权的对象","只有源自人的信息才有可能成为作品",以及"只有源自人的信息才能受著作权法保护"是三个不同的问题。如前所述,知识产权法的基本功能是分配符号表达所形成的市场利益,其规范的财产在形态上属于符号组合。[②] 因此非人类创作成果虽然不属于作品,但可以成为邻接权的保护对象从而受到著作权法的保护。对作者资格的讨论,仅限于作品的范畴,但是在确定邻接权的权利归属时亦可参照。随着数字化技术与网络环境的发展,信息铺天盖地席卷而来,知识产权的发展更多地将注意力集中于对象本身,完成了从创造到对象的转变,[③]甚至在更远的前沿领域,计算机软件终

---

① 参见张玉敏、易健雄:《主观与客观之间——知识产权"信息说"的重新审视》,载《现代法学》2009年第1期。

② 参见李琛:《知识产权法基本功能之重解》,载《知识产权》2014年第7期。

③ 参见孙璐:《知识产权对信息产权的孕育及扩展》,载《知识产权》2008年第2期。

有一天会替代自然人作者来创造某些信息与娱乐产品。① 届时版权产业链条将进一步发展为"投资者—信息技术—作品—传播者—读者",对于此类非源于人的信息,将作者资格视为动态的"资格论的价值判断"才能解决上述传统观点的两大症结。

其一,因权利主体缺位而致权利无所归依的问题。英国《版权、设计和专利法案》(1988)明确计算机创作的作品亦可受到著作权保护,在实定法上正式宣布非源于人的信息业已进入著作权框架。对于此类作品而言,无论投资者还是传播者均满足本体论上的作者资格要求,但任何人就此主张著作权都难以获得充分的正当性支持;而若将作者资格视为法律作者与作品之间的连接因素,加之价值判断的属性,则此类作品的权利归属就不再成为权利证立的障碍。创作事实、必要投入、作品署名三大连接因素,计算机本身无法成为权利主体,故"创作事实"只能被放弃;而在"必要投入"和"作品署名"之间,显然"必要投入"这一连接点更能为"投资者应当成为作者"提供正当性依据,正如英国法所规定的"作者是为作品创作做出必要安排的人"。同样非人类创作成果也可借鉴这一模式,动物、人工智能本身虽无法成为权利主体,但若有其他连接因素,如动物的训练者、人工智能的开发者或使用者等,便可以此为据解决权利归属的问题。

其二,"动态资格论的价值判断"也将作者资格从可版权性要件中解放出来,划清了权利主体和权利客体之间的分工界限。可版权性要件解决的是著作权究竟保护什么的客体问题,而作者资格解决的是权利应当归谁所有的主体问题,一旦将二者混同,尤其在著作权保护已完成从创造到对象的转变时,就可能将原本属于著作权保护的客体排除在著作权体系之外。作品要求独创性必须源于自然人,是对事实作者的要求,并非为规范意义上的法律作者设限。如不满足事实作者的要求,则该成果应当被排除在作品范围之外,但并非排除在著作权更不是

---

① 参见[美]保罗·戈斯汀:《著作权之道:从谷登堡到数字点播机》,金海军译,北京大学出版社2008年版,第25页。

知识产权体系之外。当作者资格从本体论转向资格论时,也不意味着对"鼓励创造"立法宗旨的放弃,而是将"鼓励创造"交由对权利客体的限制来实现。著作权法鼓励创造,要求不仅仅是对已有成果的复制和借鉴,还强调必须有不同于过往作品的一些特质,[1]如新思想、新观点、新风格、新信息、新形象、新意蕴、新情节、新布局等。[2] 这种对作品增量要素的要求,也契合了"创造"的哲学概念。创造是产生异质的东西,而"异"与"同"是相对于主体需求而言的,只要作品间存在一些差别就构成"创造"。[3] 所以,将作者资格视为动态连结不仅没有违背著作权"鼓励创造"的立法宗旨,反而有利于廓清著作权权利主体与权利客体的不同分工。

四、结论

在"作者"已逐渐被"权利人"架空的前提下,继续强调作者资格内涵的转变仍有其制度意义。我国著作权立法总体上依然遵循着"人身/财产"两分的立法格局,因此不可转让的人身权利只能借助于作者来实现,否则就将产生著作人身权主体缺位的问题。[4] 1969 年福柯在其开创性著作《什么是作者》中指出,理解现代"作者"思想的关键在于审视所在的社会历史背景。作者作为一种新的社会建构方面的发明,并没有现实的文本创作实践,作者获得所有权的规则并不是源于自然法,而是社会自行创立的用来分配所有权的一种人为规则。[5] 在版权产业化趋势加强的今天,"作者获得所有权是用来分配所有权的人为规则"的

---

[1] 参见张玉敏、曹博:《论作品的独创性——以滑稽模仿和后现代为视角》,载《法学杂志》2011 年第 4 期。

[2] 参见王坤:《论作品的独创性——以对作品概念的科学建构为分析起点》,载《知识产权》2014 年第 4 期。

[3] 参见李琛:《著作权基本理论批判》,知识产权出版社 2013 年版,第 131~132 页。

[4] 如对于特殊职务作品,《著作权法》规定作者仅享有署名权,其他权利由法人或者其他组织享有,按照人身权不得转让的观点,则有关的发表权、修改权和保护作品完整权将缺失权利主体。

[5] See Angela R. Riley, *Recovering Collectivity: Group Rights to Intellectual Property in Indigenous Communities*, Cardozo Arts and Entertainment Law Journal, 2000, p. 175, 180. 转引自崔国斌:《否弃集体作者观——民间文艺版权难题的终结》,载《法制与社会发展》2005 年第 5 期。

属性应当得到更为突出的强调而非不断被弱化,这种实用主义立法原则也逐渐渗透作者权体系。对于著作权而言,从创造到对象的转变就意味着放弃了浪漫主义作者观的坚守,而转向了对象自身对文化进步和经济发展的贡献。在我国尚未建立起信息产权法律制度的过渡阶段,此种思维方式的转变也有助于我们解决著作权扩张时新客体和新权利的相关问题。在创作者自身不能或不适宜作为权利主体时,依据作者资格的不同表现形式即可有效解决权利归属,推动作品顺利进入市场完成商业化。

第二节　动物"创作成果"权利主体的确定[①]

如前所述,动物"创作成果"是一种非物质性的信息,具有财产化的合理性。那么,接下来要解决的问题是:动物是否能成为权利主体?如果答案是否定的,谁又能成为权利主体?本节以动物"创作成果"不是作品为前提,继续探寻其作为可财产化的非物质性信息,应当由谁享有相应权利这一问题。

一、动物不能成为法律主体

在民事法律关系中,主流观点是坚持"人""物"二分原则:自然人、法人等"人"是权利主体,动产、不动产等"物"则作为权利客体而存在。关于动物的法律地位问题,也就相应有"人"与"物"两种不同主张。时至今日,人们就生物人与法律中的"人"(法律主体)之间的非对应性已经达成共识,二者分离也已成为法律人格制度的基本模式。[②] 从这一意义上来讲,法律主体就本质上而言不过是立法者基于现实需要的一种

[①] 本节内容原载张玲、王果:《动物动物"创作成果"的民事法律关系三要素分析》,载《知识产权》2015年第2期,收入本书时有删改。

[②] 参见马俊驹、张翔:《论民法个人人格构造中的伦理与技术》,载《法律科学(西北政法学院学报)》2005年第2期。

抽象或虚拟,①并由此产生了"人可非人""非人可人"的历史变迁。该历史变迁反映出能够成为法律主体的两条路径:客观路径表现为因具备某种属性即自动成为法律主体,法律仅是确认这一事实;主观路径表现为虽然欠缺该属性,但基于现实需要立法者也赋予其主体地位。而动物作为非理性生物,既不具有客观路径的天然属性,也无法通过主观路径扩展为"人"。因此,动物作为非人类生物,在客观上虽然具有一定的思维能力,但也不能成为法律上的"人"(法律主体),而只能定位为有别于机械性工具的特殊物。有学者主张,从自然的角度看,人并不比动物更优越,在大自然的宴席上一切存在物都是平等的。②而且法律主体这一概念具有延展性和拟制性,③其主体类型及主体范围随社会发展可以逐渐扩展。④人们总是根据社会政治、经济和文化的发展需要而有选择地将法律主体资格赋予个人甚至组织体,前者如历史上的奴隶,后者如法人,这为动物成为法律主体提供了制度上的可能性;⑤此外,德国《民法典》第90条关于"动物不是物"的规定也被作为认可动物法律主体地位的立法实践。上述观点值得商榷,无论从法理角度,还是现实角度,都不能推导出动物成为法律主体的结论。

(一)动物不具备法律主体的条件

第一,动物欠缺法律主体的本质要件:理性、意志。法律主体是法律关系的参加者,在法律关系中享有一定权利,履行一定义务。违反义务后,要承担一定责任。因此,法律主体是权利主体、义务主体和责任主体的共同体,⑥这意味着法律主体以能认知权利、义务和责任为前提。

---

① 参见李拥军:《从"人可非人"到"非人可人":民事主体制度与理念的历史变迁——对法律"人"的一种解析》,载《法制与社会发展》2005年第2期。
② 参见严春友:《主体性批判》,载《社会科学辑刊》2000年第3期。
③ 参见高利红:《动物应为法律上之主体》,载吴汉东主编:《私法研究》第4卷,中国政法大学出版社2004年版。
④ 参见李萱:《法律主体资格的开放性》,载《政法论坛》2008年第5期。
⑤ 参见许翠霞:《动物真的能够成为法律主体吗?——关于法律主体的前提性说明》,载《安徽大学学报(哲学社会科学版)》2010年第6期。
⑥ 参见胡玉鸿:《法律主体的基本形态》,载《法治研究》2012年第10期。

即必须存在对社会秩序的价值认同和法律规范的自觉遵守,才能成为法律主体并被其他人视为"人格体"而获得尊重。① 而"对社会秩序的价值认同和法律规范的自觉遵守"的能力源于理性和意志。只有具有理性和意志的实体才能认知权利和义务之所在,也只有拥有自由意志的人才可能接受自己行为所必须面对的后果。② 法律主体应该能够自己思维,能够判断对错并对自己的行为作出自我决定的"自制"意识。③ 该意识并不简单等同于对内外界环境的认知和被动适应,也不简单包含情感表达和行为模仿。在理性和意志的引导下,主动反省现状并将无意识的或习惯性的习俗和惯例等提升为道德甚至法律的规范体系,④ 而动物虽然有意识,能够认知环境、表达情感,具有一定的思维能力,但是,动物无法判断对错并自我约束,缺乏理性、意志,其意识不具有社会性、自主性、能动性,没有对法律秩序的认同感。因此,动物不能成为法律主体。

第二,动物超出了法律主体扩展的边界。法律主体属于历史范畴,经历了"部分自然人—全部自然人—全部自然人和法人"的发展历程。于是有质疑声音认为"既然法律可以赋予不能说话、没有意识的国家、公司、婴儿、无行为能力的人、自治城市和大学等法律资格,为什么法律不能赋予自然物体以法律资格"⑤? 但是,就科学角度而言,任何进程都有一个临界点,不存在无限的可能,法律人格的扩充亦是如此,只能是在人类属于同一物种这一科学事实的前提下,在所有人类范围内扩充

---

① 参见许翠霞:《动物真的能够成为法律主体吗?——关于法律主体的前提性说明》,载《安徽大学学报(哲学社会科学版)》2010 年第 6 期。
② 详细论述参见胡玉鸿:《法律主体的基本形态》,载《法治研究》2012 年第 10 期。
③ 参见许翠霞:《动物真的能够成为法律主体吗?——关于法律主体的前提性说明》,载《安徽大学学报(哲学社会科学版)》2010 年第 6 期。
④ 参见李茂生:《动物权的概念与我国动物保护法的文化意义》,载《月旦法学杂志》2003 年第 3 期。
⑤ 江山:《法律革命:从传统到超现代——兼谈环境资源法的法理问题》,载《比较法研究》2000 年第 1 期;曹明德:《法律生态化趋势初探》,载《现代法学》2002 年第 2 期。

法律人格。① 法人作为法律拟制的产物，其归根结底也是自然人意志的集合。无论法律主体的外延如何变化，其内涵都始终凸显一个核心思想，那就是对法律主体的理性(意志)能力标准的坚持。法律秩序本身已经从逻辑上先验地限定了只有具备理性能力的人才有可能成为法律主体。② 没有理性的东西只具有一种相对的价值，只能作为手段，因此叫作物。③ 社会秩序和法律规范作为人类意识的产物，动物并不存在所谓的"认同"和"遵守"，其所认同和遵守的不过是自然界固有之规律。这是由法律主体在内涵方面质的属性所决定的，动物成为法律主体具有无法逾越的障碍。

第三，动物无法行使权利、履行义务、承担责任。法律关系的内容：权利义务具有统一性，任何主体在享有权利的同时，也需要承担相应的义务。然而这一定义在讨论"动物能否成为法律主体"这一问题时却往往被忽略。为了保障动物的生存"权利"，各国法律均作出了相关规定，但这些保护措施均是以禁止或限制人类行为来实现。原因显而易见：动物并不能主动行使"权利"，当"权利"受到侵害时也无法主动维权。同时，动物也无法履行法律义务。且不说动物的具体法律义务无法确定，其如何履行义务，对消极义务如何强令其遵守？当动物未能履行法律义务时，又如何承担责任？这些问题是动物成为法律主体无法回避也无法解决的障碍。

第四，对德国《民法典》规定的解读。动物主体化支持者认为德国《民法典》第 90 条 a 项关于"动物不是物"的规定是将动物人格化，这是对该规定的误读。德国《民法典》第一编是总则，下面第一章是"人"，包含第一节自然人和第二节法人；第二章是"物、动物"。这种编排体系清晰地划分了民事法律关系中主体与客体的界限。并且，第 90 条 a 项

---

① 参见杨立新、朱呈义：《动物法律人格之否定——兼论动物之法律"物格"》，载《法学研究》2004 年第 5 期。
② 参见许翠霞：《动物真的能够成为法律主体吗？——关于法律主体的前提性说明》，载《安徽大学学报(哲学社会科学版)》2010 年第 6 期。
③ 参见[德]卡尔·拉伦茨：《德国民法总论》，王晓晔等译，法律出版社 2003 年版，第 45 页。

条文在"动物不是物"的表述后,又明确"除另有其他规定外,对动物准用有关物的规定"。因此,"动物不是物"的表述是要区分动物与有体物(第90条),而不能推论解读成:动物是主体。该规定的本义"并不是将动物人格化或当成权利主体,而是动物的所有人不能任意对待动物"①。该条文是基于当时动物保护机构的呼声过高的国情出发而制定的,其立法目的并不是赋予动物法律人格,而只是对作为法律客体地位的动物加强保护而已。②

(二)动物监护制度不具有可行性

为解决动物作为法律主体先天条件的缺失问题,有学者提出,为动物设立监护人,由动物监护人来行使动物所享有的权利并代动物承担责任。③ 此制度设计看似解决了动物成为法律主体的现实障碍,但实际上,仍然面临理论和实践双重困境。

首先,在理论方面,为动物设立监护人,本身即暗含着对动物法律主体地位的否定。动物具有法律主体地位,但其名义、意志、财产(假定存在)等均不独立。并且,动物的所有事情只能完全依靠人来进行,进而说明其享有法律主体地位没有存在价值。如果认为赋予动物法律主体地位可以提升保护水平,则仅需在原有法律规定下加强保护即可,大可不必违背基本法理将其认定为法律主体。动物不同于婴儿或者精神病人,后者虽然在理性能力方面存有欠缺,但却始终是人类命运共同体的一部分,这种同质性,使他们对其自身利益或者行为领域的主张,都能够在这一共同体的框架内获得内部解决。④ 对象之间的同质性是监护制度建立的前提。人们可以依据一般人的标准判定监护人为被监护人作出的选择,是否遵从了被监护人的真实意愿,是否符合被监护人的

---

① 黄立:《民法总则》,中国政法大学出版社2002年版,第165页。
② 参见陈本寒、周平:《动物法律地位之探讨——兼析我国民事立法对动物的应有定位》,载《中国法学》2002年第6期;周睿:《动物的法律人格问题研究》,载《华商》2008年第6期。
③ 参见任海涛:《论自然物的法律主体资格》,载《社科纵横》2004年第3期。
④ 参见许翠霞:《动物真的能够成为法律主体吗?——关于法律主体的前提性说明》,载《安徽大学学报(哲学社会科学版)》2010年第6期。

利益。但是，动物与人类之间欠缺同质性，人眼中的事物永远是人看到的，就如同熊猫眼里的世界，永远是熊猫的世界一样。① 无法判定动物监护人的行为是否符合被监护者的真实意愿。人类永远也无法理解动物的世界，故而无法监护动物。

其次，为动物设立监护人的设想不具有可操作性。自然人的监护，一般通过血缘、亲缘等关系来确定，特殊情况下由有关组织如居委会等担任监护人。但是，动物没有社会属性，其监护人就只能由法律规定：与动物有直接关系的人员来担任，诸如所有人、实际占有人或者管理人。而这样的规则对家养动物还可适用。但是，动物生存遍及全球，数量也难以估量，特别是野生动物和流浪动物，其监护人如何确定。是为每一个动物设定一位监护人，还是为每一种动物设定监护人呢？② 无论是哪一种方案，都需付出巨大的社会成本，并且不具有可操作性。支持论者的"有限法律主体"解决方案③本身也还存在很多问题。因此，为动物设立监护人也只能是人类的一厢情愿。

二、动物"创作成果"的权利归属规则：实质性投资标准的引入

动物"创作成果"有三种情况：一是完全没有人类介入而由其自发完成；二是在创作过程中有人类介入，但该介入与最终"作品"的产生并无实质关联；三是动物"创作成果"的产生与人类的行为有实质关联。由于"成果"的非物质属性，无论动物"创作成果"的权属状态如何，均排除了先占适用的可能。因而前两种情况下的动物"创作成果"，属于公有领域，任何人均可以使用。只有第三种情况下的"创作成果"才能

---

① 参见陈本寒、周平：《动物法律地位之探讨——兼析我国民事立法对动物的应有定位》，载《中国法学》2002年第6期；周睿：《动物的法律人格问题研究》，载《华商》2008年第6期。

② 参见陈本寒、周平：《动物法律地位之探讨——兼析我国民事立法对动物的应有定位》，载《中国法学》2002年第6期；周睿：《动物的法律人格问题研究》，载《华商》2008年第6期。

③ "有限的法律主体"包含两层含义：一是主体权利范围的有限性，即动物只享有某些种类的权利，如生存权、生命权等，而选举权、被选举权等则专属于人类；二是主体范围的有限性，即脊椎动物才可以成为主体。详细论述参见李福清：《再论动物的有限法律主体地位——为动物权利而抗争》，生态文明与环境资源法——全国环境资源法学研讨会2009年年会论文。

成为私有财产,并应确立相应的权利归属规则。由于动物不能成为法律主体,因而,也就不能成为其"创作成果"的权利主体。那么,应由谁享有动物"创作成果"的利益?

(一)动物"创作成果"不能直接归属管理人或饲养人

动物不能成为法律主体,故只能作为"物"存在。也正因如此,有观点认为动物实际上就是人类进行创作的工具,[①]与笔墨纸砚等物件没有本质区别。以此推理,动物"创作成果"可以直接归属于其管理人或饲养人。该规则设计有一定的合理性,但是,仔细分析,存在以下问题。

第一,动物与作为一般创作工具的物是有区别的,其并不等同于笔墨纸砚等纯工具。"工具"一词的核心是与自主性相对的"机械性",它是在完全由人控制、指挥或预设的程序下完成某项任务,即利用工具完成某项事情,何时开始、如何进行、结果如何等都完全是由人类控制。"工具"不具有个体意识,不会对事务进程产生任何影响。而动物与人类利用的普通创作工具相比,最本质的区分在于动物具有一定程度的自主性,有自己的思维。动物进行"创作",并不是纯粹机械地执行人类的命令。动物对事务进程不仅会产生影响,有时甚至是决定性的。即使是人类训练的动物,当其"着手创作时"就已经脱离了人类的指令,其自主决定如何勾勒画面,完全不同于人类利用画笔来勾画直线和曲线。因此,动物在"创作"中的地位并不完全等同于工具,动物属于有思维能力的"特殊物"。

第二,动物"创作成果"的权利归属不能套用动物损害责任规则。我国《民法典》侵权责任编第九章规定,饲养动物损害责任一般由动物饲养人或者管理人承担。法律规定动物侵权责任由饲养人或者管理人承担的理论基础在于:动物具有潜在的、难以预料的危险性,饲养人或者管理人饲养动物等于拥有了危险源,并由此产生了对动物充分注意、谨慎小心的控制管理义务。同时,饲养人或者管理人对自己所饲养动

---

① 参见刘媛:《动物画作的著作权研究——以实证主义为视角》,载《西南政法大学学报》2011年第4期。

物的习性也最清楚,完全有能力对其进行控制,更容易防范损害的发生。① 因此,当动物致他人损害时,应由饲养人或管理人来承担责任。而动物"创作成果"权利归属的确认机理不同于作为危险源的责任归属,应该是与动物"创作成果"有直接关系的主体。

(二)权利归属标准应是对动物"创作成果"有实质性投资

一个信息的产生需要有智力和财力的投入,因而,该信息归属的规则无非就是三种方案:归属智力提供者;归属财力的投资者;由智力和财力投入者共有。

权利归属智力提供者的正当性哲学基础是约翰·洛克的财产权理论。该理论学说认为,每个人对自己的人身享有一种所有权,除他之外任何人都没有这种权利……所以只要他使任何东西脱离自然所提供的和那个东西所处的状态,他就已经掺进他的劳动,在这上面掺加他自己所有的某些东西,因而使它成为他的财产。② 我国《著作权法》基于该理论,于第 9 条规定:著作权首先归属于创作作品的作者。特殊作品中的演绎作品、合作作品、汇编作品、一般职务作品的著作权属于智力提供者,体现了"谁创作,谁拥有"的理念。

权利归属财力投资者的理论基础是价值增值论。当一个信息的产生中投资的作用远远大于智力因素时,劳动价值论就面临困境,此时,价值增值理论提供了有益补充。价值增值理论的核心是指经由实质性投资凝聚于特定对象,从而使对象具有了价值增值,投资者对该对象具有了基于投资的财产利益而生成的财产权利。③ 数据库的特殊权利保护模式不以创造性为基础,而以投资为基础,④充分体现了实质性投资标准。为数据库开发者创建财产权,目标是为其提供一种投资回报。⑤

---

① 参见潘志玉:《饲养动物致害责任探析》,载《政法论丛》2007 年第 4 期。
② 参见[英]洛克:《政府论》(下),叶启芳、瞿菊农译,商务印书馆 1996 年版,第 19 页。
③ 参见李晓辉:《信息产权:知识产权的延伸和补充》,载《电子知识产权》2013 年第 11 期。
④ 参见李扬:《数据库法律保护研究》,中国政法大学出版社 2004 年版,第 204 页。
⑤ 参见[澳]马克·戴维森:《数据库的法律保护》,朱理译,北京大学出版社 2007 年版,第 252 页。

《欧盟数据库保护指令》第7条第1项规定,受特殊权利保护的数据库应当在内容的获得、校正、编排等方面进行了质量上或者数量上的实质性投资。《世界知识产权组织数据库公约草案》第1条第1项、第2条第4项要求受特殊权利保护的数据库应当在内容的收集、整合、校正、组织或者表现等方面进行了质量上或者数量上的金钱、时间、技术、人力或者其他资源的实质性投资。[1] 同理,在动物"创作成果"的过程中,没有人类智力因素的直接参与,因而,可以遵循价值增值论,由进行实质性投资的主体基于其投资获得利益。

(三)实质性投资的具体判断标准

如何证明人类在动物创作过程中的投资具有"实质性",笔者认为可适用相当因果关系理论。如果人类的投资与最终作品的产生在法律上具有相当因果关系,则人类的投资就满足实质性要求,从而可以取得动物"创作成果"的相关权利。具体讲,人类要获得动物"创作成果"的权利,其投资应构成动物创作作品的必要条件。所谓必要条件,是指人类投资与动物"创作作品"之间具有不可或缺的条件关系。条件关系采"若无,则不"的认定检验方式。[2] 以逻辑学语言阐述,即如果没有事物情况 A,则必然没有事物情况 B;如果有事物情况 A,未必有事物情况 B。此处可借用大象画画的事例说明:人类投资训练大象画画,是大象画画的必要条件,如果没有人类的投资训练就不会有大象的"创作成果";但是有了人类的投资训练,如果没有训练到位,大象也未必能创作出作品。

第三节 人工智能生成内容权利主体的确定

与动物"创作成果"相比,人工智能生成内容具有更加鲜明的特殊

---

[1] 参见李扬:《数据库法律保护研究》,中国政法大学出版社2004年版,第172页。
[2] 参见王泽鉴:《侵权行为》,北京大学出版社2009年版,第187页。

性。一是在数量上,如果说动物"创作成果"尚且属于偶然性事件,可以不做单独立法安排,但是人工智能生成内容的大量出现便不得不引起法律的特别关注;二是在产业上,虽然实质性投资标准在人工智能生成内容权利主体的确定上,仍然具有适用空间,但人工智能的产业化发展涉及的利益主体更加多元,符合实质性投资标准的主体亦有多个,如何确定最终归属仍需明确。本节讨论的人工智能生成内容,仅限于人工智能模型直接输出的结果,不涉及使用者对输出结果进行后续修改、演绎等情形。

一、我国人工智能生成内容权利归属的典型案例

人工智能生成内容的理论争议和立法分歧虽然仍未有定论,但人工智能产业却一如既往地在向前发展。我国司法实践中已经产生了与人工智能相关的著作权纠纷,从这些案例中,可以一定程度上窥见我国法院的立场。

(一)菲林诉百度案

原告北京菲林律师事务所通过使用"威科先行库"软件设置相应检索条件后,自动生成了一篇图文分析报告《影视娱乐行业司法大数据分析报告——电影卷·北京篇》,并于 2018 年 9 月 9 日首次在其微信公众号上发表,文章由文字作品和图形作品两部分构成。2018 年 9 月 10 日,被告北京百度网讯科技有限公司经营的百家号平台上发布了被诉侵权文章,该文章内容与涉案文章基本一致,但删除了署名、引言、检索概况等部分。原告主张被告侵害其信息网络传播权和署名权,故诉至法院要求被告承担侵权责任。被告认为涉案文章是采用法律统计数据分析软件智能生成的报告,并非原告通过自己的智力劳动创造所得,不属于《著作权法》的保护范围。

法院经审理认为:作品应由自然人创作完成,在相关内容的生成过程中,软件研发者(所有者)和使用者的行为并非创作行为,相关内容并未传递二者的独创性表达。因此,二者均不应成为计算机软件智能生成内容的作者,该内容亦不能构成作品。软件研发者(所有者)和使用

者均不能以作者身份进行署名,但是,从保护公众知情权、维护社会诚实信用和有利于文化传播的角度出发,应添加相应计算机软件的标识,标明相关内容系软件智能生成。计算机软件智能生成物不构成作品,不意味着其进入公有领域,可以被公众自由使用。软件使用者进行付费和检索,为激励其使用和传播行为,促进文化传播和科学发展,应赋予其相应权益。软件使用者也可采用合理方式在涉计算机软件智能生成内容上表明其享有相关权益。①

(二)Dreamwriter 案

2018 年 8 月 20 日,原告腾讯公司在腾讯证券网首次发表标题为《午评:沪指小幅上涨 0.11% 报 2671.93 点 通信运营、石油开采等板块领涨》的文章,涉案文章末尾注明:本文由腾讯机器人 Dreamwriter 自动撰写。关于涉案文章的生成过程,原告作出如下陈述:涉案文章是由原告利用 Dreamwriter 软件在大量采集并分析股市财经类文章的文字结构、不同类型股民读者的需求的基础上,根据原告独特的表达意愿形成文章结构,并利用原告收集的股市历史数据和实时收集的当日上午的股市数据,于 2018 年 8 月 20 日 11 点 32 分(股市结束的 2 分钟内)完成写作并发表。Dreamwriter 软件由原告组织的相关主创团队主持运行,主创团队包含编辑团队、产品团队和技术开发团队。涉案文章的创作流程主要经历数据服务、触发和写作、智能校验和智能分发四个环节。2018 年 8 月 20 日,被告在其经营的"网贷之家"网站上发布了标题为《午评:沪指小幅上涨 0.11% 报 2671.93 点 通信运营、石油开采等板块领涨》的文章。经比对,该文章与原告的涉案文章标题和内容完全一致。该文章末尾同样标注:本文由腾讯机器人 Dreamwriter 自动撰写。原告认为,被告未经许可在原告文章发表当日复制并在"网贷之家"网站上公开传播涉案文章,侵犯了其信息网络传播权。

法院审理认为:涉案文章构成文字作品,是在原告的主持下,由包含编辑团队、产品团队、技术开发团队在内的主创团队运用 Dreamwriter

---

① 参见北京互联网法院民事判决书,(2018)京 0491 民初 239 号。

软件完成。涉案文章由原告主持的多团队、多人分工形成的整体智力创作完成，整体体现了原告对于发布股评综述类文章的需求和意图。涉案文章在由原告运营的腾讯网证券频道上发布，文章末尾注明"本文由腾讯机器人 Dreamwriter 自动撰写"，其中的"腾讯"署名的指向，结合其发布平台应理解为原告，说明涉案文章由原告对外承担责任。故在无相反证据的情况下，涉案文章是原告主持创作的法人作品。①

（三）"春风送来了温柔"案

2023 年 2 月 24 日，原告使用开源软件 Stable Diffusion 通过输入提示词的方式生成涉案图片，后将该图片以"春风送来了温柔"为名发布在小红书平台。原告发现，百家号账号"我是云开日出"在 2023 年 3 月 2 日发布了名为《三月的爱情，在桃花里》的文章，该文章配图使用了涉案图片。原告认为，被告未获得原告的许可，且截去了原告在小红书平台的署名水印，使相关用户误认为被告为该作品的作者，严重侵犯了其署名权及信息网络传播权。

法院经审理认为：涉案图片构成《著作权法》上的美术作品。根据《著作权法》第 9 条规定，作者限于自然人、法人或非法人组织，人工智能模型本身无法成为我国《著作权法》上的作者。而涉案人工智能模型设计者既没有创作涉案图片的意愿，也没有预先设定后续生成内容，其并未参与到涉案图片的生成过程中，其仅是创作工具的生产者。设计者的智力投入体现在人工智能模型的设计上，即体现在"创作工具"的生产上，而不是涉案图片上。故涉案人工智能模型设计者亦不是涉案图片的作者。此外，从相关主体的约定来看，涉案人工智能模型的设计者在其提供的许可证中表示，"不主张对输出内容的权利"，可以认定设计者亦对输出内容不主张相关权利。原告是直接根据需要对涉案人工智能模型进行相关设置，并最终选定涉案图片的人，涉案图片是基于原告的智力投入直接产生，且体现出了原告的个性化表达，故原告是涉案图片的作者，享有涉案图片的著作权。原告作为作者虽享有著作权，但

---

① 参见广东省深圳市南山区人民法院民事判决，(2019) 粤 0305 民初 14010 号。

是根据诚实信用原则和保护公众知情权的需要，原告应该显著标注其使用的人工智能技术或模型。①

（四）案件评析

前述三个案例，在最终结论和具体论证上同中有异。首先，在属性界定上，菲林诉百度案认为作品应由自然人创作完成，计算机软件生成的文章不构成作品；而 Dreamwriter 案和"春风送来了温柔"案，则从使用者的贡献出发，认为人工智能生成内容可以构成《著作权法》上的作品。菲林诉百度案否定了人工智能生成内容的作品属性，但认为即使不受《著作权法》保护，也不意味着就直接进入公有领域，而是认为软件使用者有权享有相关权益。其次，在权利归属上，菲林诉百度案认为使用者进行了付费和检索，有权获得相关权益；Dreamwriter 案将涉案文章界定为法人作品，将权利赋予了文章的组织运行者即腾讯公司；"春风送来了温柔"案则以创造性贡献为主要依据，结合许可证条款，将权利配置给了使用者。事实上，三个案例在权属规则上表现出了一致性：使用者有权获得相关权益。Dreamwriter 案中法人作品的界定，属于权利归属的特殊规则，该案中的法人在整个人工智能运行过程中，也是处于使用者的地位。

从司法实践来看，呈现的结果差异并不大，但人工智能生成内容不同于普通作品，其产生过程涉及众多利益主体，各方主体投入贡献的方式与程度也错综复杂，确定最终权利归属需要更加严格的论证。以司法案例为指引，明晰人工智能生成内容的权利归属规则，仍具必要性。人工智能生成内容虽不构成著作权法上的作品，基于因其形态属于符号财产，依然可以纳入著作权体系，以邻接权的形式获得保护。作品著作权归属的确定规则对邻接权人的确定亦有借鉴意义，以下论述不严格区分法律属性界定的分歧，仅参照其中的权利归属规则。同时，人工智能的投资者、开发者、使用者等主体，可能存在重叠的情形，以下论述默认上述身份相互独立。

---

① 参见北京互联网法院民事判决书，(2023) 京 0491 民初 11279 号。

二、人工智能生成内容权利归属的理论分歧

人工智能生成内容最显著的特点之一在于涉及多元利益主体,投资者、设计者、服务提供者、实际使用者等,甚至人工智能模型自身,都可能成为利益相关方。如何进行权利配置,学术界各执一词,莫衷一是。

(一)人工智能生成内容权利归属的不同理论主张

人工智能生成内容的权利归属,有两种不同路径:一种是在一般规则之下直接确定归属;另一种则借助于特殊作品类型,通过扩大解释来将其涵盖其中。

1.直接确定人工智能生成内容的权利归属

该路径有以下5种不同主张:

一是人工智能说。以美国学者提出的虚拟作者理论最为典型。该观点将作者区分为事实作者与法律作者,认为机器人可以成为作品事实上的作者,但并不因此成为该作品法律上的作者。在虚拟作者理论下,如生成内容是由计算机软件而非自然人所创作时,可以先拟制一个虚拟著作权人。如果该作品能够符合除作者作品要求以外的其他要求,就认定该虚拟著作权人享有著作权,然后再由版权局或者法官根据作品创作过程将实体权利认定给程序开发者或者使用者,让其成为该作品法律上的作者。① 国内学者亦有类似观点,认为法律人格的确认是法律为了解决现实需要而做出的功能性安排。人工智能具有独立自主的行为能力,具有权利能力与行为能力,应当承认其具有法律人格。但人工智能的法律人格具有有限性,需明确"穿透人工智能面纱"的首要归责原则。② 另有观点虽也同样认可直接将生成式人工

---

① See Butler T. L. , *Can A Computer Be An Author-copyright aspects of artificial intelligence*?, Comm/Ent LS,1981,p.707. 转引自李艾真:《美国人工智能生成物著作权保护的探索及启示》,载《电子知识产权》2020年第11期。

② 参见袁曾:《基于功能性视角的人工智能法律人格再审视》,载《上海大学学报(社会科学版)》2020年第1期。

智能拟制为"法律作者",但在具体权利分配上不同于虚拟作者理论的再分配,而是由开发者、管理者、使用者等主体代为行使有关权利和承担相应责任。①人工智能与开发者、管理者或使用者等主体构成代理关系。

二是设计者说。设计者应当获得计算机生成内容的权利的主要理由在于计算机生成内容表达的是设计者的思想。虽然程序设计者可能并不能准确知道每一次程序运行时会产生什么,但毕竟是他提供了运行规则才能让程序产生这一结果。②在美国 Midway Manufacturing, Inc. v. Artic International, Inc. 案③和 Stern v. Kaufman 案④中,法院遵循的就是此种逻辑,认为视频游戏的版权应当归属程序设计者。

三是所有者说。对于新出现的人工智能生成内容,在肯定其最低限度创造性的基础上,完全可以将人工智能的所有者视为作者,因为从机器学习的训练角度看,所有者即为向人工智能注入"意志"的主体,人工智能则可视为代表所有者的意志创作。在此情况下,人工智能的所有者被视为作者,完全没有任何制度上的障碍。⑤无论从人工智能作品的产生,还是人工智能作品的利用,抑或人工智能作品的传播角度来看,将人工智能的创造者或所有者视为人工智能作品的权利主体是最好的选择。人工智能的创造者或所有者主导人工智能创作作品,可以进一步激励新作品的创作和新人工智能的开发,有利于人工智能作品的传播,实现公共利益的增长。⑥在没有约定的情况下,应该建立起以所有者为核心的权利构造。这种构造不仅有利于激励创新市场,也有

---

① 参见李伟民:《职务作品制度重构与人工智能作品著作权归属路径选择》,载《法学评论》2020 年第 3 期。

② See Evan H. Farr, Copyrightability of computer-created works, 15 Rutgers Computer & Tech. L. J. 63, p. 5.

③ See Midway Manufacturing, Inc. v. Artic International, Inc. , 704 F. 2d 1009 (7th Cir.)

④ See Stern v. Kaufman, 669 F. 2d 852 (2d Cir. 1982).

⑤ 参见熊琦:《人工智能生成内容的著作权认定》,载《知识产权》2017 年第 3 期。

⑥ 参见尹卫民:《论人工智能作品的权利主体——兼评人工智能的法律人格》,载《科技与出版》2018 年第 10 期。

利于促进作品的传播。①

四是使用者说。从人工智能作品的生成过程来看,相较软件设计者,使用者与特定作品在时空上的关系更为紧密,是直接引发作品诞生的主体。人工智能作品归属使用者也可以回避区分机器辅助生成作品与机器自主生成作品的难题,并且不会构成对使用者利用人工智能软件"搭便车"的鼓励。② 将人工智能生成成果载体所有权赋予使用者,是对其为获得人工智能使用权付出的投资之保护,同时也有利于使用者对人工智能生成成果进行开发和传播。③

另有部分观点指出,需要厘清人工智能的研发者、设计者、生产者、使用者之间的关系,根据不同主体之间关系的特征,确立不同的著作权归属。④ 此类观点认为应当在人工智能创设者(程序设计者和训练者)、人工智能技术开发者(软硬件知识产权的所有者)、人工智能物权的所有者、利用人工智能创作作品者、人工智能使用者等主体之间确定著作权归属。⑤

2. 人工智能生成内容作为特殊作品类型

在作者基于创作而原始取得有关权利外,基于鼓励投资和促进作品利用等政策因素,各国著作权法针对特定情形还规定了一些权利归属的特殊规则,在讨论人工智能生成内容的权利归属时,亦有相应主张。

一是演绎作品说。该观点认为计算机创作的作品似乎可以看作基于或者改编其代码而产生的演绎作品。在 2017 年美国 Rearden LLC et al. v. The Walt Disney Company 案中,原告就认为其自行研发的

---

① 参见易继明:《人工智能创作物是作品吗?》,载《法律科学(西北政法大学学报)》2017 年第 5 期。
② 参见杨利华:《人工智能生成物著作权问题探究》,载《现代法学》2021 年第 4 期。
③ 参见冯晓青、潘柏华:《人工智能"创作"认定及其财产权益保护研究——兼评"首例人工智能生成内容著作权侵权案"》,载《西北大学学报(哲学社会科学版)》2020 年第 2 期。
④ 参见胡兴龙:《ChatGPT 型人工智能著作权归属问题探析》,载《广西政法管理干部学院学报》2024 年第 3 期。
⑤ 参见丛立先:《人工智能生成内容的可版权性与版权归属》,载《中国出版》2019 年第 1 期。

MOVA Contour 软件系统是存储在计算机硬盘上的原创艺术作品,迪士尼使用 MOVA Contour 系统程序的"产出物"是其衍生作品。① 这是最早将计算机创作作品作为演绎作品来保护的先例。不少美国学者也认为,可以将演绎作品的定义与范围进行扩大解释,将人工智能、计算机创作视为源代码的延伸,该创作过程是对源代码的演绎过程。② 国内亦有类似主张,如易继明教授就认为人工智能随机的创作行为,对应着的是表演者对剧本的表演行为。从这个角度分析,人工智能的创作行为是对设计版权的某种演绎,可以类推剧本模式。③

二是职务作品说。权利主体的范围在不断扩张,民事权利主体应当不限于生物学意义上的"人",多数人工智能智力成果是"雇佣作品",可以参照"雇佣作品"制度,将生成式人工智能拟制为作品的"事实作者",开发者、管理者、使用者等主体是"法律作者"。④ 亦有观点认为在职务作品规则之下,人工智能生成内容应归属使用者。⑤ 通过扩大解释雇佣作品,将对作品进行必要安排规划的人视为雇主,可避免认定人工智能作者身份。⑥

三是法人作品说。人工智能"创作"实质反映了法人的意志性,法人具有原始取得人工智能生成物著作权的正当性。⑦ 人工智能生成物可以借鉴法人作品的制度安排,可视为代表人工智能设计者或训练者

---

① 参见李艾真:《美国人工智能生成物著作权保护的探索及启示》,载《电子知识产权》2020 年第 11 期。

② 参见李艾真:《美国人工智能生成物著作权保护的探索及启示》,载《电子知识产权》2020 年第 11 期。

③ 参见易继明:《人工智能创作物是作品吗?》,载《法律科学(西北政法大学学报)》2017 年第 5 期。

④ 参见李伟民:《职务作品制度重构与人工智能作品著作权归属路径选择》,载《法学评论》2020 年第 3 期。

⑤ 参见朱梦云:《人工智能生成物的著作权归属制度设计》,载《山东大学学报(哲学社会科学版)》2019 年第 1 期。

⑥ See Annemarie Bridy, *Coding Creativity*: *Copyright and the Artificially Intelligent Author*, Stanford Technology Law Review,2012. 转引自李艾真:《美国人工智能生成物著作权保护的探索及启示》,载《电子知识产权》2020 年第 11 期。

⑦ 参见徐小奔:《人工智能"创作"的人格要素》,载《求索》2019 年第 6 期。

意志的创作成果,将著作权归属人工智能所有者(法人)。①

(二)对前述不同观点的评析与回应

就特殊作品类型而言,人工智能生成内容不属于演绎作品,也难以简单归为法人作品。首先就演绎作品而言,演绎作品要求与原作品在实质内容上保持一致,而人工智能生成内容与源代码相比,属于完全不同的两个范畴,源代码仅提供了使用者指令运行的方式,甚至连最初的设计者也不知道源代码运行之后将得到怎样的结果。演绎作品与原作品之间在内容上的关联性,构成演绎作品扩大解释的边界。并且这一边界是不可突破的,否则将导致原创与演绎之间的界限不清。将人工智能生成内容视为源代码的演绎作品,缺少理论支撑。

人工智能生成内容也难以被简单界定为法人作品。法人作品最核心的要求是必须代表法人意志。人工智能生成内容究竟代表的是设计者还是使用者的意志,并非泾渭分明。诚然,在机器学习阶段,设计者对人工智能具有决定性作用。但在成果生成阶段,最终成果可能更加直接代表的是使用者而非开发者的意志。人工智能内容生产遵从"数据收集—数据预处理—数据训练—用户提示词输入—AI 生成内容"这一模式,②上述流程中数据收集、预处理、训练以及用户提示词,都可能反映不同主体的不同意志。数据收集、预处理和训练体现的主要是开发者或设计者的意志,由于数据集的种种缺陷,人工智能生成内容存在系统性偏见、价值观对抗、"观点霸权"、刻板印象、虚假信息等问题。③而提示词输入体现的是使用者的意志,使用者输入的指令直接决定了生成内容的方向与领域,无论我们对人工智能生成内容在法律上作何定性,都不可否认使用者输入的提示词对最终内容的影响力。在此种情形之下,人工智能生成内容究竟代表谁的意志尚无法明确,也就无法

---

① 参见熊琦:《人工智能生成内容的著作权认定》,载《知识产权》2017 年第 3 期。

② 参见高阳:《通用人工智能提供者内容审查注意义务的证成》,载《东方法学》2024 年第 1 期。

③ 参见陈昌凤、张梦:《由数据决定?AIGC 的价值观和伦理问题》,载《新闻与写作》2023 年第 4 期。

简单将其归入法人作品的类型。

职务作品确实可以为人工智能生成内容的权利归属提供有益借鉴。依据我国《著作权法》第18条第1款的规定,职务作品在主体上存在"雇主:法人、非法人组织"和"雇员:自然人"的双重限制,在确立人工智能生成内容的权利归属时,虽然可以通过扩大解释将自然人囊括进雇主、将人工智能囊括进雇员,但依然面临"人工智能究竟执行的是谁的任务"这一诘问。表面上看是使用者在下达指令,但使用者下达指令后具体运行也包含设计者和开发者的算法要求。即使类推适用职务作品,也依然需要确定在设计者的先前指令与使用者的直接指令之间,缘何使用者的直接指令就具有优先性。

至于不考虑具体类型直接确定权利归属这一路径,从不同观点的论述来看,每一观点都有相应的正当性依据。事实也确实如此,人工智能生成内容本身就是多元主体共同参与形成的。确定权利归属,并非非此即彼,而是利弊同在的结果。此情形之下,我们需要解决的问题就不是"谁可以获得权利",而是"谁更应该获得权利"。特殊作品类型的类推适用,也都是为了缓和"人工智能生成内容中的创造性贡献源于人工智能"与以自然人为中心建构起来的著作权制度之间的冲突。但类推适用的最终目标,依然是在寻求"谁更应该获得权利"这一问题的答案。对人工智能生成内容权利归属的探讨,就转换为在多种制度选择中何者更优的问题。

三、人工智能生成内容权利归属的制度构建

要在众多均有正当性的主体中确认一个最佳选择,需要回归到立法目的中来。知识产权制度的主要功能是确认、分配知识的市场化所产生的利益,[①]在市场利益分配过程中,利益平衡始终是主线。具体到著作权,从《著作权法》的立法表述来看,主要有两层目的:一是保护"著作权及有关权益",这是对纯粹个人利益的保护,遵从"投入—产出—回

---

① 参见李琛:《著作权基本理论批判》,知识产权出版社2013年版,第25页。

报"的基本逻辑;二是鼓励作品的创作和传播,发展和繁荣文化事业,这是对公共利益的维护,并且在个人利益与公共利益产生冲突时,前者要让位于后者。在上述目的的指引下,就可以发现,将人工智能生成内容的相关权益,配置给使用者是最优选择,应当构建以使用者为核心的权利归属制度。

（一）使用者与其他主体之间的利益权衡

将人工智能生成内容配置给使用者而非其他主体,主要基于以下理由。

一是其他主体已经通过替代途径获得了相应回报,继续赋权反而可能引发过度激励的问题。企业和科研单位纷纷布局生成式人工智能的目的不在于取得作品的著作权,而是在于人工智能产品本身。[①] 此一立场,从其用户协议中也可窥见。如百度"文心一言"其用户协议第4条4.1款载明,"基于您对本服务的使用,百度许可您一项个人的、基于法定或约定事由可撤销的、不可转让的、非独占的和非商业的使用本服务进行内容输入并获得内容输出的权利"。将人工智能生成内容的权利让渡给使用者,并不会影响投资者、开发者、所有者等其他主体的自身利益。其他主体可以通过收取使用费、提供增值服务等方式获得相应的经济回报。部分生成式人工智能虽然采取开源模式,相应地会免费提供给用户,但是可以在提高用户数量和软件知名度之后,再通过相关服务获得收益,或者另外提供收费的商业版本。[②] 如设计者既享有人工智能模型的权利,又可对人工智能生成内容主张权利,设计者就有双重获利的嫌疑,而且使用者在购买软件时也必然期待可以同时使用程序产生的输出。[③] 更为关键的是,即使将人工智能生成内容的权利赋予

[①] 参见张新宝、卞龙:《人工智能生成内容的著作权保护研究》,载《比较法研究》2024年第2期。

[②] 参见张新宝、卞龙:《人工智能生成内容的著作权保护研究》,载《比较法研究》2024年第2期。

[③] See Pamela Samuelson, *The Future of Software Protection: Allocating Ownership Rights in Computer-Generated Works*, 47 U. Pitt. L. Rev. 1207-1208 (1986).

使用者，也并不当然排除人工智能生成内容满足委托作品、职务作品、法人作品等特殊作品要求时，其他主体通过特殊作品的规则设计获得相应权利。而使用者，在使用人工智能时一般都支付有相应对价，在指令输入过程中也投入了大量精力，在"《太空歌剧院》案"中，使用者Allen曾在回复美国版权局的询问时描述过自己的贡献："至少经过624次修订和文本提示（prompts）才得到图像的初始版本。"①将权利赋予使用者，不仅是对其支付使用费的回报，更是对其智力投入的回报，该回报可激励使用者的进一步创作行为。从现有案例来看，对人工智能生成内容积极主张权利的也均是使用者而非其他主体。

二是与使用者相比，其他主体在人工智能生成内容中的贡献具有间接性。不可否认，其他主体在人工智能运行过程中均起到了一定作用，尤其投资者和开发者，对人工智能的开发和训练提供了至关重要的资金、技术支持，甚至可以说没有投资者和开发者，就不存在人工智能这一技术前提。但是应当区分开发者在创造人工智能阶段的智力投入和使用者在内容生成阶段的智力投入，两个阶段的智力投入使双方主体取得了不同的权利。开发者只是为人工智能实现创作功能提供了可能性，但不具有实际控制人工智能生成物传播的现实性。②美国法院在Burrow-Giles Lithographic Co. v. Sarony案中提出了"如果不是"（but for）的规则。③如果不是使用者启动程序，则作品就永远不会被创作。设计者也可能同样宣称，如果不是设计者设计程序，作品也永远不可能被创作。但设计者的论证分量显然要轻于用户，否则就将得出"刀具生产者要比持刀杀人者更应该为谋杀案负责"的荒谬结论。④人工智能生成内容的固定性由使用者完成，无论从时间上和空间上，使用者对人工

---

① 蒋舸：《论人工智能生成内容的可版权性：以用户的独创性表达为视角》，载《知识产权》2024年第1期。

② See Pamela Samuelson, *Allocating Ownership Rights in Computer-Generated Works*, 47: 4 University of Pittsburgh Law Review (1986) 1185: p.1213.

③ See Burrow-Giles Lithographic Co. v. Sarony, 111 U. S. 53 (1884).

④ See More detail, see William T. Ralston, *Copyright in Computer-Composed Music: HAL Meets Handel*, 52 J. Copyright Soc'y U. S. A. 281, p.12.

智能生成内容的控制都更为直接。

三是将人工智能生成内容的权利赋予其他主体,可能阻碍生成内容的创作和传播。随着人工智能与下游产业的深度融合,未来生成式人工智能输出的内容甚至会成为全社会信息内容的主体。[①] 当大量成果都集中在人工智能投资者、开发者的手上,极易催生投资者、开发者的垄断地位,并阻碍生成内容的顺利传播。视觉中国"黑洞照片"事件、数字音乐独家版权被叫停、中国知网被市场监管总局处罚 8760 万元等,这些事例均在提醒我们,垄断地位一旦形成,产生的负面后果难以预估。将权利赋予分散的使用者群体,就可有效避免人工智能生成内容权利的过度集中。版权最好分配给那些不仅能够创作更多作品,而且还能够受到版权的财产激励来传播这些作品的人。[②] 将权利授予使用者还有利于节约交易成本。人工智能的运行结果具有随意性,即使输入相同指令也可以得到不同的结果。程序设计与运行结果并非一一对应,如果将权利授予给其他主体,则意味着在交易前购买方必须要准确确定人工智能生成内容的具体来源,进而才能与其他主体达成协议。然而现实中购买方几乎无法确定这一来源。将权利授予使用者则可大大节约这一搜索成本。

(二)使用者享有权利之外的特殊安排

人工智能生成内容的权利归属使用者,考虑到人工智能生成内容的特殊性,在这一核心规则之下,还应当有一些例外安排。

1. 意思自由原则作为补充

智能工具的发展阶段和具体样态不同,人工智能生成内容牵涉的投资者、设计者与使用者的关系也会不同。外在的第三方难以评价多元情境下不同主体对于人工智能生成内容的利用能力与主观评价,因而难以制定权属最优配置的最佳规则。鉴于主体的多元性与关系的复

[①] 参见司晓:《奇点来临:ChatGPT 时代的著作权法走向何处——兼回应相关论点》,载《探索与争鸣》2023 年第 5 期。

[②] See Samantha Fink Hedrick, *I Think, Therefore I Create: Claiming Copyright in the Outputs of Algorithms*, 8:2 Journal of Intellectual Property and Entertainment Law (2019) 324: p.337.

杂性，法定的权属配置规则极易导致版权归属与主体利用能力、主观评价的错配，导致人工智能生成内容未被配置给进行最佳利用、评价最高的主体。因此，对于牵涉多元主体与复杂关系的人工智能生成内容而言，应优先考虑自发有序化构建的权属配置规则。① 因此，应当承认人工智能生成内容自由约定权利归属的有效性。我国《著作权法》所确立的作品原始归属模式是以著作权属作者为原则，以特殊规定为补充，以合同约定为例外。② 承认约定优先，仍然符合上述原则。在"春风送来了温柔"案中，法院就认可了许可证中权利由使用者享有的约定。

虽然合同约定更加符合效率原则，但仍然需遵从公平原则。人工智能生成内容权利归属的约定，基本都由人工智能服务提供者单方面提供，使用者并无谈判和协商空间。曾有记者筛选了一家主流应用商店中下载量前15名的App，其《服务协议》的平均文本长度是1.1万字。并且《服务协议》及《隐私政策》中，15款App中有11个都有"套娃"行为——一项条款文件援引了多个其他的条款协定。微信的《服务协议》是其中"套娃"最多的，一共嵌套了46份协议与可阅读的附录文本，这些嵌套内容的总字数更是高达惊人的27万字。③ 无论许可协议长度如何，都令人难以理解。协议由律师起草，主要功能是界定法律权利和有限责任，而不是清晰、有效地与人沟通。因此，它们充斥着定义术语、专业术语、不自然的短语转换和复杂的句子结构。与用于销售产品的、简单易懂的营销语言不同，定义这些交易的法律语言（或者至少声称用于定义这些交易的法律语言）往往需要研究生学历才能理解。④ 使用者要么使用该产品并接受该许可证，要么不使用，即要么接受，要

---

① 参见刁佳星、冯晓青：《人工智能生成内容的著作权法问题——分析框架与纾解方案》，载《河北大学学报（哲学社会科学版）》2024年第2期。
② 参见曹新明：《我国著作权归属模式的立法完善》，载《法学》2011年第6期。
③ 参见九派新闻：《15款顶流APP用户协议总字数竟有40.5万字，相当于读了1.7遍〈狂飙〉原著》，载上观网，https://export.shobserver.com/baijiahao/html/592749.html，2024年9月26日访问。
④ 参见[美]亚伦·普赞诺斯基、[美]杰森·舒尔茨：《所有权的终结：数字时代的财产保护》，赵精武译，北京大学出版社2022年版，第87页。

么放弃。点击"我同意"这个按钮并不代表着有意义的同意,因为几乎没有人在条件反射般地"同意"条款之前认真阅读了这些条款。① 因此,认可人工智能生成内容权利归属的约定效力,并不意味着相关条款一定有效。用户协议中的权属分配条款,只有经由格式条款的有效性检验才可作为权属分配的依据。

2. 署名规则的特殊规定

之所以强调署名规则而非署名权,主要是与作者的"署名权"相区分。根据《著作权法》的规定,署名权是"表明作者身份的权利"。类比作者的署名权,人工智能生成内容的署名规则,包含两方面内容:一是使用者,使用者有权基于自己在内容生成中做出的贡献,在最终成果上表明身份;二是人工智能设计者或服务提供者,也有权基于人工智能模型的开发与设计,在最终成果上予以标注。菲林诉百度案、"春风送来了温柔"案均确认了这一要求。使用者身份的标注,与作者的署名权类似,是为了表明使用者与生成内容之间的事实关联,表明该内容是基于使用者的指令输入形成的。而人工智能设计者或服务提供者的标记,则是源于人工智能技术的透明度和可信度的要求。换言之,技术开发者和服务提供者标明来源既是权利也是义务。欧盟《人工智能法案》明确要求人工智能的开发公司必须采取措施对人工智能的内容进行标记和分类;我国《网络安全标准实践指南——生成式人工智能服务内容标识方法》中也给出了显式水印、隐式水印两种内容标识方法,但两种方法均针对服务提供者。《互联网信息服务深度合成管理规定》第 18 条,规定了任何组织和个人不得采用技术手段删除、篡改、隐匿深度合成标识,但并未就违反该规定的行为设置具体法律责任。即使服务提供者按照要求进行了标识,也有被使用者规避的可能。使用者如实披露人工智能生成内容的来源,一定程度上影响着侵权结果的传播范围和程度。但是与一般情形下知情权立法逻辑的差异在于,人工智能生成领域的标识制度并不以增强

---

① 参见[美]亚伦·普赞诺斯基、[美]杰森·舒尔茨:《所有权的总结:数字时代的财产保护》,赵精武译,北京大学出版社 2022 年版,第 99 页。

产品的吸引力、易理解性、可信赖度为目的,相反要遏制产品(生成内容)的强引导性与可信赖性。① 对使用者破坏内容标识的放任,也将导致技术开发者和服务提供者内容标识的立法目的不能实现。使用者等其他主体如破坏了技术开发者和服务提供者设置的水印标识,应当向技术开发者和服务提供者承担破坏权利管理信息的责任。

四、结论

法学理论与其他理论一样,具有两大功能:解释与预测。解释,是对已经发生的现象给出说明、提炼规律;预测是以解释的结论为基础对未来进行预测。法学理论应当解释已有的社会关系与制度发生、发展的规律,并据此对制度的未来进行预测。② 而对知识产权法现有规则的解释结论,表明知识产权法仅保护创造性智力成果的传统观念已经改变,未来以信息状态产生的市场利益,都可纳入知识产权法调整。知识产权法作为反映时代特征最明显、最敏捷的法律部门,也应当保持这种开放性和灵活性。将人工智能生成内容发展为知识产权法的保护对象,就属于知识产权法对技术进步率先作出的回应。人工智能技术仍在快速发展,法律制度不可克服的滞后性也难以及时回应技术和市场的需求。在这个过程中,市场各利益团体自然会对其权利归属进行谈判和选择,目前的制度设计能否经受市场的检验,则只能交给时间来证明。

第四节 无主著作权权利归属规则的反思与重构[③]

2007 年 9 月 25 日,《人民法院报》在第 4 版的位置发布了北京市西

---

① 参见张凌寒、贾斯瑶:《人工智能生成内容标识制度的逻辑更新与制度优化》,载《求是学刊》2024 年第 1 期。
② 参见李琛:《知识产权法基本功能之重解》,载《知识产权》2014 年第 7 期。
③ 本节内容参见王果:《无主作品著作权归属的"公""私"之争》,载《中国版权》2016 年第 4 期。因《民法典》出台和《著作权法》修正,收入本书时有删改。

城区中级人民法院的一则公告:"本院受理群众出版社申请认定溥仪所著《我的前半生》在其继承人李淑贤去世后为无主财产一案,依法对上述财产发出认领公告,自公告之日起一年内,如果无人认领,本院将依法判决。"①由此引发学界关于无主著作权②权利归属的讨论。时至今日,《著作权法》第三次修正已经完成,仍未能对无主著作权的权利归属做出回应。本节拟在廓清无主著作权内涵的基础之上,澄清无主著作权权利归属这一关键问题,是由国家继承从而继续保留在专有领域,还是在保护期限届满之前直接进入公有领域。

一、无主著作权内涵的廓清

在《我的前半生》案中,无主著作权强调的是保护期限尚未届满,而著作权人及其继承人均已死亡又无人受遗赠的情形。但从学界现有讨论来看,却是在三种不同意义上使用无主著作权:一是将其等同于"孤儿作品",指代那些受著作权法保护,但著作权人身份不明或虽然著作权人身份确定但查找无果的作品;③二是认为无主著作权并不同于"孤儿作品",是指作为著作权人的自然人死亡且无继承人、受遗赠人,或者法人、其他组织终止且无权利义务承受人的保护期限尚未届满的著作权;④三是主张无主著作权属于"孤儿作品"的一部分,认为我国关于"孤儿作品"的规定同时涉及作者身份不明的作品和无人继承的著作财

---

① 参见邹韧:《〈我的前半生〉著作权财产权谁继承?》,载《中国新闻出版报》2007年11月27日,第7版。

② 无主著作权显然是参照物权法中无主物的概念,但同时学界也存在无主作品的说法。"无主"强调的是权利归属状态而并非权利本身,正如无主物非无主物权。因此严格意义上而言,应当采用无主作品而非无主著作权的措辞,甚至更为明确的应当是无主著作财产权。但为了行文与引文的统一以及论述的方便,本文仍采用无主著作权的说法。

③ 参见汤妮燕:《我国无主作品著作权保护的司法困惑与破解路径》,载《河北法学》2015年第1期。

④ 参见刘宇琼:《公共政策意蕴下无主著作财产权归属探微——兼评〈著作权法〉第十九条的修改》,载《科技与出版》2014年第3期;李琛:《论无人继承之著作财产权的处理》,载《电子知识产权》2008年第1期。

产权两个方面。①

由此可见，探求无主著作权的真实含义，最主要的便是厘清其同"孤儿作品"之间的关系。有关"孤儿作品"，除前述认为"'孤儿作品'同时包含作者身份不明的作品和无人继承的著作财产权两方面"的观点以外，另有观点认为"孤儿作品"仅限于著作权人身份不明或著作权人身份确定但查找无果的作品。②若采用第一种"孤儿作品"的观点，则无主著作权属于"孤儿作品"的一部分；而若采纳第二种观点，则"孤儿作品"与无主著作权是两个并无关联的平行概念。"孤儿作品"作为舶来术语，当对其含义产生疑义时，最好的途径莫过于回归其发源地。

"孤儿作品"的概念最先由美国提出，根据2006年美国版权局发布的《孤儿作品报告》，"孤儿作品"这一用语是用来描述这样一种情形，即使用者想以经过版权所有人许可的方式使用某一仍受版权保护的作品时，却无法确定版权人身份(identified)或找不到版权人(located)。③在同样广泛关注"孤儿作品"问题的欧洲，根据其2012年颁布的《欧洲议会与欧盟理事会关于孤儿作品许可使用特定问题的指令》，"孤儿作品"是指无法确定权利人(identified)，或者即使确定、但经过法律规定的有记录的勤勉检索也无法找到权利人(found)的作品。④从identified,located或found等用语，基本可以确定"孤儿作品"一词的含义应当是著作权人无法确定或者著作权人身份虽已确定但无法找到的作品，并不包含无人继承的著作权。而所谓"无法确定权利人"，不同于匿名作品，作者可以通过署真名、笔名、假名、不署名等方式行使自己的署名权。无论以哪一种方式行使署名权，只要发表该作品时投稿人向出版者提供了联系方式，就能核查作者、权利人或作品原件持有人的身

---

① 参见赵力：《孤儿作品法理问题研究——中国视野下的西方经验》，载《河北法学》2012年第5期。

② 参见王迁：《"孤儿作品"制度设计简论》，载《中国版权》2013年第1期。

③ See Report on Orphan Works, p. 1, http://www.copyright.gov/orphan/orphan-report.pdf, 2016年4月26日访问。

④ See Orphan Works, http://ec.europa.eu/internal_market/copyright/orphan_works/index_en.htm, 2016年4月26日访问。

份,都不属于"作者身份不明的作品";真正意义上"作者身份不明的作品",是指那些作品没有署名,而且通过正常的途径(比如投递到出版社或报社等部门的照片或手稿等资料中没有署名也没有说明联系方式)也无从核查其作者身份,难以确定作者身份的作品。[①]

反观《我的前半生》案所引发的争议,强调的著作权人身份既是确定的也是可查找的,只是著作权人及其法定继承人均已死亡,又无其他人受遗赠,应当如何保护期限尚未届满的著作财产权的问题。因此无主著作权应当仅指"作为著作权人的自然人死亡且无继承人、受遗赠人,或者法人、其他组织终止且无权利义务承受人的保护期限尚未届满的著作权",既不同于"孤儿作品"也不属于"孤儿作品"的一部分。其与"孤儿作品"最关键的区别在于是否存在现实权利人:若存在现实权利人,只是无法确定和找到,即属于"孤儿作品";若缺乏现实权利人,则属于无主著作权。在我国采用著作人身与财产两分的立法模式下,无主著作权实际仅指无主著作财产权。

二、无主著作权权利归属的解释论分析

各个国家及地区著作权法基本都规定著作财产权可通过继承的方式转移,但对于无主著作权的处理,大致分为这样两种不同立法模式。[②]

第一种立法模式为:无人继承又无人受遗赠的著作财产权即告消灭,进入公有领域。如日本《著作权法》第62条第1款规定,在下列情况下,著作权消灭:(1)著作权人死亡后,其著作权根据《民法》第959条的规定应该归属国库时;(2)作为著作权人的法人解散后,根据关于一般社团法人以及一般财团法人的法律第239条第3款和其他相应法律的规定,其著作权应该归国库时。[③] 日本学者对此的解释是:无继承人

[①] 参见管育鹰:《欧美孤儿作品问题解决方案的反思与比较——兼论我国〈著作权法〉相关条款的修改》载《河北法学》2013年第6期。
[②] 另有部分国家在《著作权法》中没有对此种情况进行规定,如德国、法国等。
[③] 参见《十二国著作权法》,《十二国著作权法》翻译组译,清华大学出版社2011年版,第391页。

时,根据版权的文化使命,与其将之归国库,不如将之作为人类社会的公有财产,让一般人都可自由使用。① 巴西、②韩国③等均采此种立法模式。

第二种立法模式为:无人继承又无人受遗赠的著作财产权归国家所有。如俄罗斯联邦《著作权与邻接权法》第29条第2款规定,作者没有继承人的,由俄罗斯联邦专门机构全权实施对上述权利的保护。越南《著作权法》规定,著作权人死亡而无法定继承人者,其著作权收归国家。

我国立法总体上遵从第二种模式,但与第二种模式又略有不同。我国《著作权法》第21条规定,著作权属于自然人的,著作权按照继承法的规定移转;著作权属于法人或非法人组织的,没有权利义务继受主体的,由国家享有。而根据《民法典》第1160条的规定,著作权中的财产权利属于遗产,对于无人继承又无人受遗赠的遗产,归国家所有;死者生前是集体所有制组织成员的,归所在集体所有制组织所有。因此我国对于无主著作权,有归国家所有和集体所有两种不同形式。具体到《我的前半生》案,在李淑贤去世后又无继承人和遗嘱的情况下,其著作财产权应归国家所有。这一观点也得到部分实务界和理论界人士的肯定。④

至于有学者指出的,遗产体现的是一种法律关系,如果一种对象上没有附着法律之力,只是"自在之物",该对象本身不是法律利益,不能成为遗产。著作权可延伸至著作权人死亡后,是为了保护著作权人及

---

① 参见李琛:《论无人继承之著作财产权的处理》,载《电子知识产权》2008年第1期。

② 巴西《著作权法》第45条规定,作品的著作财产权的保护期届满后,符合下列情况之一的作品将进入公有领域:(1)该作品的作者死亡后,无继承人的;(2)该作品的作者身份无法确定的;但如该作品属于民间传统文学,应受民间传统文学的法律保护。

③ 韩国《著作权法》第49条规定,著作财产权因下列情形之一而终止:(1)当作者死亡且没有继承人时,著作财产权根据民法及其他法律条款,属于国家所有;(2)当作为著作财产权人的法人或其他组织解散后,著作财产权根据民法及其他法律条款,属于国家所有。

④ 参见邹韧:《〈我的前半生〉著作权财产权谁继承?》,载《中国新闻出版报》2007年11月27日,第7版。

其继承人的利益,当著作权人和应受其恩泽的主体不存在时,对作品的控制就失去了意义,法律完全有理由撤除作品之上的控制力。故在著作财产权无人继承时,作品之上的控制力已经丧失存续的理由,即使作品存在,也不存在遗产,国家所有的客体不存在。① 笔者认为此种对遗产范围的解释失之偏颇。上述观点的三段论推理过程如下:

大前提:遗产是法律关系的体现,只有附着"法律之力"的对象才能成为遗产。

小前提:著作财产权乃为著作权人及其应受恩泽之人的利益而设,当著作权人及其应受恩泽之人不存在时,作品上的控制力也随之消失。

结论:著作财产权在无人继承又无人受遗赠时,作品之上的控制力丧失,故作品不是遗产,国家所有的客体并不存在。

这样的三段论推论从表面来看逻辑是严谨的,然而中间的小前提存在问题。在著作权人及其应受恩泽之人不存在时,作品上控制力的消失须以法律的明文规定为前提。然而现实情况是法律虽然有理由撤除作品之上的控制力,但并未在实定法上宣告,《民法典》也未对著作权的继承做任何特殊安排,因此当著作权人及其应受恩泽之人不存在时,作品上的控制力并不随之消失而是继续存在,作品也依然属于遗产的范畴。这也就意味着国家作为最后继承人的角色,完全可以获得无主著作权。

三、无主著作权权利归属的立法论分析

民法理论大致可以区分为两类:解释论与立法论。民法的解释论,是通过解释既存的民法规范而形成的理论,其目的在于正确地理解和适用民法规范。民法的立法论,是围绕着如何设计出合理的民法规范或者如何改进既有的民法规范而发表的见解、观点和理论,其目的在于

---

① 参见李琛:《论无人继承之著作财产权的处理》,载《电子知识产权》2008年第1期。

指导或者影响民事立法实践。① 应当说前述针对无主著作权的解释论分析,是符合民法规范的现实结构的,对个案纠纷的解决也大有裨益。然而在立法论上,无主著作权归国家或集体所有是否符合民法规范的理想状态,则有待进一步商榷。

(一)无主著作权权利归属的立法论观点分歧

部分学者从立法论的角度出发,对我国《著作权法》和《民法典》的上述规定提出质疑,认为知识产权有别于有形财产权,作品在著作权人死亡或终止,无人继承或受遗赠时,应进入公共领域,②使公众得以在法律规定的条件和范围内自由使用。具体原因,大致可概括为以下两方面:一是在知识产权领域除了产权之外,尚有一个公共领域的存在,从著作权法的制度目的来看,进入公有领域才是社会利益的体现;③二是民法上中关于继承的一般性原则并不能完全适用于著作权。虽然知识产权法可归为民法类,多数国家却并非简单地援引其他单行法或民法一般原则来处理著作权继承问题,而是在各自著作权法中对著作权继承做出专门、具体的规定。有些国家甚至在著作权法案中特别指出,民法中关于继承的某些一般性原则不能适用于著作权继承。④

但亦有观点认为著作权涉及作者、传播者以及以读者为主体的社会公众的利益。当一个作品的著作财产权因原著作权人死亡而无继承人亦无人受遗赠而成为无主著作权时,就作者私权角度而言,对其继续提供保护的意义已经不复存在;但从其他利益相关者——传播者和读者而言,对这类作品继续提供法律期限内的保护是具有一定意义的。无主著作财产权进入公共领域,意味着任何传播机构可以不受版权限

---

① 参见韩世远:《民法的解释论与立法论》,载中国理论法学研究信息网,https://legal-theory.org/? mod = info&act = view&id = 12297,2024 年 10 月 21 日访问。
② 参见徐名勋:《论我国著作权行政保护的特点》,载《法学杂志》2010 年第 2 期。
③ 参见钟楚:《情理与法理——〈我的前半生〉著作权问题学术研讨会论点摘编》,载《中国出版》2007 年第 12 期;周艳敏:《无主著作财产权:国有还是公有?——从〈我的前半生〉的权属争议到我国〈著作权法〉的修改》,载《出版发行研究》2008 年第 4 期。
④ 参见李华伟:《我国无人继承作品版权解决方案探析》,载《中国版权》2014 年第 3 期。

制地进行传播行为,在没有版权限制的情况下,商家只能通过降低印刷、装帧等方面的成本来获得利润,即使这样,市场很快也将变得无利可图。这种结果可想而知,一方面图书供应不足;另一方面图书质量低劣。因此无主著作权并不直接进入公有领域而是归国家所有符合著作权的立法政策。① 国家作为著作权主体,并不是作为公权利主体存在,而是作为民事主体行使权利。

反对无主著作权直接进入公有领域的另一观点在于,我国作为一个民族文化遗产十分丰富的大国,在知识产权贸易中却处于不利地位。如果将无人继承又无人受遗赠的著作权直接归入公有领域,那么将意味着有可能将本应属于我们国家的丰厚利润白白让予他国,因此,将尚在有效期内的无主著作权归属国家,是充分考虑到我国作为发展中国家的基本国情和保护民族文化遗产的最佳选择。②

(二)对观点争议的分析与解决

无主著作权实际是知识产权领域借用物权概念的典型,借用的前提之一即在于知识产权与物权在效力上的相似性,③因而在对无主著作权的归属上,也有着与无主物归属类似的法理基础。当物处于无主状态时,为避免物的闲置,也为了避免对物的争夺,法律必须设定该物的新的归属状态。一种方案是归先占人所有,另一种方案是归国家所有。无论采哪一种方案,其目的是共同的:(1)促进物的利用;(2)安定社会秩序。④ 由于著作权客体的非物质性,不可能适用先占,但与有形财产的归属方案相比,除归国家所有之外,将无主著作权直接归入公有领域也可以实现"促进物的利用、安定社会秩序"这一目标。无主著作权的

---

① 参见刘宇琼:《公共政策意蕴下无主著作财产权归属探微——兼评〈著作权法〉第十九条的修改》,载《科技与出版》2014年第3期。

② 参见李先波、何文桃:《论无人继承且无人受遗赠的著作归属——由〈我的前半生〉著作权纠纷引发的思考》,载《政治与法律》2008年第6期。

③ 具体借用正当性参见刘春霖:《无主知识产权范畴的理论构造》,载《法律科学(西北政法大学学报)》2011年第1期。

④ 参见李琛:《论无人继承之著作财产权的处理》,载《电子知识产权》2008年第1期。

归属安排,便演变为国有和公有孰优孰劣的问题。

笔者认为,无论从《著作权法》的制度目标,还是从法律后果来看,令无主著作权进入公有领域均更为可取。首先,从《著作权法》的立法宗旨来看,《著作权法》为作者(著作权人)私益提供保护,其主要目的在于鼓励创造,并且对作者私益的保护也始终让位于社会文化发展的目标。当著作权人及其继承人都已不存在时,为作品继续提供法律保护便丧失了合理性,即前述解释论分析中学者提出的"法律完全有理由撤除作品之上的控制力"。国家作为继承人获得相应著作财产权,也就意味着该著作财产权依然处在私力控制范围之内,不仅不能惠及作者及其意愿恩泽之人,反而为公众自由利用该作品造成障碍。

其次,令无主物归国家所有来解决物权争夺和促进物的利用问题,是为了防止归属不明导致"公地悲剧",从而有损有体物本身的价值。但"公地悲剧"在无形的著作权领域并不具备发生前提。有体物上之所以会发生"公地悲剧",原因在于有体物是严格意义上的私人物品,对它的使用存在竞争性和耗散性问题;而作品与有体物的根本区别是作品在本质上乃一种公共产品,具有共享性和消费上的非竞争性等特质,它已经完全改变了"公地悲剧"理论下客体的根本结构,将其作为"公地财产"来看待,不但不会遭遇"公地悲剧"的尴尬,与此相反,从经济学的视角来看,将知识和信息等放置在一个广阔的公共领域,利用公共领域固有的交互性和开放性之特点,它还能够促使这些要素得到一种累积性的扩大,从而使自己得以实现一种动态的繁荣和丰富。①

再次,作品进入公有领域并不意味着作品传播者的权利也不被保护,更不会出现图书供应不足与质量低劣的情形。我国著作权立法采用著作权与邻接权两分的格局,作品创作者享有著作权,而作品传播者享有邻接权。作品著作权的消失,并不意味着传播者的邻接权同时消失,如《著作权法》对版式设计的 10 年保护期,并不以著作权存在为前

---

① 参见张玉敏、黄汇:《版权法上公共领域的合理性》,载《西南民族大学学报(人文社科版)》2009 年第 8 期。

提,传播者的邻接权即使在作品进入公有领域之后依然可以得到保护;而且即使是处于专有状态的作品,传播者也面临行业竞争的压力,如在出版者不享有专有出版权的情况下,出版者之间的同行竞争也并未产生图书供应不足与质量低劣的问题。所以以作品进入公有领域将导致传播者权利受损、作品传播受阻而认为无主著作权应当归国家所有的主张是不成立的。

最后,有关我国文化遗产的保护问题。文化遗产有有形和无形之分,而著作权法所调整的主要为无形遗产,亦即通常言之的非物质文化遗产。根据联合国教科文组织《保护非物质文化遗产公约》的定义,无形文化遗产,是指"被各群体、团体、有时为个人视为其文化遗产的各种实践、表演、表现形式、知识和技能及其有关的工具、实物、工艺品和文化场所"。如民间文学、民俗活动、表演艺术、传统知识和技能以及定期举行的庙会、传统节日庆典等。从上述定义即可看出,与非物质文化遗产最为接近的著作权概念是民间文学艺术。民间文学艺术是指在一定的地理范围内,形成的一定社会群体在其特定的社会关系范围内经过长期的连绵不断地创作、保存、发展而形成的反映其群体价值观、社群文化,并符合其群体期望的一切传统习惯、知识、表达、活动、产品和作品。[①] 诚然,无主著作权可能会涉及部分文化遗产,但文化遗产的保护应当更多地依赖民间文学艺术作品相关制度的构建,而并非无主著作权。从《著作权法》颁布实施至今,引发广泛关注的也就只有《我的前半生》这一例无主著作权,企图通过无主著作权归国家所有来实现保护文

[①] 1976 年世界知识产权组织和联合国教科文组织共同制定的《发展中国家突尼斯版权示范法》中定义为:"在某一国家领土范围内可认定由该国国民或者种族群落创造的、代代相传并构成其传统文化遗产之基本组成部分的全部文学、艺术和科学作品。"1976 年非洲知识产权组织《班吉协定》中的定义为:"一切由非洲的居民团体所创作的、构成非洲文化遗产基础的、代代相传的文学、艺术、科学、宗教、技术等领域的传统表现形式与产品。"1982 年世界知识产权组织和联合国教科文组织《保护(民间文艺)、防止不正当利用及其他侵害行为的国内法示范法条》定义为:"由传统艺术遗产的特有因素构成的、有某国的某居民团体所发展和保持的产品。"1989 年联合国教科文组织《保护民间创作建议案》则认为民间文学艺术是一个文化社群基于传统的创造的综合,经由一群个人加以表达,且被承认反映其文化和社会身份;其标准和价值通过模仿和其他方式口头传承;其形式包含在语言、文学、音乐、舞蹈、游戏、神话、礼仪、习俗、工艺美术、建筑及其他艺术之中。

化遗产、扭转知识产权在国际贸易中的不利地位,似乎并不可行。

四、结论

按照现行法律的规定,无主著作权归国家所有完全于法有据。然而合法性的结论并不意味着同样具有正当性。正当性的重要功能就是补救实定法的漏洞、修正实定法的错误,避免"恶法亦法"给人类带来万劫不复的命运。① 笔者认为,将无主著作权归入公有领域,更为符合著作权法的制度目标。在著作权不断扩张的今天,公有领域本身就已经不断被压缩和侵蚀。在已然不涉及以作者(著作权人)为中心的产权利益之下,就不应当过分强调著作权的财产属性,让代表个体版权人甚至是国家的利益继续凌驾于看似模糊的公众利益之上,著作权法应当以一种更为谨慎和谦和的态度来兼顾个人、集体和文化之间的和谐关系。

---

① 参见刘杨:《正当性与合法性概念辨析》,载《法制与社会发展》2008年第3期。

第三章

著作权内容：权利边界的整体廓清与单项权利的法律释义

著作权内容，即著作权人享有的专有权利的总和，是著作权法中最为核心的部分。因为专有权利是用于控制特定行为的，享有一项专有权利就意味着能够控制他人利用作品的特定行为。他人未经著作权人许可，在缺乏法定抗辩事由如"合理使用"和"法定许可"的情况下，是不能擅自实施受专有权利控制的行为的，否则，将构成对著作权的"直接侵权"。[①] 不论是从整体上权利范围的界定，还是具体权项的解释，著作权内容的重要性都不言而喻。

第一节　兜底条款的司法适用与理论反思[②]

不同于物权法"以物设权"的设权方式，著作权因客体的无形性而在设权方式上采取了"以用设权"的立法方式，即完全根据客体使用方式来设定权利类型。[③] 随着传播技术的不断发展，采用列举方式无法穷尽著作权人的权利，必然会存在一些新型传播行为无法被既有著作

---

① 参见王迁：《知识产权法教程》，中国人民大学出版社2019年版，第103页。
② 本节内容原载王果：《著作权权项配置兜底条款的司法适用与理论反思》，载《法律适用》2022年第9期。
③ 参见熊琦：《著作权法定与自由的悖论调和》，载《政法论坛》2017年第3期。

权项所涵盖。为了弥补这一缺陷,我国《著作权法》第10条第1款在列举了16项权利之外,还设置了"应当由著作权人享有的其他权利"的兜底条款。但该条款的设置也遭到了部分质疑,认为此举可能引起《著作权法》的适用混乱并带来较大的法律不确定性,有多害而无一利,是缺乏著作权法理论基础的错误立法选择。① 兜底条款究竟是否合理且必要,司法实践是否真的出现了适用混乱,更好的验证方式是对司法判例进行系统梳理,明确兜底条款的适用机理,如此才有进一步反思完善的现实基础。

一、"其他权利"条款的司法考察

关于著作权权项的规定,1991年《著作权法》第10条第5项在具体列举了11种作品使用方式之后用了一个"等"字,按照法院在王蒙等6作家诉世纪互联通讯技术有限公司侵犯著作权案中的解释,"等"字表明该条款是非穷尽式列举。② 2001年《著作权法》第一次修正之时,权项划分里增加了信息网络传播权,同时增加了"其他权利"的兜底条款。这一立法模式一直延续至今。但针对该条款中"应当"的判断标准和"其他权利"的认定范围,尚未有更为详细的法律规则,实践中主要依赖法院的自由裁量。为探讨该项兜底条款的具体适用边界,我们首先聚焦司法实务,梳理司法实践样态,以从中发现问题,归纳提炼能够上升为立法规范的司法实践经验。为此,本文选取了45个案例数据作为研究样本。

(一)案例样本的选取

1. 检索时间:截止到2021年12月16日。

2. 检索来源与检索方式:(1)北大法宝法律数据库,在《著作权法》下定位至第10条第1款第17项,利用法宝联想功能,得到案例31个;(2)中国法律资源库(原北大法意法律数据库),在"司法案例"项下,以

---

① 参见刘银良:《著作权兜底条款的是非与选择》,载《法学》2019年第11期。
② 参见北京市海淀区人民法院民事判决书,(1999)海知初字第57号。

"第十条第十七项"做检索,共得到民事案例44项,其中"知识产权合同纠纷"2例,知识产权权属、侵权纠纷16例,不正当竞争纠纷26例;(3)裁判文书网,进行高级检索,筛选条件为"法律依据:第十七项""案由:知识产权与竞争纠纷""理由:应当由著作权人享有的其他权利",共检索到160篇文书;(4)文献输出,以"著作权""兜底条款"为主题,检索相关论文,从文献中得到有关案例。

3. 案件整理:剔除重复案例,删除与研讨主题无关案例,如仅在当事人理由部分列明相应法条,并将当事人相同、案情相同、判决结果相同而仅因作品名称不同得到的多份判决书合并为一份,共得到有效判决书43份,裁定书2份。

(二)案例样本呈现的司法实践样态

1. 案例样本的基本情况

(1)时间与地域分布

表3-1、表3-2数据显示:在时间上,"其他权利"兜底条款的适用主要集中在2010年之后,尤其2015年之后更是增加明显;在地域分布上,地区间差异明显,主要集中在北京、上海、广东三个地区,反映了经济、技术发展水平与著作权商业模式之间的正向关联;经济越发达、技术越领先,越容易催生以新型作品传播方式为支撑的新型商业模式。

表3-1 案例样本的时间分布

项目	2005年	2010年	2013年	2014年	2015年	2016年	2017年	2018年	2019年	2020年	2021年
数量/个	1	1	1	1	7	5	3	7	8	8	3

表3-2 案例样本的地域分布

项目	北京	上海	广东	广西	湖南	重庆	山西	江苏
数量/个	21	10	8	1	2	1	1	1

(2)原告的法律身份

表3-3数据显示:与权利人自己提起诉讼相比,更多的是由被许可人来行使诉权,在许可协议中通常包含独立维权的授权。但从许可

协议的具体文本来看,授权的权利内容与法律规定对照,无论具体措辞,还是实际内涵均不一致,甚至会出现一些非法律用语或笼统性的模糊表述,如推广权①、运营权②、互联网直播权③等。这种不一致性,直接导致法院在认定权项归属时存在争议。以其中最具代表性的网络传播作品授权为例,案例样本中主要有如下四种不同表述方式:(1)通过信息网络向公众提供作品的直播和点播之权利;(2)通过信息网络向公众传播、广播(包括但不限于实时转播或延时转播)、提供之权利;(3)向公众传播的权利,即通过任何媒体,让若干特定或不特定的人可以收到该比赛的图像和声音的任何权利;(4)授权信息网络传播权,即以互联网为媒介,以有线或无线方式向公众提供作品,通过各种传输技术和传输网络进行传输,在不同地理场所,以计算机、手持移动设备、数字为接收终端或显示终端,为公众提供包括但不限于以网络点播、直播、轮播、广播、下载的方式进行传播的权利。④ 前三种表述并未直接采用严格的法律用语,从具体内容来看,可能同时涉及广播权、信息网络传播权、其他权利等多项权利,而第四种表述虽然采用了信息网络传播权的表述,但实际内容尤其是直播、轮播等形式显然并不属于交互式的信息网络传播权范围。前述授权文本的差异表明:权利人通过私立规则创设的权利,与法律规则设定的法定权利并不匹配。总体而言,私立规则创设的权利范围要大于法定之权。

表3-3 原告的法律身份

项目	起诉主体			
	原始权利人	继受取得权利人	被许可人	共同起诉
案件数量/个	12	3	29	1
百分比/%	26.67	6.67	64.44	2.22

---

① 参见广州知识产权法院民事判决书,(2018)粤73民初1905号。
② 参见广州知识产权法院民事裁定书,(2019)粤73知民初252号之一。
③ 参见上海知识产权法院民事判决书,(2021)沪73民终130号。
④ 参见北京知识产权法院民事判决书,(2017)京73民终2037号。

2. 案例样本涉及的侵权行为与关联权利
(1) 被诉侵权行为的具体样态

数据显示:网络实时播放、网络电视(IPTV)直播、网络直播是最主要的三种被诉行为,占比达到 73.33%(见表 3-4)。对实施了前述三种行为的 33 个案例再次进行时间分布统计,结果见表 3-5。

表 3-4 被告实施的侵权行为

被诉侵权行为		案例数量/个	百分比/%
网络实时播放		18	40.00
网络电视(IPTV)直播		6	13.33
网络直播		9	20.00
其他	不退还相关载体	1	2.22
	未经许可使用美术作品	5	11.11
	向用户发送包含涉案作品的短信	1	2.22
	使用有关文学作品要素创作新作品	2	4.44
	出版同步教辅	1	2.22
	修改游戏软件参数	1	2.22
	新闻报道中不实陈述	1	2.22

表 3-5 三种主要行为案例的年份分布

项目	2014 年	2015 年	2016 年	2017 年	2018 年	2019 年	2020 年	2021 年
案件数量/个	1	4	3	2	6	5	9	3

从表 3-5 可看出,网络实时播放、网络电视(IPTV)的直播、网络直播三种行为被诉侵权集中在 2014 年之后。这个时间完美契合了技术发展的两个关键时间节点:一是 4G 网络的普及,2013 年 12 月 4 日,工信部正式向三大运营商发布 4G 牌照,也是在这个时候手机超越台式电脑成为第一大上网终端,我国已进入移动互联网时代;[1]二

---

[1] 参见郭宇靖、李峥巍:《2014 年我国移动互联网将进一步爆发》,载中国金融信息网,http://news.xinhua08.com/a/20131204/1281373.shtml?f=arelated,2022 年 2 月 16 日访问。

是直播的兴起,我国网络直播虽始于2005年,但在2014~2016年才进入爆发期。① 网络技术的发展、直播商业模式的兴起,直接导致前述三种新型传播行为引发的著作权纠纷增多。这也再次验证了"著作权是技术之子"一言。

(2)与被诉侵权行为相关的有名权利

"其他权利"属于兜底条款,只有穷尽《著作权法》第10条第1款前16项有名权利的救济后仍不能解决争议的,才有适用空间。以原告起诉时在事实与理由部分提及的权利类型,以及法院在判决中分析的具体权项为统计基础,案例样本涉及的主要有名权利见表3–6。

表3–6 与被诉侵权行为相关的有名权利

项目	相邻权利类型					
	复制权	放映权	广播权	信息网络传播权	表演权	演绎权
案例数量/个	6	1	25	24	2	1

表3–6数据显示:关联最密切的有名权利为广播权与信息网络传播权,其中有19个案例同时涉及该两项权利。② 新出现的网络直播、实时转播等传播方式,在性质上也属于远程传播作品,后果与广播权、信息网络传播权均有相似之处,在确定网络直播、实时转播等行为的权项分类上,无可避免地要与广播权、信息网络传播权进行对照。除对照有关有名权利外,部分案例中原告直接以"其他权利"作为请求权基础,要求保护的权利具体包括:载体返还权③、名誉权④、融资权⑤、获得

---

① 参见Mob研究院、中商产业研究院:《一文看懂我国直播行业发展历程、收入渠道以及直播内容趋势》,载中商情报网,https://www.askci.com/news/chanye/20200528/1640251161027.shtml,2022年2月16日访问。

② 案例数量统计说明:原告起诉时提及或法院判决时有分析该项有名权利即记为1,部分案例同时涉及几项权利,会被多次统计,故案例总数超过45个。

③ 参见最高人民法院民事裁定书,(2014)民申字第544号。

④ 参见上海市第二中级人民法院民事判决书,(2005)沪二中民五(知)初字第107号。

⑤ 参见北京知识产权法院民事判决书,(2017)京73民终2049号。

收益权①、角色商品化使用权②。前述原告的不同主张或要求,虽都被冠以"权利"之名,但并非都具有"权利"之实,反映出"其他权利"的内涵并不清晰,权利与非权利、此权利与彼权利之间的界限都有待明确。

(3)涉及的作品类型

表3-7数据显示:与文字作品、美术作品相比,视听作品(录像制品)的传播更易引发"其他权利"条款适用的争议,占比达到68.89%。随着网络直播的兴起,可以预见与音乐作品有关的案件数量会不断增长。这种涉案差异与作品自身特性相关。人们对文字作品、美术作品的欣赏,通过直观感受就可直接获得,传播媒介、传播方式对作品的感知体验影响较小,而人们对音乐作品的欣赏实际是通过欣赏音乐作品的表演获得的,对视听作品(录像制品)的欣赏则需要借助于特定设备,传播媒介的及时性、稳定性等都直接影响作品的欣赏体验,音乐作品、视听作品(录像制品)的传播受传播技术的影响也更为深刻。在《著作权法》第三次修正之前,我国《著作权法》采用的是电影作品、类电影作品以及录像制品的区分模式,修改之后电影作品、类电影作品被统一归为视听作品,该项合并实质上扩大了原电影作品、类电影作品的范围,但由于2020年《著作权法》继续坚持了作品与制品的二元保护,第三次修正也并未终结司法实践中关于如何区分视听作品与录像制品的争议。

表3-7 涉及的作品类型的具体分布

项目	作品类型				
	文字作品	美术作品	视听作品(录像制品)	计算机软件	音乐作品
案件数量/个	6	4	31	1	3
百分比/%	13.33	8.89	68.89	2.22	6.67

针对表3-7中与视听作品(录像制品)有关的31个案例,进行进

---

① 参见广州知识产权法院民事判决书,(2018)粤73民初1905号。
② 参见广东省广州市天河区人民法院民事判决书,(2016)粤0106民初12068号;上海市浦东区人民法院民事判决书,(2015)浦民三(知)初字第838号。

一步的统计细分,发现涉及视听作品归类的,主要表现如表 3-8 所示。

表 3-8 视听作品(录像制品)涉及的具体客体形态

项目	电视节目			体育赛事节目		网络游戏视听作品
	视听作品	汇编作品	不是作品	视听作品	录像制品	
案例数量/个	14	1	1	9	1	5

"其他权利"在本质上仍是著作权人针对作品享有的权利,所涉客体是否构成作品是兜底条款能否适用的前提性问题。表 3-8 显示:网络游戏整体可构成视听作品已无争议,电视节目的法律属性争议更多的是在作品类型界定上,而非作品与制品的区分。从案例样本来看,单一节目如"天天向上""交换空间"等,构成视听作品并无争议,唯一 1 个认定电视节目不构成作品的案例,实际针对的是日播节目整体而非单一节目。法院认为电视台每天 24 小时播出的电视节目整体,不是具有独创性的具体表达,也不符合汇编作品的构成要件,与著作权法保护汇编作品权利的本意不相符。① 仅有的 1 例被认定为汇编作品的是央视春晚。法院认为中央电视台需根据当年春晚的主题,对候选节目进行筛选、编排、串词、衔接,体现了对春晚内容的选择和编排的独创性,符合汇编作品的构成要件。② 有关作品与制品的争议,主要集中在体育赛事节目上。在 10 个相关案例中,9 个案例涉及的体育赛事节目被认定为类电影作品,仅有 1 个被认定为录像制品。③ 但从表 3-8 的数据来看,体育赛事节目的法律属性似乎争议并不大。但取消"其他权利"这一限定后,纵观近年来与体育赛事节目有关的著作权侵权纠纷,法院的判决结果差异明显,下文将详细论述。

---

① 参见北京市海淀区人民法院民事判决书,(2016)京 0108 民初 38605 号。
② 参见上海市浦东新区人民法院民事判决书,(2016)沪 0115 民初 38167 号。
③ 参见深圳市福田区人民法院民事判决书,(2015)深福法知民初字第 174 号。

3.案例样本的审理情况

(1)案例样本的审级与审结情况

表3-9数据表明:案件样本的上诉率较低,62.22%案例样本均为一审结案;上诉改判率更低,15个上诉案例全部维持原判,2个再审案例中也有1个案例维持,且该案的一审、二审、再审结论均一致,认为退还载体的权利不属于"其他权利"。① 再审改判的案例为天盈九州与新浪公司著作权侵权纠纷案,该案再审实际改判的是二审认定的"网络实时转播侵犯广播权",维持了一审"侵犯其他权利"的结论。二审认定构成广播权侵权,是将广播权中的"有线"扩大解释为了包括互联网所使用的网线。② 此种扩大解释,并非司法实践中的主流,学术界也主要持否定态度。

表3-9 样本案例的审级与审结情况

项目	案件审级				
	一审	二审		再审	
案件数量/个	28	15		2	
百分比/%	62.22	33.33		4.44	
判决情况	—	维持	改判[1]	驳回	改判
样本数量/个	—	15	0	1	1
百分比/%	—	100	0	50	50

注:该表中的"一审""二审""再审"的确认,以检索来源中是否能检索到相应二审、再审文书为依据,如仅能检索到一审判决书,则认定该案为一审审结。

[1]此处的改判仅统计与"其他权利"相关的,不涉及其他部分的改判,如武汉斗鱼网络科技有限公司与北京麒麟童文化传播有限责任公司侵害作品表演权纠纷案,二审主要改判的是斗鱼作为网络平台的责任,与其他权利无关,故不计算在改判范围之内。参见北京知识产权法院民事判决书,(2020)京73民终2905号。

(2)案例样本最终的审理结果

案例样本中当事人的主要请求权基础有两个:一是《著作权法》第10条第1款中的"其他权利";二是《反不正当竞争法》第2条的原则性

---

① 参见最高人民法院民事裁定书,(2014)民申字第544号。
② 参见北京市高级人民法院民事判决书,(2020)京民再128号。

保护。以下将分别统计两种不同请求权基础的审理情况。

①"其他权利"的审理结果

45 个案例中有 30 个案例支持了"其他权利",占比 66.67%,明显高于不支持的案例。进一步梳理支持的 30 个案例,针对的行为全部是网络实时转播与网络直播,可见司法实践已基本形成共识:网络实时转播与网络直播不同于广播权、信息网络传播权,但可纳入"其他权利"中。2010 年北京市高级人民法院颁布的指导意见中,甚至明确提出对"网络直播"适用"兜底权利"。① 第三次《著作权法》修正调整了广播权的法律定义,网络实时转播与网络直播可以归入新的广播权之中,对该问题的争议也随着该法的实施而终结。

判决理由部分,不支持"其他权利"的理由以"不受著作权法调整""属于其他有名权利"居多。其中"不受著作权法调整",对应前述请求权基础中的载体返还权、名誉权、融资权、获得收益权、角色商品化使用权。而支持了"其他权利"的 30 个案例,判决说理差异明显,见表 3 - 10。"其他权利"条款的适用,首先需要论证是否能纳入其他有名权利的调整范围,如无法纳入还需要论证该权利为何"应当"由著作权人享有。以前述两个维度的不同侧重为区分,案例样本的说理主要表现为以下四种形态:第一种是既未对有名权利的调整范围做深入分析,也未论述为何"应当",而径直做出了属于"其他权利"的判决;第二种是对关联的有名权利进行充分解释后适用了"其他权利",但并未阐述为何"应当";第三种是在充分解释关联的有名权利后以公平正义、立法目的等为理由论述为何"应当";第四种是在充分解释关联的有名权利的同时,也详细论述了为何"应当"。案例样本的总体情形,主要集中在第 2、3 种样态,完全不论述或详细论述都属于个别现象。这表明,司法实践中更多注重对有名权利的解释,忽视了"应当"的论述,兜底条款的司法适用正当性不足。

---

① 《北京市高级人民法院审理涉及网络环境下著作权纠纷案件若干问题的指导意见(一)(试行)》第 10 条规定:网络服务提供者通过信息网络按照事先安排的时间表向公众提供作品的在线播放的,不构成信息网络传播行为,应适用《著作权法》第 10 条第 1 款第 17 项进行调整。

表 3-10 "其他权利"的不支持理由

项目	判决理由			
	不受著作权法调整	不是作品	属于其他有名权利	未提供证据
案例数量/个	8	1	5	1

②《反不正当竞争法》第 2 条的审理结果

在 45 个案例中,有 23 个案例提出了不正当竞争的诉请,占比 51.11%。但原告在具体提起著作权侵权与不正当竞争诉请时,存在细微的差别:第一种表述方式是起诉认为被告构成著作权侵权,同时也构成不正当竞争,如央视国际网络与光锐恒宇(北京)著作权侵权、不正当纠纷案,原告认为被告未经授权许可擅自提供电视节目的直播服务,不仅是对原告著作权及相关权利的故意侵害,亦违反公平和诚实信用原则,构成对原告的不正当竞争;①第二种表述方式是,即使被告的行为不构成著作权侵权,也应受《反不正当竞争法》第 2 条的调整,如上海玄霆娱乐与北京新华先锋文化传媒等著作权权属、侵权纠纷案,原告提出若法院对其主张的著作权侵权行为未作侵权认定,则要求法院对前述行为认定构成违反《反不正当竞争法》第 2 条的不正当竞争行为。②两种不同表述方式,反映了《反不正当竞争法》与其他单行法相比的不同法律地位,是平行保护还是补充保护。对原告同时提起了不正当竞争之诉的 23 个案例进行审理结果的统计,如表 3-11 所示。

表 3-11 案例样本中不正当竞争之诉的判决结果

项目	判决结果	
	支持	驳回
样本数量/个	4	19
百分比/%	17.39	82.61

表 3-11 数据表明:仅有 4 个案例的不正当竞争诉请得到了支持,

---

① 参见北京互联网法院民事判决书,(2020)京 0491 民初 2691 号。
② 参见上海市浦东区人民法院民事判决书,(2015)浦民三(知)初字第 838 号。

另外19个案例的不正当竞争诉请被法院驳回。在被法院驳回的19个案件中,有16个案例是以"不重复保护"为判决理由的;支持不正当竞争的4个案例,则均认为被告的行为不构成著作权侵权。这表明,司法实践普遍认可《反不正当竞争法》提供的是补充性保护,在《著作权法》能够提供充分救济时,应避免对前者重复适用。

二、"其他权利"条款的解释论分析

从前述司法适用现状来看,"其他权利"的内涵与外延并不清晰,虽然载体返还权、名誉权、融资权、获得收益权、角色商品化使用权均被司法实践排除在外,但反向排除的一致性结论也未解决"其他权利"在正向意旨方面究竟为何的疑惑。同时,当权利人自设权利大于法定权利、当事人的行为不能被既有有名权利涵盖时,是否属于"应当"由著作权人享有的权利,也未有统一标准。因此有必要立足法律解释,结合司法实践中的具体争议,廓清基本内涵的争议。

(一)"其他权利"条款的效力边界

"其他权利"作为著作权人的兜底性权利,其效力边界由三个因素决定:一是行为的作用对象必须是作品;二是该行为利用了作品中的独创性表达;三是该种行为属于著作权法意义上的作品使用行为。上述三个条件决定了"其他权利"的最广效力范围。

1. 行为的作用对象必须是作品

著作权是就特定作品产生的权利,著作权权利体系中的每一种权利都是针对作品的行为。依此逻辑,"其他权利"也应以客体(作品)为基点,而不是其他。前述案例中"不退还相关载体"的作用对象是有形载体,"新闻报道中的不实陈述"针对的是个人声誉,都应毫无疑义地排除在"其他权利"的适用范围之外。前已论及的体育赛事节目定性分歧,以央视诉暴风、新浪诉天盈九州两个典型案例作对比,两者判决结果如表3-12所示。

表 3-12 体育赛事节目作品属性的不同判决

案件	判决结果
央视诉暴风案	(1) 一审:不是作品; (2) 二审:不是作品; (3) 再审:是作品
新浪诉天盈九州案	(1) 一审:不是作品; (2) 二审:不是作品; (3) 再审:是作品

再进一步深究可发现,不同法院判决结论不同的症结在于对作品的核心构成要件——独创性的认定不相同。视听作品、录像制品之间的区分到底是独创性的有无还是高低,独创性能否判断高低,独创性的具体判断标准又是什么,均没有统一结论。只要这些基础性概念存有争议,"其他权利"的适用分歧就将一直存在。

2. 该行为利用了作品中的独创性表达

思想与表达二分是著作权法的立法基石,按照这一要求,著作权法仅保护具有独创性的表达,只有当某一行为利用了作品中的独创性表达时才可能构成著作权侵权。但对于如何区分思想与表达,同样没有确切标准,尤其是在典型表达与典型思想之间存在的中间地带。案例样本中出现的角色商品化使用权,是否属于"其他权利"的争议点也在于人物形象的法律定性。文字作品中的人物形象不同于电影作品、美术作品,后者可借助可视化手段直接被人所感知。在上海玄霆娱乐与北京新华先锋等著作权纠纷案中,法院并未直接否定文字作品人物形象的可版权性,而是对人物形象的单独保护提出了更高要求,只有当人物形象等要素在作品情节展开过程中获得充分而独特的描述,并由此成为作品故事内容本身时,才有可能获得著作权法保护。[①] 而在金庸诉江南案中,法院则直接以文字作品人物形象缺乏形象性与具体性为理由,否定了角色商业化使用权著作权保护的可能。[②] 角色商品化使

[①] 参见上海市浦东区人民法院民事判决书,(2015)浦民三(知)初字第 838 号。
[②] 参见广东省广州市天河区人民法院民事判决书,(2016)粤 0106 民初 12068 号。

用权的分歧,也是由"思想表达二分法"这一基础理论的不确定性导致的。

3. 该种行为属于著作权法意义上的作品使用行为

著作权法意义上作品使用行为包括两层含义:一是作品性使用;二是对作品进行传播。所谓作品性使用,是指基于作品的文学艺术属性,行为人从精神层面对作品进行认知、欣赏,如阅读小说、欣赏画作。① 是否构成作品性使用,要从行为本身入手,而不能将之等同于损害结果。案例样本中的阿哇龙公司等与蔡某威侵害著作权纠纷案中,原告主张被告的行为侵害了其获得收益权,法院认为"其他权利"中并不包含获得收益权,侵权行为给著作权人造成的损失,著作权人可以通过请求赔偿损失的方式主张权利。② 著作权法意义上的作品使用行为之所以还要求对作品进行传播,是因为无传播则无利益,无利益则无权利。③ 在光影工场融资权案中,一审法院就认为:《著作权法》及实施条例所保护的著作权应与作品以及作品的传播与使用直接相关,对电影融资的众筹行为并不直接与作品以及作品的传播与使用相关,"融资权"依法亦不应属于《著作权法》所保护的其他权利范围。④

(二)"其他权利"的内在指向

"其他权利"的内在指向,包括两个方面:一是"其他权利"是包含全部著作权,还是仅限于著作财产权;二是"其他权利"是否可包括意定之权。

1. 全部著作权与著作财产权之争

在崔某斌与文学报社、陈某等著作权合同纠纷案中,原告认为被告陈某、董某礼向文学报记者提供了不符合事实的信息,侵害了其他权利中的名誉权,试图利用兜底条款来扩大对作者人身权利的保护。虽然

---

① 参见何鹏:《漫谈知识产权的权利边界:缺乏目的性变形的使用权能》,载《知识产权》2018年第6期。
② 参见广州知识产权法院民事判决书,(2018)粤73民初1905号。
③ 参见张俊发:《论著作权项设置中兜底条款的适用》,载《知识产权》2018年第12期。
④ 参见北京知识产权法院民事判决书,(2017)京73民终2049号。

法院以名誉权属于另一法律关系,与著作权无关为理由驳回了原告的诉讼请求,①但对"其他权利"是否包含著作人身权,并未有明确结论。案例样本中各法院观点也不一致。在光影工场融资权案中,二审法院明确指出,"应当由著作权人享有的其他权利"是兜底性条款,作为著作财产权的内容,"其他权利"也应当以经济利益为目的使用作品。②而在派博公司诉咪咕著作权侵权纠纷案、③爱上电视传媒与百视通等不正当竞争纠纷案④等其他案件中,法院均认为只有在 16 项特定权利无法规制的情况下,才有必要考虑适用该兜底条款进行调整,显然法院认为"其他权利"是指包含了著作人身权在内的全部著作权。部分学者也持此种观点,认为"其他"作为指示代词,指示一定范围之外的人或事物、行为,应具备前项权利之共同特征,而不是仅兜著作财产权之底。⑤

  法律解释是一个系统性工作,由于文字表义的局限性,仅以条文的措辞作为判断标准是远远不够的,目的解释、体系解释、利益衡量等都是应当考虑的因素,唯有遵此路径进行全面的法律价值探寻、补充和续造,才能增强法律解释的妥当性和说服力。综合来看,"其他权利"应当仅包括著作财产权。首先从立法目的来看,《著作权法》增设权项的兜底条款,是因为作品新的使用方式层出不穷,不可能列举完全,《著作权法释义》中补充说明的 5 项权利,也都是以特定方式利用作品并获得经济利益的财产性权利;⑥其次从体系解释来看,《著作权法》第 10 条第 2 款、第 3 款规定的许可、转让并获得报酬的权利,第 21 条规定的著作权移转、第 23 条规定的著作权保护期限、第 27 条规定的著作权转让,都

---

① 参见上海市第二中级人民法院民事判决书,(2005)沪二中民五(知)初字第 107 号。
② 参见北京知识产权法院民事判决书,(2017)京 73 民终 2049 号。
③ 参见北京知识产权法院民事判决书,(2015)京知民终字第 1699 号。
④ 参见北京市朝阳区人民法院民事判决书,(2020)京 0105 民初 2935 号。
⑤ 参见王一潘:《著作权权利"兜底"条款的解释适用——基于 398 份裁判文书的类型化》,载《中国出版》2019 年第 23 期。
⑥ 补充列举的其他权利包括注释权、整理权、以有线方式直接公开广播或者传播作品的权利、制作录音制品的权利、按照设计图建造作品的权利。参见胡康生主编:《中华人民共和国著作权法释义》,法律出版社 2002 年版,第 61~66 页。

将第10条第1款第5项至第17项权利作为整体,区别于该条款第1项至第4项著作人身权。由此可知,第17项的兜底权利应当与该条款第5项至第16项规定的著作财产权归为一类。为了避免司法实践中争议的继续发生,建议将来修法采用第三次《著作权法》修正时中国社会科学院专家建议稿的表述,将兜底条款调整为"以其他方式使用作品的权利",从而明确其他权利仅指著作财产权。

2. "其他权利"可否包含意定之权

前述司法考察业已表明,许可协议中当事人自设权利的范围要大于《著作权法》的规定。依循私法自治的一般原则,许可协议中的授权并不要求必须是法定之权,但如果被许可人以此为依据起诉第三人侵权时,就有必要去探讨该意定之权的范围及其效力。当著作权人的授权不属于有名权利或者超过有名权利的法定范围时,设权属性上的争议,乃是关于私人设权所增扩的权利究竟属于相对权还是基于法定著作权的绝对权。① 许可协议中自设权利的内容,司法裁判中通常都会认定为相对权,其效力仅能约束缔约方。但由于兜底条款的存在,一旦以兜底条款认定自设权利的效力,意味着在许可合同所涉的权利变动中纳入了绝对权的因素,使原本仅约束相对人的合同条款实际具备了对世效力。加之法院在论述是否属于"其他权利"时,缺少权利正当性的证成,相对权想要晋身为绝对权几乎无障碍。为维持绝对权与相对权的效力区分,"其他权利"只能是法定之权,而不能由当事人自由创设。

(三)"其他权利"适用的正当性证成

作品新的使用方式出现后,相关利益主体一定会将其作为"其他权利"予以主张。但权利不能只是利益,更不能只求利益不讲法律。利益转变为权利需要经过法律转换,或是通过立法将某种利益确定为权利,或是在法律思维过程中,运用法学原理和法律方法将某种利益论证为

---

① 参见熊琦:《著作权法定与自由的悖论调和》,载《政法论坛》2017年第3期。

权利。① 当前一种方式尚未实施时,只能依靠第二种方式。对利益正当性的说明,也就成为"其他权利"条款能否适用的关键。

1. 司法实践中的证成理据梳理

法院在适用"其他权利"条款时,已经意识到著作权权利法定与法官自由裁量之间的冲突,并认为对兜底性权利条款的适用应采用严格的标准,否则将对著作权权利法定原则造成不当影响。② 为协调二者,北京市高级人民法院在 2018 年发布的《侵害著作权案件审理指南》中列举了适用"其他权利"条款的三种考量因素:(1)是否可以将被诉侵权行为纳入《著作权法》第 10 条第 1 款第 1 项至第 16 项的保护范围;(2)对被诉侵权行为若不予制止,是否会影响《著作权法》已有权利的正常行使;(3)对被诉侵权行为若予以制止,是否会导致创作者、传播者和社会公众之间的重大利益失衡。

司法实践进一步发展了上述审理指南的意见,案例样本中的正当性理据更为丰富,主要有以下几种:(1)对相关行为不予禁止将明显有失公平,且对该法益进行保护符合《著作权法》的立法目的;③(2)参照既有司法实践的判决结果,涉案行为与已被认定为侵权的传播行为在技术手段、传播途径上并无本质区别,故在权利类型划归上也应保持一致;④(3)我国加入的国际公约,《世界知识产权组织版权条约》第 8 条要求保护"向公众传播权",在我国没有特别声明保留且《著作权法》有相应"兜底"规定时,可将广播权、信息网络传播权之外的其他传播行为纳入"其他权利"中;⑤(4)立法存在滞后性,直播是随着网络和文化产业迅猛发展出现的新兴的作品传播方式,在著作权法立法时大规模的

---

① 参见陈金钊、宋保振:《新型人格权的塑造及其法律方法救济》,载《北京行政学院学报》2015 年第 3 期。

② 参见北京市海淀区人民法院民事判决书,(2016)京 0108 民初 6679 号。

③ 参见北京市海淀区人民法院民事判决书,(2016)京 0108 民初 6679 号;湖南省长沙市中级人民法院民事判决书,(2018)湘 01 民初 1102 号;广东省高级人民法院民事判决书,(2018)粤民终 712 号。

④ 参见北京知识产权法云民事判决书,(2020)京 73 民终 2905 号。

⑤ 参见广东省高级人民法院民事判决书,(2018)粤民终 712 号。

网络直播尚未出现,难以苛求《著作权法》专门予以规范;①(5)适用《著作权法》的原则性条款加以调整不会加重网络经营者及相关从业人员对自身行为合法性的识别义务。②

2. 既有正当性理据的理论反思

有失公平本身作为正当性理据并无问题,但法院并未给出界定公平的具体标准,相当于用一个模糊的概念论证了另一个模糊的概念,对问题的解决并无实质助益。并且个案正义实质是法官个人的主观正义,这种正义是否符合立法正义,是否是真正义,仍是一个悬而未决的疑问。

以既有案例的判决结果作为正当性理据也不充分。根据《最高人民法院关于案例指导工作的规定》第 7 条、③《〈最高人民法院关于案例指导工作的规定〉实施细则》第 10 条④的规定,只有指导性案例才能作为裁判参照,即使是最高人民法院发布的公报案例也不当然具有参照意义,何况其他普通案例。更为关键的是,案例样本的裁判现状已经表明,既有案例中对兜底条款适用的正当性论述普遍不足。在此种情况下,以并未经过充分论证的普通案例作为判决依据,其判决结果的合理性自然也会受质疑。

虽然批准加入意味着我国已经认可了公约的规定,但国际公约如何转化为国内法尚未得到立法确认,尤其美国在知识产权全球治理中呈现一味强化权利保护的价值倾向,受其影响,知识产权保护的国际规则呈现不断强化之势。⑤ 在此背景下,以尚未转化为国内法的国际公约作为法律解释的依据,也应持谨慎态度。

滞后性是成文法难以克服的内在缺陷,严格来说成文法一经制定

---

① 参见广东省高级人民法院民事判决书,(2018)粤民终 712 号。
② 参见湖南省长沙市中级人民法院民事判决书,(2018)湘 01 民初 1102 号。
③ 《最高人民法院关于案例指导工作的规定》第 7 条规定:最高人民法院发布的指导性案例,各级人民法院审判类似案例时应当参照。
④ 《〈最高人民法院关于案例指导工作的规定〉实施细则》第 10 条规定:各级人民法院审理类似案件参照指导性案例的,应当将指导性案例作为裁判理由引述,但不作为裁判依据引用。
⑤ 参见吕炳斌:《知识产权国际博弈与中国话语的价值取向》,载《法学研究》2022 年第 1 期。

完成就已经落后于社会发展了。成文法的滞后性并非允许司法裁量的充分条件,只有当成文法的滞后性超出了必要限度而使利益严重失衡时,司法裁量才有介入的空间。在没有充分证据显示滞后性已然过度的情形下,就赋予法官突破权利法定的裁量权,看似维持了当事人之间的利益平衡,实际则很有可能造成了个人利益与公共利益之间更大的利益失衡。

至于"未加重相关主体的识别义务",法官意图表明认可新型权利具有无害性,从而从反面来论证兜底条款适用的合理性。无害性包含有两方面的要求,既无害于他人利益,也无害于社会利益。"未加重相关主体的识别义务"仅满足无害于他人这一要求,是否有害于社会利益,由于社会利益缺乏真实的民意代表,司法者是否有权对社会利益做出评判还存有疑义。在更加重视维护社会利益的知识产权领域,错误创设一项新权利的不利影响要远比忽略某一利益的保护严重得多。

不同法院的不同说理,从整体上反映了"其他权利"保护标准的模糊与混乱;具体案例中单一理由的阐述,也未能充分完成从利益到权利的正名。兜底条款的适用趋于随意,无形之中反而消解了权利的严肃性。

三、"其他权利"条款的立法论反思

实践中的法律解释是一个制度的产物,即一个权力结构的产物,是一个集体活动的产物,而不是纯粹个人性的智识探讨的结果。① "其他权利"条款在解释论上的分歧,虽然有部分源于著作权法基本理论(如独创性、思想表达二分)本身就隐含着的深刻内在矛盾,但更多的仍是在于兜底条款本身无法克服的弊端。兜底条款将裁决权置于法官手中,不同法官在具体案件中对相关行为的性质可能有不同理解,是否适用兜底条款也因而具有不确定性。这种不确定性,会进一步破坏著作

---

① 参见苏力:《解释的难题:对几种法律文本解释方法的追问》,载《中国社会科学》1997 年第 4 期。

权法下的信赖利益,甚至损伤版权产业的可预期性,以致对"其他条款"本身的存废都成了争论之一。

(一)"其他权利"条款的存废之争

1. "其他权利"条款存废的不同理论主张

如何对待"其他权利"条款,有三种不同观点。

第一种观点认为应当删除。立法总是滞后于技术的发展,权项配置滞后于传播技术发展的时间规律,在公众利益、传播技术与关涉主体之间的利益平衡等方面具有正当性。① 在著作权法框架下,作者能够享有的著作权皆需明确规定。立法者既没有权力赋予作者无限的著作权,使其可以控制针对其作品的所有使用方式或行为,也没有权力将其职责让渡司法机构,此种制度安排可能侵扰公共利益,有违著作权法的基本目标。②

第二种观点认为应当保留。传播技术的发展导致法定著作权类型化标准脱离实践需要,严格遵照著作权法定原则将难以解决新的问题,利用兜底条款进行设权因此成为必然。③ 兜底条款的适用并未打破知识产权法定主义,其不仅能够弥补著作权法立法的缺陷,增强著作权法的稳定性和适应性,而且可以界定立法未否定的利益。④ 通过立法来回应技术发展带来的问题常常滞后于实际需要,没有理由排斥及时的司法正义而等待姗姗来迟的立法正义。⑤

第三种观点较为折中,认为兜底条款应有限度地保留。在第三次《著作权法》修正中,中南财经政法大学提交的专家建议稿将"其他权利"的兜底条款表述为"其他法律或行政法规规定由著作权人享有的权

---

① 参见刘铁光:《论著作权权项配置中兜底条款的废除——以著作权与传播技术发展的时间规律为中心》,载《政治与法律》2012 年第 8 期。
② 参见刘银良:《著作权兜底条款的是非与选择》,载《法学》2019 年第 11 期。
③ 参见熊琦:《著作权法定与自由的悖论调和》,载《政法论坛》2017 年第 3 期。
④ 参见张俊发:《论著作权权项设置中兜底条款的适用》,载《知识产权》2018 年第 12 期。
⑤ 参见应振芳:《司法能动、法官造法和知识产权法定主义》,载《浙江社会科学》2008 年第 7 期。

利"。该种表述虽然保留了兜底条款的设置,但将设权权力依然保留在立法者的手中,司法者无权创设新的权利。即使某种新的传播技术真实影响了著作权人的利益,法官也不能以利益平衡为理由,赋予权利人控制该种传播方式的权利。

2. 对不同观点论据的重新审视

主张废除的主要理由之一是突破权利法定原则,会扩大著作权的保护范围,从而破坏法律设置的社会公共利益与私人利益之间的平衡。深究之下,该论据并不能成立。首先,立法中规定的制定法权利,实际是各方利益妥协的产物。最终能够坐到谈判桌边进行谈判的,都是各种具体的利益集团代表,公共利益则无人代表。① 主张制定法实现了社会公共利益与私人利益之间的平衡的观点,只是反映了社会公众的美好冀望。其次,法定主义的手段与目标发生了些许背离:法定主义一直高举公共利益的大旗,批判法官造法也是因为怀疑所涉公共利益有可能遭受损害,但若新权利已获立法认可,新权利就获得了正当性外观,尽管有可能损害公共利益的内在问题不一定得到了解决。② 并且立法创设产生的可能损害远大于司法创设,按照法定主义维护公共利益的主张,显然立法创设受到的限制应该多于司法创设;但相反,法定主义主张维护实定法的权威。可见,公共利益的维护并不能成为废除兜底条款的实质理由。

赞同保留的主要理由是立法具有滞后性,允许司法发展知识产权更有利于实现个案正义。前已论及立法滞后的必然性以及个案正义的存疑性,我们必须时刻谨记,任何一项权利均是有限的,著作权也不例外。《中华人民共和国著作权法释义》中提及,"从理论上来讲,作品有多少种使用方式,作者就有多少种权利"③。笔者认为,这一论断本身并

---

① 参见易建雄:《技术发展与版权扩张》,法律出版社 2009 年版,第 197 页。
② 参见王宏军:《知识产权法定主义与公共利益维护》,载《知识产权》2012 年第 5 期。
③ 补充列举的其他权利包括注释权、整理权、以有线方式直接公开广播或者传播作品的权利、制作录音制品的权利、按照设计图建造作品的权利。胡康生主编:《中华人民共和国著作权法释义》,法律出版社 2002 年版,第 67 页。

不成立,作者不享有无限的著作权,并非有新的作品使用方式就会自动产生新型著作权。兜底条款中的"应当"一词本身也蕴含着筛选、过滤之意,即表明民事主体的任何权利需要并非都可以上升为规范性权利。① 美国联邦最高法院也强调,美国《版权法》从未赋予版权人完全控制所有可能的作品使用行为的权利。②

至于折中观点将设权的权力保留在法律和行政法规的层面,著作权作为绝对权,只能由全国人大及其常委会制定的法律确定,司法解释、行政法规均无创设民事权利的权限,如此,立法者意欲通过行政法规来弥补著作权权项设置灵活性不足的目的也不能实现。

3. "其他权利"条款应予废除的理由再审视

对于由新型传播行为的产生而形成的法律漏洞,并非立法者有意沉默。在著作权以用设权的立法模式下,著作权权项设置滞后于技术发展具有必然性。与此同时,立法者的沉默也非刻意为公众预留自由空间,更多的是超出预见范围的有限理性。以此为据认为是法律刻意保留的公有领域,实际高估了立法者的认知能力。在法律实践中,真正重要的不是对法条和制定法的解释,法官(的权力、偏好、理性)、法律背后的利益等才是法律之根本。③ 前述各方争议的实质,是新的传播技术出现后产生的中间地带,谁有权力去进行利益分配,以及分配给谁的问题。谁有权力进行利益分配,涉及知识产权的权利属性。制定法权利与普通法权利之争在版权史上存在多时,虽然该争论时至今日也未能终结,但不可否认的是:版权观念从来就没有像所有权观念一样,从共同体的生活实践中成长起来。将其视为制定法权利,更加符合版权观念的诞生过程。作为制定法权利,立法者自然有权力进行初始分配,但立法者是否可以兜底条款的形式将该权力转交给司法者,则是另一个需要讨论的问题。即使将著作权认定为自然权利,新类型的权利在获

---

① 参见杜志浩:《法定主义、兜底条款与法官造法——〈著作权法〉第十条第一款第(17)项的解释论》,载《财经法学》2018 年第 1 期。
② 参见刘银良:《著作权兜底条款的是非与选择》,载《法学》2019 年第 11 期。
③ 参见桑本谦:《法律解释的困境》,载《法学研究》2004 年第 5 期。

得立法确认之前只能以未上升为权利的法益形态出现在各种法律规范中,获得有别于权利的救济。①

新型权利的创设,会对权利人利益以及相关公共利益都产生影响,只有让他们的诉求充分表达并经过充分的辩论(进行充分的"公共选择")才能找到各方的利益平衡点,立法相对司法更适合作为这样的平台。②虽然最终形成的法律文本,或许并未实现真正意义上的利益平衡,但是公共选择的存在,给了社会公众充足的行为预期。废除"其他权利"条款,并不是因为其破坏了利益平衡,而是损害了法律的可预见性。如果将尚未出现的传播技术纳入权利的控制范围,将使著作权的权利范围成为不确定的开放状态,无法为社会公众提供准确的行动指引。兜底条款的立法模式,看似赋予法院根据技术或社会发展随时纳入新权利的自由裁量权,但实质却是将法律的不确定性由立法传递给司法,立法者在放弃立法权的同时也为法律适用混乱埋下伏笔。③

(二)技术发展与法律滞后矛盾的调和

随着传播技术的日新月异,新问题的出现频率会远远超过以往的时代,立法的预见力不足会愈加突出。④为了解决这一矛盾,除了聚焦《著作权法》本身外,还应当充分发挥其他法律制度的作用。

1.《著作权法》的自我调整

当出现了法律漏洞时,一般可通过立法与司法两种途径予以填补。司法途径因其弊端已被否定,立法途径则有两种不同方式:一是及时修改法律,二是采用更加中立的立法模式。

及时修改法律,将新出现的诉求法定化、权利化,是解决争议最为彻底的方式,日本就采此种方式来不断适应新技术的发展要求。但由

---

① 参见孙山:《权利法定原则在知识产权领域中的应用——立法模式、规范表达与裁判说理》,载《知识产权》2021年第7期。
② 参见王宏军:《知识产权法定主义与公共利益维护》,载《知识产权》2012年第5期。
③ 参见刘银良:《著作权兜底条款的是非与选择》,载《法学》2019年第11期。
④ 参见李琛:《文本与诠释的互动:回顾〈著作权法〉三十年的新视角》,载《知识产权》2020年第8期。

于我国知识产权立法的特殊性,频繁修法几乎不可能。我国知识产权法并没有实质意义上值得称道的历史传统。知识产权立法在很大程度上源自改革开放的现实需要,是出于一系列功利主义的考虑,而不是主要源于社会内部自然权利意识的凝聚。① 这就导致对很多争议问题较难形成一致观点,修法过程非常之艰难,从第三次《著作权法》修正耗时10年即可见一斑。

立足我国立法实践,更为合理的调和方式是改变立法模式。我国《著作权法》中第10条第1款规定了17项著作权类型,虽然远多于美、德等国的著作权类型设定,但保护范围却更小。究其原因,在于我国著作权类型立法在表述上过于依赖具体列举来界定权利范畴,使法院难以通过法律解释涵盖新的使用方式。② 在具体列举时,又过分依赖技术特征来区分不同权项。未来修法时应改变以技术限定区分不同权项的立法方式,采用更为开放的立法表述,弱化技术发展对权利内容的影响。

2.《反不正当竞争法》的补充保护

遵照"法不禁止皆自由"的私法理念,《著作权法》没有明确授予的权利就是民事主体不能享有的,至少是知识产权特别法所不鼓励的。③ 但《著作权法》未明文规定也并不意味着该利益就被法律所放弃,进而直接归于公有领域。法律对利益的保护有两个层次:高级层次是权利,即特定的、明确的、类型化的、有具体权利形态的利益;低级层次是(狭义的)法益,即一个社会的法观念认为应予保护的利益。④ 对于未上升为权利的法益,法律只提供事后、个案、被动的保护,对于同类案件的裁判不产生影响,更不会因此创设具有普遍效力的新类型权利。⑤ 在我

---

① 参见崔国斌:《知识产权法官造法批判》,载《中国法学》2006年第1期。
② 参见熊琦:《著作权法定与自由的悖论调和》,载《政法论坛》2017年第3期。
③ 参见李扬:《知识产权法定主义及其适用——兼与梁慧星、易继明教授商榷》,载《法学研究》2006年第2期。
④ 参见王庆廷:《新兴权利渐进入法的路径探析》,载《法商研究》2018年第1期。
⑤ 参见李友根:《论司法个案推进法律发展的机制》,载《法律适用》2019年第20期。

国,能为著作权法益提供保护的法律依据,是《反不正当竞争法》第2条的原则性规定。在适用原则性条款时,法院优先考虑的,仍然不能是个案的创造者或者投资者如何最大限度地收回投资,而是如何维持知识产权法所创设的公共领域的开放,①否则仍然难逃向一般条款逃逸的嫌疑。

四、结论

在面对立法未能预见的新问题时,由于制定法的有限性与滞后性,法官总是先行的探索者,我们不能对裁判法官苛责过多。需要谨记的是,无论是立法还是司法,在创设新权利时都应当持谨慎态度。以往我们总是批判法官造法破坏了法律的稳定与利益的平衡,忽略了对公共利益影响更甚的立法活动。立法与司法都应当坚持社会本位的理念,更加重视社会福利而非个案中的投资回报,毕竟知识产权法比传统民法更强调个人和社会利益之间的平衡。对立法而言,需慎用兜底条款以维持法律适用的一致性和确定性;对司法而言,对兜底条款的正当性论证要严于确定性条款,并且严格区分权利、利益的不同保护路径。当然,任何一种制度安排都不可能尽善尽美,权衡利弊,我们只能有所取舍。

第二节　署名权的性质澄清与规则重构

我国著作权立法在整体结构上,一直采用的都是人身、财产两分的格局,关于著作人身权是否可以转让,学界历来争议不断,而在著作人身权中尤以署名权争议为最甚。依照《著作权法》第10条第1款第2项的表述,署名权是"表明作者身份,在作品上署名的权利",则仅作者

---

① 参见李琛:《文本与诠释的互动:回顾〈著作权法〉三十年的新视角》,载《知识产权》2020年第8期。

享有署名权。《著作权法》对视听作品、一般职务作品的署名权,也坚持了这一规则,署名权仅能由作者享有,发表权、修改权、保护作品完整权3项权利以及其他著作财产权均可由其他主体原始取得;但在委托作品中,《著作权法》又并未将署名权特殊对待,而仅笼统表述为"著作权的归属由委托人和受托人通过合同约定"。署名权作为著作人身权是否应予特殊对待,又缘何予以特殊对待,署名权究竟只是作者的权利还是其他主体亦可主张的权利,都有必要澄清。

一、正本清源:署名权法律性质的厘清

(一)署名权法律性质的争议

关于署名权的性质,主要代表性观点有以下几种:一是将署名权笼统归为人身权,而并不具体区分是人格权还是身份权;[1]二是认为署名权(其他著作人身权亦如此)是身份权性质,[2]但是这种身份权和亲属法上的身份权不是完全一样的权利;[3]三是基于作品是作者人格的延伸这一论断,认为发表权、署名权、保护作品完整权等权利是一种特殊的人格权,[4]也有学者将著作人身权等同于作者人格权,包含作者基于作品创作而产生的所有人身权利;[5]四是认为著作权中的人身权类似民法中的人格权和身份权的混合,著作权基于作品创作产生由此形成作者与作品之间的身份关系,除此之外作者和作品之间还有一种人格关

---

[1] 参见王玉凯:《论署名权转让及其法律效力》,载《知识产权》2014年第5期;吴汉东:《知识产权法》,中国政法大学出版社2002年版,第61页。

[2] 参见李明德、管育鹰、唐广良:《〈著作权法〉专家建议稿说明》,法律出版社2012年版,第351页。

[3] 参见杨立新:《从契约到身份的回归——身份权若干前沿问题之探究》,载中国民商法律网,http://old.civillaw.com.cn/article/default.asp?id=21541,2015年11月12日访问。

[4] 参见王坤:《著作人格权制度的反思与重构》,载《法律科学(西北政法大学学报)》2010年第6期;周晓冰:《署名权本质研究——以署名权的"多重彰示"属性为重点》,载《电子知识产权》2015年第Z1期。

[5] 参见何炼红:《著作人身权转让之合理性研究》,载《法商研究(中南政法学院学报)》2001年第3期。

系;①五是认为在传统民法体系中,以作品这种无体物作为客体的署名权应该被纳入财产权体系,②尽管基于特定历史原因,署名权、修改权等多被称为作品精神权利,但"精神权利"的称谓却无法掩饰其财产性特征,体现的是作者对作品的支配利益,仍是财产性权利。③

确定署名权究竟属于哪种性质的权利,其前提是准确界定民事权利的分类。我国《著作权法》采用的是"著作人身权"说法,与"personal rights"对应;而《保护文学艺术作品伯尔尼公约》(以下简称《伯尔尼公约》)中则采用的"moral rights",与精神权利对应。因此国内不少学者将人身权等同于精神权利。然而,二者实际有着不同的内涵和外延:第一,精神权利以精神利益为客体,人身权则以人身利益为客体,有些精神权利难以在人身权中找到位置,某些人格权也并非精神权利;第二,两者对应的范畴不同,精神权利对应的范畴是物质权利,而人身权对应的范畴是财产权,财产权的范畴显然小于物质权利的范畴。④ 鉴于民事权利具有法定性,我国民事立法所认同的又是人身与财产两分,因此对署名权法律性质的讨论也应当遵从这一格局,而不宜以精神权利与物质权利为前提。

1. 署名权应属人身权范畴

民事权利可以区分为人身权和财产权,其中人身权又可进一步划分为人格权和身份权。上述权利形态均是可区分的,因此将署名权笼统归于人身权或将著作人身权等同于作者人格权的观点,都不甚准确。即使认定署名权为人身权,也仍需进一步确定是人格权还是身份权。从人身权和财产权区分的角度看,将署名权视为财产权的观点,其具体

---

① 参见黄勤南:《新编知识产权法教程》,法律出版社 2003 年版,第 57 页。
② 参见杨信、余德峰:《作品署名权可转让之证成》,载《江西社会科学》2013 年第 12 期。
③ 参见杨延超:《作品精神权利论》,法律出版社 2007 年版,第 175 页。
④ 某些特殊的财产对权利人具有特别重大的意义,如父母的遗物,具有珍藏意义的照片等具有人格延伸意义的物品上同样会附载权利人的精神利益,基于上述精神利益而产生的精神权利就难以用人身权来概括。另外,某些人格权也并非精神权利,如身体权是人格权,但它的客体是人的身体,因此该权利属于物质性权利而非精神权利。详细论述参见杨延超:《作品精神权利论》,法律出版社 2007 年版,第 150 页。

论证逻辑为:作品是作者思想或情感的表达,但无论作品体现出一种什么程度的独创性,作者作为人的命题都不会因为作品而受动摇,因此署名权不属于人格权范畴;而赋予作者署名权是冀望作者以署名的方式完成对作品的掌控,借此实现自己的财产利益,因此署名权属于财产权。① 另有学者从版权法中"精神权利"和民法中"人身权利"的对比的角度,指出二者之间差别巨大以至于无论如何也不能将二者画上等号。②

上述观点,存在以下缺陷。

首先,混同了人格权与人身权。前文已经明确人身权是人格权的上位概念,除人格权外尚有身份权属于人身权范畴。因此"作者作为人的命题不会因为作品而动摇"至多只能将署名权排除在人格权之外而非完全排除于人身权。

其次,以署名作为财产利益实现途径而将其直接归入财产权的范畴的观点亦不成立。诚然,按照作者推定制度,在未有相反证据之前,署名者即可以作者身份主张著作权,但署名的目的并不局限于获取财产利益,因署名带来的名誉、声望的提升或许更被看重。更为实质的是该观点忽视了人身权与财产利益的间接关联。人身权不直接以财产利益为内容,但并未彻底否定与财产利益的间接关系,能够间接获取财产利益也并不能动摇其作为人身权的根本属性,典型如知名人士的肖像权和姓名权。

最后,"人身权具有哪些性质—署名权不具有上述性质—署名权不是人身权"这样一个三段论的推理方式,从表面看并不存在问题,但人身权与财产权的区别关键在于其保护客体究竟为人身利益还是财产利益,因客体不同而派生出可否转让、是否有期限等其他区别。因此界定署名权的性质应当从署名权背后的法律利益入手,而并非简单地从人身权的性质出发。上述推理方式也忽略了作品精神权利的性质认定具

---

① 参见杨信、余德峰:《作品署名权可转让之证成》,载《江西社会科学》2013 年第 12 期。
② 参见唐广良:《论版权法中的"精神权利"》,载中国版权研究会编:《版权研究文选》,商务印书馆 1995 年版,第 133 页。

有主观性。且无论版权体系和作者权体系的根本差异,在作者权体系内部关于精神权利与经济权利的关系上也有"一元论"和"二元论"的区别。① 这中间包含的是一种价值取向,立法者往往基于特定的价值取向有意拣选一些重要的事实而忽略另外一些事实。②

在著作权产生之前甚至初期,表达性商品市场规模尚小,作家、艺术家严重依赖赞助人来为其工作提供经济支持——消费者的数量和财力还不足以提供这种支持,③在这种情况下创作者更多的是出于创造的天性和精神追求,作者希冀署名所维持的也更多是声望和名誉。而随着表达性作品市场不断发展壮大,作品创作呈现职业化和商业化特征,创作者对经济利益的关注甚至超越了人身利益,署名作为对作者与作品之间特定关联的表征,其人身利益色彩也随之淡化。即便是在这样的背景下,我国《著作权法》依然将其认定为人身权,其缘由就在于设立署名权的初衷。署名权的设立是为了表彰作者因创作获得相应社会评价和地位,借此希望鼓励作者的创作热情,同时避免其他人的不劳而获,更是为了满足作者的一种心理需求和文化的安稳传承。④ 因此署名权人身色彩的淡化并未从根本上将署名从人身利益中剔除,不可否认对于不同的作者,署名权对其需要的满足呈现较大的差别:有的作者仅追求作品带来的财产利益,但更多作者依然重视因创作而带来的尊重和自我实现,这从匿名作品逐渐衰落的现象中也可以看出。这种评价和地位显然不单纯是财产性的。也正因如此,《伯尔尼公约》才认同此种权利不受作者经济权利的影响。由于署名是符号化了的作者,只有保障了署名权才可能保障其应有的社会评价和地位,因此署名权归根结底还是为了保护人身利益,应当被归入人身权的范畴。

---

① 参见杨延超:《作品精神权利论》,法律出版社2007年版,第73、74页。
② 参见熊文聪:《作者人格权:内在本质与功能构建的法理抉择》,载《法制与社会发展》2012年第6期。
③ 参见[美]理查德·波斯纳:《论剽窃》,沈明译,北京大学出版社2010年版,第81页。
④ 参见杨信、余德峰:《作品署名权可转让之证成》,载《江西社会科学》2013年第12期。

2. 署名权属于身份权

关于人格权的辩论，支持者们主要以黑格尔"作品即人格的反映"为主要论据，认为署名权属于人格权；而反对者们则主要以不体现人格特征的作品，如纯粹追求商业利益的作品、由团队集体创作完成的作品、以解决技术问题为目的实用作品，[1]来攻击作品即人格反映这一绝对性论断。然而批判作品人格观的后现代哲学只能够证明"作品不必然反映人格"，而并非"必然不反映"，[2]所以持续纠结于"作品是否反映人格"并无益于解决署名权是否属于人格权这一问题，相反只能陷入各执一词的尴尬境地。

首先就支持者而言，已经有学者注意到黑格尔《权利哲学》中的人格、人格权与法学中的人格、人格权的概念大相径庭，后来的知识产权学者在运用黑格尔的人格—财产理论来解释和推理著作人格权时，不恰当地运用了人格概念，这不仅违反了逻辑学上概念的同一律，而且也将使财产权和人格权的概念无法区分，存在根本上动摇民法体系的危险。[3]正如 Peter Drahos 所言，如果根据黑格尔的观点，"作品体现人格"根本不能证明作品与其他财产的区别，因为黑格尔把所有权解释为自由意志的体现。在黑格尔的哲学中，物也是人格的扩散。

人格权强调人之为人所必需的权利，缺乏人格权作为人的基础即不复存在；且在现代社会人格权的享有具有普遍性和平等性，无论年龄、性别、种族等，人人生而有之；而身份权的享有则基于特定行为或相互关系，欠缺这一具体行为或关系则不能成立。反观署名权，亦如前述主张署名权是财产权的理由所言，无论作品体现出一种什么程度的独创性，作者作为人的命题都不会因为作品而受动摇，且任何人都不天生是署名权的主体，只有作品创作这一事实发生才产生所谓的署名权。因此，从这一角度来讲，署名权应当属于身份权而非人格权。

---

[1] 参见易健雄：《从"署名"到署名权：观念的遗弃与权利的困境》，载《中国版权》2013 年第 5 期。

[2] 参见王玉凯：《论署名权转让及其法律效力》，载《知识产权》2014 年第 5 期。

[3] 参见杨延超：《作品精神权利论》，法律出版社 2007 年版，第 120 页。

对于反对署名权为身份权的观点则从两个方面进行质疑。一方面，从身份权的发展历程中来看，原始的身份权是基于特定的人即家族成员而产生的，且身份法在演进过程中也并未脱离自身的逻辑轨道，基于特定的身份关系而产生，而这种身份关系又是基于特定的人而产生。认为作者基于作品也享有身份权的学说，无疑是脱离了身份法自身发展的逻辑轨道，而在一个非逻辑的世界中去寻求支撑。另一方面，从身份权是对身份的支配这一本质出发，基于特定的物而产生的著作权，体现的是对作品的支配，显然应排除在身份权之外。[①]

从身份权的发展历程来看，身份权确实基于特定的身份关系产生，且直到今天该观点依然是学界主流。问题的关键是随着时代的发展是否有必要恪守这一传统。作品创作的特殊性决定了署名权应当被特殊对待。当著作权法意图明确一部作品是否具有独创性时，总是要将其与之前的作品进行比对，力图发现该作品是否具有不同于过往作品的一些特质。[②] 这些特质即为作者在作品中增添的增量要素，如新思想、新观点、新风格、新信息、新形象、新意蕴、新情节、新布局等。[③] 正因如此，这些增量要素总是与特定时期的特定作者相联系，署名权的意义也就在于表征这一客观联系。创作行为的不可复制性和异质性，决定了这一联系的唯一性和偶然性，这也解释了为何唯有作者与作品之间的联系不能被割裂，而其他物品则可以。其他物品的制作是可重复和可批量的，在割裂之后不会对制造者产生影响，而作者与作品不同，由于连接的唯一性，它代表的是一种地位与身份。

而作为著作权法中的身份权，不同于亲属法上的身份权，故在认识著作人身权的性质时，既不能完全脱离民事理论中有关人格权的表述，

---

① 参见杨延超：《作品精神权利论》，法律出版社2007年版，第137~139页。
② 参见张玉敏、曹博：《论作品的独创性——以滑稽模仿和后现代为视角》，载《法学杂志》2011年第4期。
③ 参见王坤：《论作品的独创性——以对作品概念的科学建构为分析起点》，载《知识产权》2014年第4期。

也不能忽略著作权制度本身的特殊性。① 例如,就权利主体而言,亲属法上的身份权主体为普通人,而著作人身权的主体为作者,即创作作品的人;又如,就权利产生而言,亲属法上的身份权源于特定身份关系,而著作人身权的产生乃是因为有创作事实。这些区别也决定了在分析著作人身权时,不能简单照搬传统民法理论中人格权和身份权的理论。

(二)署名权与作者身份权的区分

在不同国家的著作权立法中,既有仅规定署名权的,如我国和日本,也有同时规定作者身份权和署名权的,如德国和俄罗斯;还有国家在仅规定作者身份权的同时规定了禁止冒名权,如英国。应该说,立法一方面在向我们揭示署名权与作者身份之间的关系,另一方面又使这种关系扑朔迷离。② 一部分人主张,署名权和作者身份权"不是一回事,而是两码事;不是一项权利,而是两种权利"③。另有一些人主张,"这两者讲的是同一个意思,即作者有权在发表了的作品上署名,以昭示自己'作者'的身份"④。

从署名权和作者身份权的内涵来看,《伯尔尼公约》将作者身份权表述为"不受作者经济权利的影响,甚至在上述经济权利转让之后,作者仍保有要求其作品作者身份的权利"。因而作者身份权是基于作者的创作行为而产生的要求他人承认其对作品创作资格的一种权利,它是著作人身权的核心与基础,是作者在权益受侵犯时寻求法律保护的根据。⑤ 事实上,作者身份不仅是著作人身权的核心与基础,甚至在某种意义上作者身份代表的就是著作权归属,各国著作权立法基本都承认作者作为著作权的原始主体享有完整的著作权。由此,作者身份实际包含了两层含义:一是对内,以创作事实为基础,强调作者创作了作品;二是对外,强调作品为"我"所有,是作者与作品外在财产关系的彰

---

① 参见吴汉东等:《知识产权基本问题研究》,中国人民大学出版社2005年版,第244页。
② 参见杨信、余德峰:《作品署名权可转让之证成》,载《江西社会科学》2013年第12期。
③ 焦广田:《试论作者身份权和署名权》,载《著作权》1992年第2期。
④ 郑成思:《版权法》,中国人民大学出版社1990年版,第145~146页。
⑤ 参见吴汉东等:《知识产权基本问题研究》,中国人民大学出版社2005年版,第251页。

示。由于创作事实无法对外展示,故作者身份的内层含义通常借由外层含义来实现。

至于署名权,我国《著作权法》第 10 条第 1 款第 2 项将署名权定义为"表明作者身份,在作品上署名的权利",由于我国并未规定作者身份权,很多学者便将署名权等同于作者身份权。作者可以通过署真名、假名甚至不署名的方式来行使署名权,但署名权的行使是否真能切实反映作者身份则要视署名权的行使方式而定。由此可以看出署名权与作者身份权的区别。以作者不署名为例,不署名既作为署名权的行权方式之一,则即使不署名也应当认为作者已经行使了署名权。但由于不署名并未真实表明作者身份,作者仍可通过其他形式来表明自己的作者身份,作者在行使署名权之后再行表明作者身份的行为即基于作者身份权而非署名权。如是,则署名应是作者身份的表现形式之一,除署名外,作者身份权的实现还可通过对作者的身份介绍、真名登记等署名以外的其他方式来实现。①

二、现实回应:署名权能否转让的规范解读

既然署名仅是作者身份的表现形式之一,则"署名权的转让就意味着作者身份的转让"的观点将不能成立。而以私法范围内应遵从意思自治为由支持署名权转让的观点,其前提也在于署名权具有可交易性。因此探讨署名权能否转让的关键,仍在于现行法律对署名权的定位。

(一)《著作权法》对署名权转让持否定态度

关于署名权能否转让的一个有趣现象在于:无论支持者还是反对者,均声称于法有据。支持者的依据在于《著作权法》关于委托作品的规定,委托作品的著作权归属可以通过合同约定,且该约定可以是完整的著作权归属,自然也包含署名权在内。而反对者则从《著作权法》《著作权法实施条例》等的系列规定出发,如《著作权法》第 10 条第 2 款、第 3 款并未明文规定署名权在内的著作人身权可以许可和转让,

---

① 参见吴汉东等:《知识产权基本问题研究》,中国人民大学出版社 2005 年版,第 251 页。

第 17 条对视听作品、第 18 条第 2 款对特殊职务作品、《著作权法实施条例》对作者身份不明的作品等有关署名权的规定，都表明署名权不得转让。①

细究双方的法律依据可知，支持者过分夸大了委托作品在整个著作权体系内的作用，导致对著作权制度的整体安排产生了误解。以委托作品来证成署名权可以转让，其逻辑前提在于委托人基于约定可以获得包含著作人身权在内的全部权利。但对于委托作品约定由委托人享有著作权时，委托人享有的究竟是包括人身权在内的整个著作权，还是仅享有著作财产权，本身就存在两种不同的理解，理论界和实务界对此都尚未达成一致意见。② 且人们在论证委托人可以享有完整著作权时，其主要论据也在于著作人身权允许转让，这就产生了一个"二者互为因果"的循环论证怪圈。因此，无论是以著作人身权的可转让性来证成委托人享有著作权的完整性，还是以委托人享有权利的完整性来证成著作人身权（署名权）的可转让性，其结论都必然难以令人完全信服。

即使认可委托人享有的是完整著作权，亦难以就此得出署名权可以转让的结论。理由在于该规定仅限于委托作品，对于非委托作品类推适用显然缺乏法律依据。在法律并未明文禁止署名权转让的情况下，遭遇疑难问题时就应当注意区分法律的一般规定与例外事项。区分意义在于，在以法律解释填补漏洞时，应当参照法律的一般规定而非例外事项。如"作品著作权并不随物质载体的所有权转移"是著作权归属的一般规定，而其中的一个例外即为"美术作品的展览权由原件所有权人享有"。如果以该例外事项为参照解决其他作品著作权与载体所有权的纠纷，无疑会得出"著作权可随载体所有权转移而转移"的荒谬结论。委托人通过合同约定获得完整著作权仅是著作权法律体系中的一个例外事项，以该例外事项为参照得出的结论就失之偏颇。

---

① 参见王玉凯：《论署名权转让及其法律效力》，载《知识产权》2014 年第 5 期。
② 详细论述参见孙新强：《委托作品著作权原始归属之辨析》，载《法学》2009 年第 3 期。

诚然,由于我国著作权立法同时吸收了作者权体系和版权体系的规定,著作人身权的专属性在我国《著作权法》中并没有一以贯之,①导致著作人身权能否转让无法从逻辑上进行评判。然而单就署名权而言,除了较有争议的委托作品外,其他规则设计均完全贯彻了署名者须为创作者的理念。而著作权法之所以对署名权作出如此之安排,乃源于署名权作为身份权之本质。署名权作为作者身份的表现形式之一,同商标一样具有识别功能,且其以创作事实为基础,创作事实的不可逆性就决定了署名权的专属性。世界上也没有任何国家的版权法认为精神权利可以像经济权利那样做商业性转让。② 是故,我国《著作权法》对署名权转让应是持否定态度的。

至于有学者指出的,作者身份不可改变的内在追求并非一定要外化为署名权不可转让的法律制度,作者身份的专属性强调的是只有实际进行作品创作的主体其姓名才能出现在作品上,而署名权的转让探讨的是权利的流转问题,权利的流转带来的并非作者身份的改变。③ 该观点实际是割裂了权利流转与作者身份之间的内在关联。署名权的法律意义在于表征作者身份,创作事实不可再现也就决定了作者身份只可能通过署名等其他外化形式才能表现出来,权利流转虽不能改变事实上的作者身份,但借助作者推定制度却改变了法律意义上的作者。因此署名权的流转与作者身份的改变不应当也不可能割裂来对待。

(二)对署名权转让"令行而禁不止"社会现实的回应

反对署名权转让的另一个理由在于违背了诚实信用原则和公序良俗原则,名义署名人仅因为支付报酬就获得了本不属于他的社会声誉和学术声誉的不当利益,这些后果与著作权法保护作者利益的出发点和学术道德规范背道而驰。④ 但此论据被支持者猛烈抨击,他们主张只要现行的学术评价体制不变,无论法律怎样禁止署名权的转让,请人代

---

① 参见李琛:《论知识产权法的体系化》,北京大学出版社 2005 年版,第 32 页。
② 参见郑成思:《版权法》(上),中国人民大学出版社 2009 年版,第 315 页。
③ 参见杨信、余德峰:《作品署名权可转让之证成》,载《江西社会科学》2013 年第 12 期。
④ 参见关永红:《署名权行使方式探微》,载《中国出版》2012 年第 23 期。

写论文的情况就一定会存在,"令行而禁不止"。① 且实际创作者与作品之间的关系基于创作事实而产生,而创作事实又几乎处于完全隐匿的状态,因此外界很难对此种关系的真实性作出判断。加之"代笔人"与"被代笔人"之间存在特定利益关联,彼此容易结成稳固"联盟",普通社会公众要以充足的证据证明"代笔"行为存在就难上加难,甚至会动辄陷入侵犯名誉权的境地。② 这些都导致代笔、挂名等不正之风愈演愈烈,并非禁止署名权转让就可解决。而当法学理论出于某种激情而有意无意忽视现实生活的实际状况时,法律规范若是追随这种法学理论而扭曲现实生活,其后果必定是将自身置于左右为难、顾此失彼的尴尬境地。③ 因此既然法律无法杜绝署名权转让的发生,倒不如尊重社会现实。

对于代笔、挂名等学术不端行为,首先应当明确著作权法的主要目的并不在于净化学术环境,学术不端行为自然更多地依赖学术评价体系的优化以及社会公众的监督,但学术不端"令行而禁不止"并不能成为支持署名权自由转让的理由。《著作权法》禁止署名权转让,在维护学术环境的同时,其最终目的却是在维护与学术道德有关的公共利益。涉及署名权转让的学术不端通常表现为三种情形:低质量的作品请求高水平作者挂名、低水平作者请求代笔高质量的作品、同等水平的挂名或代笔。在低质量的作品请求高水平作者挂名的情形下,由于挂名破坏了作者与作品之间真实的符号联系,可能会诱使消费者做出违背真意的消费决定;而在后两种情形中,消费者的欣赏体验虽未因作品质量而受损害,但消费者会基于署名将对作品的评价错误地归于署名者。"完成之人得以署名,署名之人即作者"作为广泛认同的社会经验,是逐渐被法律权利化的共识。④ 只有保障作者和作品之间的这种关系,才能理清文化发展过程中各种思想观点和艺术形象、情节演变的历程,才能

---

① 参见柳励和:《论作品署名权的转让》,载《湖南科技大学学报(社会科学版)》2009 年第 3 期。
② 参见梅术文:《"枪手代笔"的著作权问题与消费者利益保护》,载《知识产权》2012 年第 7 期。
③ 参见易健雄:《从"署名"到署名权:观念的遗弃与权利的困境》,载《中国版权》2013 年第 5 期。
④ 参见王玉凯:《论署名权转让及其法律效力》,载《知识产权》2014 年第 5 期。

对思想观点和文化艺术的发展脉络有着全面的把握。因此,署名权的设置一方面是为了保护作者的私益,另一方面也是为了保护社会文化发展利益的需要。① 从署名权关涉的公共利益层面来讲,也不应认为署名权可以随意转让。

三、未来走向:署名权规则的立法重构

之所以在对署名权能否转让进行法律解释时引发如此大的分歧,根本原因在于体系杂糅使法律规范丧失明确性,进而导致法律规范的引导功能无法实现。要从根本上解决解释论上的争议,还必须借助于立法论。署名权不可能如著作财产权一样随意转让,在此一原则下是否允许存有例外,如前述委托作品中委托人是否可以约定享有署名权? 在严某生诉中国唱片总公司案②中,原告接受他人委托创作了一部作品,约定不在作品上署名,后来原告又主张署名权,理由就在于署名权是不可转让的。③ 对于已经发生的非作者署名行为,是否允许转让人反悔? 在我国,曾出现过这类精神权利中的署名权纠纷:某作者尚不出名时,为能出书而拉上一位未从事创作的名人在作品上署名,待成名后又指责该名人署名为非法。④ 这些都是需要进一步探讨的问题。

(一)署名权中作者与著作权人的分置

署名权是表明作者身份的一种形式,不仅与作者的个人利益相关,同时也与公共利益有涉。作品一旦创作完成后,就成为社会文化的组成部分,兼具私人属性与社会属性。作者身份基于创作事实而取得,无论从实践还是法律角度,这种事实身份都是不可能也不可以转让的。

---

① 参见王坤:《著作人格权制度的反思与重构》,载《法律科学(西北政法大学学报)》2010年第6期。

② 参见北京市第一中级人民法院民事判决书,(1999)一中知初字第23号;北京市高级人民法院民事判决书,(1999)高知终字第69号。

③ 参见罗东川、马来客主编:《知识产权名案评析》,经济日报出版社2001年版,第138页。转引自李琛:《论知识产权法的体系化》,北京大学出版社2005年版,第32页。

④ 参见郑成思:《版权法》(上),中国人民大学出版社2009年版,第320页。

作者署名权的正当性也在于基于创作事实，表明作品的智力来源。通过立法确认作者创作特定作品的客观事实，尊重作者付出的智力劳动，维系作者与其作品之间的联系，也使社会公众了解作品出自谁手。① 作品与作者之间的智力来源关系一旦被切断，也就将同时冲击私人利益和社会公益。为作者署名，就像标注产品制造商一样，创造了一种用以吸引消费者的品牌身份。普通商品市场中的商标侵权对应的即表达性作品市场中的剽窃。随着市场的扩大并且变得非个人化，商标和作者"标记"（通过署名）是作为保护商家和消费者的手段共同发展演变出来的。② 对此，以署名来推定作者、委托作品对著作权的约定，就可明晰：其目的并不在于昭显作品与作者之间的事实关联，而是强调著作权的归属，发挥着类似权利公示的作用。此时的署名，认可的是著作权人的权利，而非作者的事实身份。

鉴于此，可借鉴专利法框架下发明人权利与专利权分置模式的范本，以及商标法中保护商生产者、服务提供者与其商品、服务之间的联系，维护市场竞争秩序的理念，在作品之上确立两种类型的署名权：作者的署名权与著作权人的署名权。作者的署名权设立的目的在于确认客观事实：作品出自谁，"表达"谁的所思所想；著作权人的署名权则是表明著作权人的身份，确认市场利益的法律归属。③ 作者的署名权不可转让，但著作权人的署名权则属于完全的财产权性质，可以自由转让。在此规则之下，推定作者、特殊职务作品以及委托作品中涉及的署名，实际指的均是著作权人的署名权。

（二）作者署名权禁止转让与诚实信用原则的冲突

无论从历史地尊重作者的角度，还是从有助于后续学术研究的角度，尽可能地维系作者与作品之间的对应关系，都是值得肯定的。④ 署名权规则重构之后，作者署名权不得转让的立场仍然不可动摇。因此，

---

① 参见张玲：《署名权主体规则的困惑及思考》，载《中国法学》2017年第2期。
② 参见[美]理查德·波斯纳：《论剽窃》，沈明译，北京大学出版社2010年版，第82页。
③ 参见张玲：《署名权主体规则的困惑及思考》，载《中国法学》2017年第2期。
④ 参见王玉凯：《论署名权转让及其法律效力》，载《知识产权》2014年第5期。

作者署名权转让的合同,也将因违反法律的强制性规定而被认定为无效。这就可能造成一种误解:即使作者已经转让署名权,后续还可随时撤回承诺,重新继续行使已转让的署名权。对作者言而无信行为的支持,不仅与诚实信用原则相违背,还将引发交易秩序的混乱。该种担忧,仅看见了受让人在行为之后遭到的损失,而未正视在合同签订之时受让人的目的同样不具有正当性。法谚有云,"寻求法律保护者必须有干净之手"。获得作者的署名权而非著作权人的署名权,不论初衷如何,在事实上都将不正当地获得原属作者的评价,这种智力来源、社会评价与实际主体的匹配,本就是错误的,宣告该种行为无效,是法律对市场偏差的纠正。此外,即使认定作者署名权转让无效,仍然存在责任分配的问题。《民法典》第157条规定:民事法律行为无效,行为人因该行为取得的财产,应当予以返还;不能返还或者没有必要返还的,应当折价补偿。有过错的一方应当赔偿对方由此所受到的损失;各方都有过错的,应当各自承担相应的责任。作者署名权被认定无效,不影响受让人依据该条款向作者请求赔偿损失。至于作者署名权禁止转让,并不能完全杜绝代笔、挂名等行为,该种观点过于夸大了法律的作用。法律作为一种行为规范,可以为人们提供某种行为模式,规范全体社会成员的行为;也具有强制作用,可运用国家强制力制裁、惩罚违法行为。但是法律却不可能杜绝所有违法行为,至多只能威慑潜在违法行为。

四、结论

从解释论的角度看,著作人身权和财产权两分法的总体格局,决定了在处理署名权时不可能同版权体系一样,任由其自由流转。但从立法论的角度来看,未来《著作权法》应当首先实现体系内的一致性,不致在同一体系内可推导出相互矛盾的结论。如何让两种体系下的不同制度和谐而生、相得益彰,亦成为今后立法的关键之所在。署名权作为著作人身权中较为特殊的一项,既同作者私益相关,也与社会文化发展的公共利益密切联系,立法应当明确尊重作者署名权的法律导向,遏制广泛存在的不当署名行为。为了协调作品上的私人利益与公共利益,可通过署名权中作者与著作权人分置的规则重构,在确认作者事实身份的同时,确保著作权作为利益分配机制权利公示的实现。

第三节　数字作品发行权穷竭原则的困境与纾解①

数字化、网络化规模的不断扩大,也带动了数字作品二手市场繁荣。肇始于物质载体时期的发行权穷竭原则,能否同样适用于数字作品,理论争议较大。部分观点认为:倘若同意发行权穷竭原则的适用,则会造成著作权人和控制一手市场的数字出版商利益的损失;②相反观点则认为,如果不认可发行权穷竭原则的适用,相当于限制了消费者再次出售数字作品的可能性,不仅会造成资源浪费,也会同时打击消费者的购买积极性。③ 市场先于法律做出了回应:数字作品交易平台已经出现且较为成熟,如汉王科技、豆丁网等;全球最大的网络电子商务公司之一的亚马逊公司更是申请了"数字对象二级市场"技术的专利。然而立法的缺位,导致著作权人、出版商与数字作品所有者发生争议时,法官陷入无法可依的困境。立足于此,本节首先聚焦数字作品"能不能"适用发行权穷竭原则的问题,再结合数字作品与实体作品在发行与传播方面的不同特性,对数字作品适用发行权穷竭原则的困境进行纾解,以平衡网络领域中著作权人私益保护与文化交流公益维持的冲突。

一、数字作品可适用发行权穷竭原则的理论证成

依照制度变迁理论,知识的变化会导致生产函数、市场价值及期

---

① 本节内容系与王思蝉合作完成。王思蝉,天津商业大学法学院2020级学生。
② 参见丁婧文:《论数字作品转售不适用首次销售原则》,载《学术研究》2021年第4期。
③ 参见李晓宇:《NFT数字作品发行权用尽原则的适用》,载《深圳社会科学》2023年第5期。

望的变化,新的技术、新的工作和生活方式都会产生社会所不习惯的收益或者受损效应,由此可能导致一项制度的产生、变迁或废止。换言之,一项制度变动与否归根结底需要考察其是否仍能达到设置之初所要实现的效果。发行权穷竭原则作为一项重要的版权制度,探讨其适用能否延伸至数字作品也应当聚焦于此,具体表现在网络环境下,发行权穷竭原则的理论基础是否充分、协调功能能否发挥以及数字作品所有权转让能否实现,即从设立动因、功能、可行性三个方面考量。

(一)数字作品未突破发行权穷竭原则的设立动因

在手抄誊录时期,将作品复制并传播的需求萌芽,经过印刷技术时期、模拟复制时期,发行权及发行权穷竭原则逐渐确立并沿用至今。分析其产生背景可知,发行权穷竭原则的设立,实质上是调和知识产权与物权的矛盾的制度产物。

1. 发行权穷竭原则确立的制度根源

发行权穷竭原则的立法动因在于:作品价值与载体价值凝结在一起,二者就作品首次发行后的再次发行产生矛盾,基于载体的使用价值优先于作品本身的价值,同时考虑到法律规制二手作品转售行为的困难程度,而做出的知识产权应让位于所有权的立法安排。

在实体作品时代,对于一件已通过合法途径第一次流入市场被消费者所拥有的作品,该载体原件或复制件的所有权价值应优先于知识产权价值。所有权拥有的首要价值是物质特性即载体使用价值,包括载体制作成本、作品内容的呈现等价值;知识产权价值则主要蕴含在作为无形智力成果的作品内容中。技术影响复制成本与质量,复制成本与质量之比越高,载体与内容的可分程度越低,载体相对内容的价值越高。[1] 从手抄誊录时期到模拟复制时期,实体作品的复制成本与质量之

---

[1] 参见刁佳星:《元宇宙生态下首次销售原则的现实挑战与制度疏解》,载《编辑之友》2022年第11期。

比处于较高水平,其载体和内容不可分,消费者只能通过对有形载体的占有来持续接触、欣赏作品,载体所有权对于作品的利用、传播就有了不可替代的意义。同时在实体作品时代,优质的作品载体也能给消费者带来更好的消费体验,在影响作品使用的各因素中,载体的使用价值具有相对独立性。

进入模拟复制时期,随着私人复制行为的普遍化,发行权有了独立的价值,但限于有形载体传播的天然限制,作者控制作品转售、转赠的需求并不强烈。作者难以自行制作作品载体并加之广泛推广,只能依靠中间传播者将作品大范围传播,如出版商、书店等,而消费者主要是通过中间传播者来接触作品,实体作品呈现出"作者—传播者—消费者"的传播模式,作者已经从传播者处获得版权利益,与消费者之间并无直接联系,也因此作者并无过多期待去限制消费者的再次发行。确立发行权穷竭原则,不会对作者的既有获利途径产生冲击,反而可以便利消费者所有权的行使。

2. 数字作品仍具有相同制度需求

在网络环境中,不同的数字作品有着不同的接触、使用方式,大致分为三类:一是只能通过下载接触作品,一般是下载到系统存储器中;二是只能在线接触看而不能下载;三是可以下载又可以在线直接接触。在购买者支付高昂费用并成功下载数字作品后,其获得的不仅是该数字作品复制件的使用权,而且包括可以行使自由处分复制件的所有权。[①] 由此观之,尽管数字作品促使作品使用方式从占有载体转变为直接欣赏,但网络消费者获得数字作品载体的情形仍现实存在,数字作品发行权穷竭原则适用与否的问题就有了讨论的必要。

对于涉及所有权转移的数字作品,其载体的使用价值仍可能优先于作品本身的价值,数字载体的表现形式并未动摇发行权穷竭原则的制度根基。数字作品复制成本低廉——不需要传统复制所需纸张、墨

---

① 参见何炼红、邓欣欣:《数字作品转售行为的著作权法规制——兼论数字发行权有限用尽原则的确立》,载《法商研究》2014 年第 5 期。

水、人工等成本,而复制质量较高——复制件呈现的效果与原件差异较小,使数字作品复制成本与复制质量之比较低,导致人们对特定载体的依赖程度有所下降,故一些学者认为数字化正在逐步消融现代法学的所有权概念,[1]发行权穷竭原则缺乏适用意义。但这仅说明在网络环境中载体对内容呈现优劣的影响减少,并不能完全忽视载体的其他使用价值。事实上,不仅数字作品,实体作品的复制成本与复制质量之比也在不断降低,《著作权法》并未因此否定实体作品载体价值的优先地位。由此推知,发行权穷竭原则设立之初,在复制技术不发达的背景下,人们对特定载体的强依赖性主要体现在通过载体呈现的内容欣赏作品,作品载体呈现内容的价值掩盖了载体的其他使用价值,故借助复制成本与质量之比来判断载体价值的优先地位。而随着科技的不断发展,判断作品载体使用价值的优先性应回归到考察人们欣赏、利用作品目的的实现对作品特定载体的依赖程度的本源上。简言之,对于那些满足消费者欣赏、利用作品需要所必需依赖的作品载体,仍应当认为具有优先地位,知识产权需让位于物权。尤其那些对所有者有特殊收藏、纪念意义的数字作品,如数字藏品、电子专辑等,消费者只有依赖载体才能实现欣赏、使用作品之目的,此时载体的使用价值更为消费者看中。

在著作权人与消费者可绕开传播者实现点对点直接联系的直销式模式下,对消费者的转售、转赠行为的规制仍十分困难,原因在于:其一,网络交流以匿名化为特征,著作权人想要获取网络侵权用户的信息并不容易,维权成本的高昂也使著作权人基本都将网络服务提供者作为维权对象,即使有针对个别用户的,也限于知名度较高、影响力较大的网络用户。其二,无形性是数字社会财产的重要特点,意味着在控制可能性和利用机会上都能超越简单的物理控制的束缚,[2]尽管区块链技术实现了彼此陌生的交易双方获得作品交易的全部信息,但鉴于网络

---

[1] 参见季卫东:《元宇宙的互动关系与法律》,载《东方法学》2022 年第 4 期。
[2] 参见王利明:《迈进数字时代的民法》,载《比较法研究》2022 年第 4 期。

环境下接触作品的用户成倍增加,同时互联网技术使转售作品与作者发行作品无差别,著作权人难以找到侵权人。强调发行权穷竭原则的适用,依然是对现实的妥协与成全。

(二)适用发行权穷竭原则是《著作权法》立法目的的应有之义

依据《著作权法》第1条的规定,著作权法设立之目的在于兼顾创作与传播、推动文化科学的繁荣发展。发行权穷竭原则的适用有利于该目的在网络环境中的实现。

1. 有助于平衡著作权人与社会公众之间的利益

数字环境下发行权穷竭原则的适用并不会过分地削弱《著作权法》对原始创作的激励效果。与实体环境相比,数字作品所有权转让的相同点在于借助"复制+删除"技术同样实现了载体的排他性——载体只为一人占有,公众如急切使用作品只能从一手市场购买,不会过分损害版权人的短期市场。数字作品的二次转让与实体作品相比,不同点有二:(1)数字作品载体在流通中不会发生损坏,但相较二手数字作品,一手数字作品不乏其他优势,如作品的更新换代等,二手作品同样无法完美代替一手作品,故所有权转让也不会过分损害版权人的长期市场;(2)网络传播的快速和广泛突破实体环境的物理限制,二手作品信息获取容易。但物理限制的突破并非造成版权市场损害的重要关键因素,事实上随着网上购物的普遍化,实体作品的流通也突破了物理限制,降低了信息成本。

数字环境下发行权穷竭原则的适用可以保障公众接触作品的机会。理论上,依赖载体接触、使用的数字作品的价格应高于在线欣赏作品所需花费,这是因为前者还包含载体的使用价值。若发行权穷竭原则在网络环境下不适用则是对载体处分的限制,损害消费者支付对价中的所有权利益。对于不再使用的作品,若不能通过转售获得收益将造成载体资源的浪费,加重公众阅读成本,一定程度上打击消费者积极性。在传播方面,发行权穷竭原则的适用使消费者可以从作者、一手作品所有者等多人手中获得数字作品,拓宽了作品的传播途径。同时,数字作品仍会面临绝版的问题,发行权穷竭原则保存作品和促进二手作品流通的功能，可在数字作品下架后仍保障公众接触作品的机会。

2. 符合知识产权保障市场健康运行的政策工具属性

产业政策论强调国家利益与社会的综合效果，知识产权的政策工具属性决定，知识产权法以服务公共福利和促进科学及文学的发展为根本目的，对作者享有的著作权保护也是为了该目的的实现。在产业政策的导向下，知识产权制度设计应当有利于构建符合产业发展的市场运行机制。认可数字作品的发行权穷竭，将带来以下三个方面的产业益处。

一是可有效遏制数字盗版。数字化已然成为作品传播的主要形式之一，因复制件与原件效果几乎无差，导致数字盗版较之传统盗版更为严重。盗版猖獗的原因并不在于公众的版权意识有多低，而在于没有价格合理且容易获取的正版资源。早在2004年，某市场调查公司就在一项关于中国软件盗版情况的调查中，得出了上述结论。在这项调查中，高达90.73%的网民认为经济原因是造成盗版的主要原因，只有5.14%和4.13%的网民认为喜欢使用盗版是盗版的主要原因，或并不清楚原因。近年来，网络付费内容产业的蓬勃发展，也证实了这一结论。推动网络版权治理的深入，理应以降低交易成本作为出发点。[①] 认可发行权穷竭原则在网络环境中的适用，意味着消费者对数字作品拥有了实质性权利，可通过二次转售获得利益，也就间接降低了其使用盗版作品的欲望。

二是可打破垄断价格壁垒。数字作品的定价本身就缺乏统一标准，技术措施的应用，更是显著加强了出版者的定价权，甚至出现了数字版本较传统版本还贵的情况。如在中国知网用付费模式下载论文，每页计费0.5元，如果将一本100页的期刊全部下载下来，收费竟然高

---

① 参见初萌：《网络版权治理应以降低交易成本为出发点——从欧美音乐版权的授权实践谈起》，载微信公众号"知识产权那点事"2017年5月18日，https://mp.weixin.qq.com/s?__biz=MzA3NTI0NzYxNw== &mid=2651476911&idx=1&sn=fbacf57664e63f21e6b971137497826c&chksm=848d8ac1b3fa03d79b2965849 37577f7701eb5ab240374d8ad3a8e9e62640332e2672e356045&scene=27,2024年10月24日访问。

达 50 元,较纸质版还要贵出几倍。① 发行权穷竭原则的适用客观上推动消费者进入对应市场,有利于多方竞价促成合理价格,进而保障数字作品市场的自由竞争。

三是促进文化传播。一方面,如果将数字作品的传播始终局限于版权人的控制,传播来源的单一性将增加知识传播的成本,不利于服务国家文化产业导向下的文化输出和作品交易;另一方面,数字作品的载体仍有相应使用价值,购买者在阅读数字作品过程中所做的学习笔记、批注等,可以随所有权的转移而为下一任购买者所接触,为社会公众提供了更加丰富多元的文化消费选择,有利于公众间文化的交流。

(三)数字作品所有权转让的难题可以化解

否定数字作品适用发行权穷竭原则的理由之一,是数字作品所有权转让违反了物权客体特定和公示公信原则。但深究之后可发现,因技术发展产生的新问题依然可以用技术予以解决。

1. 数字作品所有权转让的现实困境

物权变动会产生排他性后果并涉及第三人利益,其中排他性要求物应有特定性,第三人利益要求公示公信,因此在物权法上确立了物之变动的物权客体特定原则与物权公示公信原则。数字作品的发行权穷竭,无论是基于物的特定性还是公示公信要求,均有不同于实体财产所有权转让的适用难题。

首先,关于物之特定性要求。数字作品以二进制编码形式存储于计算机或其他设备商,其上传、下载和传播均通过数据传输进行。当用户将购得的数字作品再次出售时,必然涉及对数字作品的复制,因而不符合物之交易特定性的要求。在 Capital Records v. ReDigi 案中,美国联邦第二巡回法院就认为发行权用尽原则只保护特定复制件所有者的销售行为,而数字作品的转售必然涉及新复制件的产生,无法满足交易商品特定性的要求,从而排除发行权穷竭原则的适用。

其次,关于公示公信。公示公信的意义在于通过使他人知晓"该物

---

① 参见莫曲波:《试论我国数字版权市场交易机制的完善》,载《现代出版》2014 年第 3 期。

排他"来消除交易的风险。在实体环境下,动产交付、不动产登记即实现公示公信原则的要件,但对于数字作品的转让则难以实现公示公信,原因如下:(1)数字作品的转让实质上是新复制件的产生,不同于实体作品"一物从一人到另一人"的交付含义;(2)数字作品的稀缺性因复制技术的发展呈现出不稳定性,权利人对数字作品的排他性效力降低,非法复印件与原件、合法复制件无法区分,削弱了占有对公示公信的意义;(3)不动产所有权转让借助登记制度,可有效规避占有公示的不足,但数字作品无形性的特点排除了登记制度适用的可能。总体上,数字作品公示公信的缺位,将严重威胁数字作品的交易安全。

2.数字作品所有权转让的困境纾解

自罗马法以来,传统民法调整的主要是现实世界的社会关系。进入数字时代后,现实世界与虚拟世界相互交融,虚实交互的新型社会关系亟须传统民法及著作权法进行理念上的全新变革。① 脱胎于实体作品时期的物权客体特定原则与物权公示公信原则,未考虑数字作品的特殊情况,但其不应成为数字作品所有权转让的现实阻碍,而功能等同原则提供了有效解决方案。一项网络信息技术与传统技术方法尽管在具体表现形式上存在较大差异,但如能产生相同的事实效应,那么二者可以在功能上视为等同,就应享有同样的法律效力并在法律上予以同等对待。物权在于支配其物,享有其利益,为了使法律关系明确,便于公示,以保护交易安全,产生了所谓物权标的物特定原则。② 物权客体特定原则与公示公信原则设置目的是保护交易安全,所有权转让的核心要义应为使所有者支配的物及物上利益转移给他人。因此,只要可以使数字作品之上的利益有效移转给第三人,就应当认为实现了所有权的转让。

"复制+删除"技术可实现上述目标。消费者将数字作品传输给他人后,借助"复制+删除"技术,自有设备中的所有信息将被清除,原所

---

① 参见郭鹏:《功能等同原则视域下 NFT 数字藏品交易的法律定性——兼论虚拟财产纳入物权法调整的新路径》,载《现代法学》2023 年第 6 期。

② 参见王泽鉴:《民法物权》,北京大学出版社 2010 年版,第 41 页。

有者不能再次使用。从形式上，数字作品的数量并未增加；从结果上看，受让人取代出让人成为占有者，维持了数字作品载体的稀缺性而使占有发挥了公示公信的作用。德国法院在审理甲骨文公司诉用软公司案中亦认定用软公司的转售行为构成转让二手软件复制件"所有权"的销售。至于信息技术的广泛应用增加了数字作品被不正当窃取的风险，难以确保占有的公示公信效力等问题，需要明确，数字作品盗版的出现反映的是著作权保护不力的现实，并不能影响法律层面对公示公信的认定。正如印刷技术的发展使实体作品同样面临盗版猖獗的困境，但并不妨碍交付作为实体作品所有权转让的依据，也不影响所有人占有对他人的公示公信效力。

随着科技的发展，NFT技术的出现更是直接满足了物权客体特定与公示公信的要求，数字作品已突破所有权转让不能的桎梏。从NFT技术原理来看，将NFT数字作品的铸造意味着创作者使用特定的算法将数字作品的原始文件编译成了区块链上唯一的数字代码，该代码与数字作品在区块链上形成了唯一对应关系，这使互联网空间的某件数字作品复制件具有了唯一性和特定性，无论后续发生多少次交易均不改变该NFT数字作品的存储位置，并且每一个权属变动信息都会在智能合约中被记录下来。在杭州互联网法院审理的"NFT第一案"中，一审法院认为NFT在数字网络空间中的交易实质是数字作品所有权的转移；二审法院认为原审判决中所指的NFT数字作品的"所有权"并非物权意义上的所有权，而是仅就数字作品交易所呈现的形式后果而言。尽管说理不同，但一审、二审法院均承认NFT达到了物权变动的效果。

二、技术变迁后发行权穷竭原则适用的体系协调

数字作品破坏了以实物载体为核心构建起来的著作权原有格局，将发行权穷竭原则延伸至网络环境，就有可能出现发行权与其他权利之间的冲突，由此招致诸多反对声音。但立足权利本源，依然可以有效廓清发行权与其他权利在网络环境中的界限。

（一）发行权与信息网络传播权界限之廓清

反对观点认为,发行权用尽原则的价值在于澄清"发行权"与"所有权"之间的界限,数字作品的转售或者网络传播属于信息流动,并不发生有形物的移转,发行权用尽就当然失去了存在的基础。① 数字作品的传输属于网络传播行为,适用信息网络传播权调整为佳,发行权及发行权穷竭原则在网络环境下适用会造成困扰。在数字环境中,发行权与信息网络传播权的确存在交叉,发行行为在一定程度上包含信息网络传播行为,信息网络传播行为可以进一步转换为发行行为,②但二者仍具有相对的独立性。

《世界知识产权组织版权条约》第 6 条对发行权规定的注解中明确提出以"有形载体"为前提,结合立法背景,原因有二:一是相较"无体物",有体物的支配往往容易且直观;二是限于当时的技术条件,有形载体的转移是所有权转让的唯一可能形式。然正如前文所述,数字作品适用发行权用尽原则仍有必要性,不应以受技术制约的《世界知识产权组织版权条约》第 6 条注解绝对排除网络环境下发行权及发行权穷竭原则的适用。在 UsedSoft v. Oracle 案中,欧盟法院明确否认了甲骨文公司提出的"发行行为只适用于有形载体",认为在网络中发行软件与传统渠道中发行软件效果相同,可适用发行权穷竭原则。

我国《著作权法》并未明确排除无形载体的数字发行,数字作品大量出现以后,以"有形载体"区分发行权与信息网络传播权的方式不再行之有效。③ 结合发行权与信息网络传播权的权利内涵,可发现二者的本质区别不在于是否向公众提供了作品,而在于提供作品的方式是否为出让所有权,发行权涉及作品原件或者复制件所有权的转让,而信息网络传播权仅使公众可以自由接触作品。申言之,发行权指

---

① 参见王迁:《论网络环境中的"首次销售原则"》,载《法学杂志》2006 年第 3 期。
② 参见魏亮洁:《"发行权一次用尽"原则在网络环境中的嬗变及重构》,载《江苏广播电视大学学报》2012 年第 1 期。
③ 参见黄玉烨、关春媛:《NFT 数字作品交易行为的"发行属性"与适用规则》,载《编辑之友》2024 年第 3 期。

向对作品的永久性占有,而信息网络传播权指向对作品的暂时性使用。如消费者通过交易可接触数字作品并可继续处分,则应认为该交易行为属于发行行为,受发行权的调整;而如通过交易仅能浏览、欣赏作品而无法处分,则该交易属于信息网络传播行为,受信息网络传播权调整。

(二)发行权穷竭原则与复制权矛盾之调和

上文提及,无论是否获得所有权,数字作品的传播必然涉及对作品的复制。基于此,有观点称,当数字作品所有者转售时必然会侵犯复制权,从而导致发行权穷竭原则的适用与复制权相矛盾。笔者认为,此种观点过于片面。数字作品的固有性质决定了其必然无法像实体作品一样实现空间的移转,如机械地将数据的传输与复制均认定为复制权侵权,将使复制权过分扩张,并令版权延伸为一种新的数字化使用权,而这与版权所保护的一贯原则相冲突。①《著作权法》设置复制权的立法本意在于使著作权人通过控制复制件的产生以实现对出版物市场流通数量与作品传播范围的把控,进而有效维护自身利益。② 而数字作品转售过程中形成的临时复制,是所有权移转的手段,并非最终目的。并且借助"复制+删除"技术,作为手段出现的临时复制,在转让成功后也将归于消灭。NFT 技术的出现,更是使发行权穷竭原则与复制权的矛盾不复存在。从 NFT 数字作品的交易过程来看,NFT 数字作品的存储位置从未变更,仅是以 NFT 作为权利凭证,基于智能合约的执行自动完成信息主体的变更。交易过程中并未形成新的复制件,也就不会产生侵犯复制权的问题。

(三)发行权穷竭原则与技术措施制约之平衡

有观点称,技术措施的设置本意在于通过控制数字作品的接触、使用,维护著作权人的合法权益,但技术措施的应用在一定情况下也可能阻碍数字作品所有权人对作品的转售,导致发行权穷竭原则在事实上

---

① 参见肖刚、韩强:《试论网络环境下的复制权》,载《法学》2003 年第 6 期。
② 参见林妍池:《数字出版物转售的理论阐释与实践进路》,载《出版发行研究》2024 年第 2 期。

丧失适用空间。笔者认为,此种"一刀切"的看法忽视了技术措施设置的正当性。当技术措施阻碍了发行权的行使以致发行权穷竭原则亦无适用空间时,应当反思和质疑技术措施的正当性,而非以此否定发行权穷竭原则延伸至网络环境的正当性,否则将有本末倒置的嫌疑。审视技术措施与发行权穷竭原则的适用问题,关键在于界分"许可使用"与"销售行为"。许可与销售的核心区别在于是否涉及实质性所有权的转让。如果著作权人设置技术措施的目的在于网络用户支付相应的对价后授予其在一定时间内以某些方式利用作品的权利,则消费者与著作权人之间是许可使用关系,相应的技术措施可以阻碍该消费者转让该作品;反之,如果网络用户支付相应的对价后该用户对数字作品复制件享有永久的占有、使用权,则消费者与著作权人之间是销售关系,消费者对数字作品的转售行为不得被技术措施阻碍。

《著作权法》第49条确认了版权保护和接触控制两种类型的技术措施,版权保护措施是为了防止网络用户未经许可使用作品,用户在支付了相应对价后仅能不受限制地使用作品,因此本质上属于权利许可,与所有权的转让无涉。而接触控制措施使消费者在支付合理对价后,可通过下载等方式永久占有复制件,与销售行为无异。因此,只有接触控制措施才涉及与发行权穷竭原则在适用方面的矛盾,当接触控制措施的设置妨碍到数字作品的转售时,数字作品的所有权人有权规避该技术措施。

三、数字作品发行权穷竭原则的立法论反思

对数字作品适用发行权穷竭原则的探讨不应仅局限于"能不能"的问题,还应当思考传统的发行权穷竭原则是否以及如何做出调整以适应数字环境中的新情况。数字作品发行的行为认定标准、何种数字作品应适用该原则以及具体适用路径,都应当聚焦数字作品的特殊性,回归发行权穷竭原则的立法原意上予以考量。

(一)发行权穷竭原则的适用要件

发行权的核心在于载体所有权的转移,延伸至网络环境后,是否所

有的数字作品都可适用发行权穷竭原则,以及何种行为构成数字作品的发行,都需要重新界定。

1. 适用客体的认定

发行权穷竭原则的适用以载体使用价值优先于作品内容价值为基础,这也就意味着只有那些能够体现载体使用价值的数字作品才有适用空间。具言之,对占有载体能够使消费者更好地体验作品的那类数字作品,该原则的适用意味着其载体的使用价值处于更优先的地位,应当适用发行权穷竭原则,否则网络用户只需要在线浏览作品即可。如数字作品的所有权对艺术品收藏者至关重要,NFT 交易中一幅普通的卡通图画之所以可以几千美元的价值出售,很大程度上是因为收藏者受到了"控制"才能实现的欣赏与收藏功能的吸引,对载体的占有实现了消费者对特定数字作品的收藏目的,载体的使用价值居于优先地位,具有收藏价值的美术作品应当成为发行权穷竭原则的适用客体。相反,音乐平台提供的数字音乐,无论下载与否,对听众欣赏歌曲不会产生实质影响,此类作品就不应成为发行权穷竭原则的适用客体。

2. 发行行为的认定

对数字作品发行行为的认定,除了要满足物权客体特定原则与物权公示公信原则,还要考虑如下两个问题。一是如何认定数字作品复制件的所有权人。在网络环境下,消费者能否成为数字作品复制件的所有权人,关键在于该消费者是否通过一次性支付费用的方式获得了永久占有或者接触该作品复制件的权利。[①] 并且这种永久性的权利不会因他人的行为影响对数字作品的支配。以电子书平台为例,用户付费后可获得数字作品,但电子书平台一旦发现相关作品陷入侵权风险,就会在用户的下载目录中远程删除,此时用户并非获得了作品的所有权,而只是被许可使用该作品。二是如何区分许可与销售两种行为。依照合同法规则,"销售"指的是一方付出价金,另一

---

① 参见赵加兵:《论版权权利穷竭原则在数字环境中的适用及其考量因素》,载《郑州大学学报(哲学社会科学版)》2021 年第 1 期。

方通过交付让与标的物所有权的行为。① 但数字作品的无形性导致交付难以判断，同时著作权人为规避首次销售原则的适用，也常以"许可"之名行"销售"之实。在 UsedSoft v. Oracle 案中，欧盟法院提出的"整体观察"原则值得借鉴。在判断究竟是许可还是销售时，应将下载与许可协议进行整体观察，当消费者根据协议获得了永久使用权时，无论协议是否为许可，均应认定所有权发生转移，可适用发行权穷竭原则。

3. 两个要件之间的关系

对发行权穷竭原则适用客体的认定，本质是衡量数字作品原件或者复制件的载体价值是否居于优先地位，但这更多的是基于主观层面的考量，缺少客观识别标准，相关公众难以实现价值共识，造成法律适用的困境。同时，目前市场上充斥着两种类型的传播载体，一种是服务于特定载体的格式，如苹果 iTunes 提供的音乐文件，只可以在版权提供商指定的载体上使用；另一种是流通和兼容的范围更为广泛的格式，如 PDF。由于第一种格式类型的流通和兼容范围特定——通常仅限于网页或软件的开发者，因此版权提供商对数字作品的控制力更强。正如前文所言，如果一件适用特定载体格式的数字作品面临侵权风险，版权提供商通常可从消费者的下载目录中删除数字作品（复制件），严格从形式意义上来说此种下载行为并不应视为消费者获得了数字作品复制件的所有权。问题在于，消费者已经下载该数字作品并实质达到了获得所有权的效果，如果一味否定消费者的所有权，将造成消费者与著作权人利益的失衡，不符合数字环境下的分配正义。基于此，数字作品发行权穷竭原则的适用可采取以行为认定为主、客体认定为辅的标准。当消费者永久占有数字作品复制件时，则认为该复制件可适用发行权穷竭原则；当消费者的行为表征并未永久占有数字作品复制件，并不一概否定发行权穷竭原则的适用，还需进一步判断消费者对该数字作品

---

① 参见马晶、杨天红：《论数字作品所有权转让与著作权许可的区分——基于首次销售原则的考察》，载《大连理工大学学报（社会科学版）》2017 年第 1 期。

的利用是否实现了作品载体的使用价值,如若满足,则该复制件也应适用发行权穷竭原则。

(二)数字作品发行权的有限用尽

在明确数字作品可适用发行权穷竭原则的同时,也应当注意数字作品与实体作品的差异,对著作权人的利益予以关注。数字作品在转售过程中,载体的使用价值不会产生任何损耗,对著作权人的利益影响也就更为显著,需要借助有限用尽这一额外规则来维持利益平衡。

1. 实体作品与数字作品转售的差异

数字作品转售与实体作品转售有两方面不同。一是作品载体的损耗性差异。在实体环境下,一手作品相较二手作品的主要优势在于"新",这是一手市场保持活力的关键,实体作品的转售必然导致作品载体的物理性损耗,因此二手作品的价格通常也更为低廉,由此与一手作品形成市场区分。而在网络环境下,数字作品载体的质量不会因转移的次数而产生变化,一手作品与二手作品的市场区分不明显。二是作者获得市场回报的差异。就传统交易市场而言,作者在作品第一次投入市场时可通过版税或销售分成等途径获取回报,无须再通过控制作品的转售维持利益。反观数字交易市场,数字作品的版税明显低于传统作品,并且数字作品因盗版更盛进而使作品的销量受到影响,通过一次发行根本无法获得与智力投入相匹配的市场回报。[①] 技术的变化发展使得使用作品的成本降低,在缺乏著作权保护时,竞争者的"自由搭便车"行为会将用户的成本降低到接近零的边际成本,这一情况的存在会使作者和出版者面临难以收回成本的境地。[②] 电子图书二次交易对

[①] 参见何炼红、邓欣欣:《数字作品转售行为的著作权法规制——兼论数字发行权有限用尽原则的确立》,载《法商研究》2014年第5期。

[②] 参见冯晓青:《著作权法之激励理论研究——以经济学、社会福利理论与后现代主义为视角》,载《法律科学(西北政法学院学报)》2006年第6期。

初始作品市场的影响要比传统图书的二次交易对初始作品市场的影响严重许多。① 基于以上理由,对数字作品如果适用与实体作品完全一致的发行权穷竭原则,将会造成创作者与使用者的利益失衡,因此需要对数字作品的发行权穷竭原则做出一定限制。

2. 发行权有限用尽的具体规则

限制数字作品的发行权穷竭原则,主要目的是确保创作者的市场回报,因此可通过限制转售次数来实现,即发行权的有限用尽。该规则的具体含义是:附有有效且合法地转发并删除技术措施的数字作品复制件经著作权人许可首次向公众销售或赠与后,在一定限度内著作权人可以控制该特定复制件的再次或多次传输,达到规定限度之后,数字作品复制件的合法拥有者可以自由处分该数字作品。② 发行权的有限用尽,相当于通过增加著作权人获取利益的机会,来弥补数字作品不易损耗、极易传播给作品初始交易市场造成的不利影响。发行权在规定次数内的不穷竭是为了使著作权人收回创作成本,待成本收回后,仍应将该特定作品转售的权利归还给所有权人。未来立法可考虑在《著作权法》第二章第四节"权利的限制"中专门规定针对数字作品发行权的有限用尽规则,并进一步在《著作权法实施条例中》规定最高权限次数的具体标准,可以根据不同的作品类型、保护期、投入成本、作品影响力等因素确定转售次数。在最高转售次数内,允许著作权人与第一转售人在合同中约定具体的转售次数。

四、结论

数字技术改变了作品的传播方式,形成于传统印刷技术时期的著作权制度也应当适时调整,才可实现新兴利益关系的平衡。技术有变,

---

① 参见武光太:《试论电子图书数字首次销售原则的构建》,载《中国出版》2013年第13期。

② 参见何炼红、邓欣欣:《数字作品转售行为的著作权法规制——兼论数字发行权有限用尽原则的确立》,载《法商研究》2014年第5期。

法理有常，数字作品适用发行权穷竭原则，既契合发行权穷竭原则的立法本意，又能实现著作权法的立法目的，与其他制度的冲突也可得到妥善解决，就没有理由否定其正当性。著作权人与其他消费者的个人利益均应得到充分的重视，然著作权法上的利益平衡只能是相对的动态平衡，不同情境之下会有不同制度安排。数字环境中，著作权人难以从一次发行中收回创作成本，属于相对弱势的一方，因此，相较于实体环境，《著作权法》对数字作品转售行为的规制应当适当偏向著作权人，即发行权的有限用尽。著作权法的悖论在于，对著作权保护不足，原创的诱因就会减少，从而妨碍文化发展；反之，对著作权太过保护，又会阻碍信息交流，从而抑制文化的鲜活度。① 破解悖论应以利益平衡为基准，尽可能实现多方共赢。

第四节　NFT 数字作品交易行为的著作权定性

近年来，随着区块链技术在文化市场中的应用与发展，催生了"NFT 数字作品"交易这一新型商业模式。NFT 起源于 2012 年，是基于比特币改进的一种 Peer to Peer Lending（P2P）网络协议（可实现去中心化的虚拟资产交易），② 与同质化通证（fungible token，FT）相对应。2021 年纽约佳士得网络拍卖艺术家 Beeple 耗时 14 年、将 5000 张美术作品拼接形成的"NFT 数字作品"——《每一天：最初的 5000 天》，经过 14 天的网上竞价，最终以 6025 万美元落槌，加佣金约 6930 万美元成交（约 4.5 亿元人民币）。③ 佳士得在随后的声明中表示：随着我们业务的

---

① 参见季卫东：《网络化社会的戏仿与公平竞争——关于著作权制度设计的比较分析》，载《中国法学》2006 年第 3 期。

② 参见秦蕊等：《NFT：基于区块链的非同质化通证及其应用》，载《智能科学与技术学报》2021 年第 2 期。

③ 参见《4.5 亿成交的数字作品，佳士得首次拍卖 NFT 艺术创纪录》，载澎湃新闻，https://baijiahao.baidu.com/s? id =1694019276473304742&wfr = spider&for = pc，2024 年 9 月 28 日访问。

发展,艺术的创作方式也在不断发展。Beeple 的成功证明这个新兴市场所带来了令人兴奋的可能性。NFT 数字作品交易已具一定规模,但由于 NFT 数字藏品的创作方式、表现形式与传播渠道等与传统艺术品存在极大差异,而这种差异性也为传统视域下以原件为核心所创建的著作权规则带来诸多理念与制度上的逻辑困局,①并为司法实务带来挑战。在"胖虎打疫苗"案中,一审法院认为 NFT 交易实质上是"数字商品"所有权的转移,NFT 数字作品持有人对其所享有的权利包括排他性占有、使用、处分、收益等,并否认了发行权以及发行权穷竭原则的适用;②二审法院认为,NFT 数字作品交易的后果是财产性利益的转移,而非物权的转移,因此,交易行为不属于发行行为,而应纳入信息网络传播权的调整范畴。③ 但在链盒公司侵权案中,一审、二审法院均认为 NFT 数字藏品的发售、转售均不产生新的副本,既不属于发行权也不属于信息网络传播权的范畴,不构成著作权侵权。④ 是以,本节尝试立足 NFT 的技术原理,结合著作权基本理论,厘清该领域所面临的版权问题。

一、NFT 数字作品交易的技术原理与流程

NFT 数字作品交易主要通过区块链进行。"区块"是指一个个含有数据的单元块,这些区块记录了一段时间内的交易状况,并按照密码学的特定技术方法串联,形成主要以发生时间先后为顺序的链条,即"区块链"。因此,区块链本质上是一个存储信息的分布式账簿库,其运作依靠哈希值、时间戳、非对称加密、智能合约等重要技术。当使用者上传文件到区块链平台时,哈希函数会将该文件转换成一串哈希值并在平台上进行验证,然后再被联结到前一已被验证的区块,如此按照各自产生的时间顺序环环相扣,互相堆叠串联出一系列由区块链构成的

---

① 参见张惠彬、张麒:《NFT 艺术品:数字艺术新形态及著作权规则因应》,载《科技与法律(中英文)》2022 年第 3 期。
② 参见杭州互联网法院民事判决书,(2022)浙 0192 民初 1008 号。
③ 参见浙江省杭州市中级人民法院民事判决书,(2022)浙 01 民终 5272 号。
④ 参见四川省高级人民法院民事判决书,(2023)川知民终 253 号。

分布式账簿库。通过智能合约，区块链平台上的用户可以进行交易，平台全程记录每一笔交易，并全程跟踪作品在网络中的传播轨迹。NFT 数字作品交易，本质上是一种基于区块链技术的资产证明，即通过计算机网络记录交易过程，并为购买者提供资产真实性和所有权的证明。① 从区块链的技术原理上来说，它具有去中心化、不可篡改、安全性高、可编程性等特点。因此，各 NFT 之间具有价值不同、形态不同、不可分割、不可替代的特点。

一宗 NFT 数字作品交易包括两个阶段：交易的准备阶段与交易的实施阶段。准备阶段涉及数字作品的上传、NFT 的铸造及"上架发布"行为，实施阶段包括铸造者的出售以及后续持有者的转售行为。② NFT 数字作品的铸造指的是平台注册用户将作品上传于 NFT 数字作品交易服务平台中的区块链，该作品上链后生成与作品意义对应的序列号，作为作品上链的凭证，在铸造上链的过程中，区块链会记录作品上传者对应的加密钱包地址，类似微博 ID，指向发布者的唯一身份。NFT 中部署智能合约自动执行交易规则，平台用户铸造 NFT 的过程即以技术的方式生成权利凭证和起草交易合同，而发布 NFT 作品的行为等同于将作品置于网络传播。③ 产业界将作品转化为 NFT 数字作品的过程称为铸造。在各大 NFT 交易平台中，数字藏品的铸造过程一般如下：第一步，用户登录平台，选择数字钱包与平台账户绑定；第二步，用户创建 NFT 藏品集合，并填写名称、类别版税等具体属性；第三步，用户上传藏品内容，包括图像、音频或 3D 模文件，并且需要编辑具体的数字特征信息；第四步，上链，即用户在选择数字藏品铸造的分数和区块链之后，NFT 数字藏品即铸造完成，在区块链上自动生成对应该藏品的唯一编号，④ 即 Token ID。在第二步创建 NFT 藏品

---

① 参见袁锋：《元宇宙时代 NFT 数字藏品交易的版权困境与应对研究》，载《湖北社会科学》2023 年第 6 期。
② 参见李逸竹：《NFT 数字作品的法律属性与交易关系研究》，载《清华法学》2023 年第 3 期。
③ 参见杭州互联网法院民事判决书，(2022)浙 0192 民初 1008 号。
④ 参见锁福涛、潘政皓：《元宇宙视野下 NFT 数字藏品版权保护问题》，载《中国出版》2022 年第 18 期。

集合和第三步上传藏品内容时,需首先创制数字作品的元数据,元数据一般包括产品的作者、内容、大小等信息。使用数字作品的 Token ID,在智能合约中可读取数字作品的相关信息,通过 NFT 平台查看相关 NFT 数字产品,①"上架发布"行为也就实施完成。从前述过程可看出,NFT 数字作品的铸造与著作权法上的复制、信息网络传播等行为密切关联。

关于 NFT 数字藏品的出售,产业界将 NFT 数字藏品的首次出售称为发行。目前各大平台中的出售方式一般分为固定价格、拍卖和多个藏品打包出售三种。首次在平台上出售 NFT 藏品的用户,在缴纳一定数额矿工费用用于初始化账户后,即可开始发售,交易成功后,还需向平台缴付相当于成交价格一定百分比的服务费。此外,在一些 NFT 交易市场中,还存在优先购、空投、盲盒购、赋能、创世等特殊营销方式。②在数字藏品市场中,还存在收藏者之间相互买卖、流通藏品的二级市场,即 NFT 数字藏品的转售。与"闲鱼"等二手交易平台类似,用户可以将藏品寄售在二级平台,通过定价、拍卖或赠送的方式交易。③ NFT 数字作品交易不同阶段的不同行为,在著作权法中有不同含义,以下将分别讨论。

二、NFT 数字作品铸造的著作权定性

从技术原理上来说,将作品铸造为 NFT 数字藏品可以理解为将作品转换为元数据,再将其写入区块链的过程。根据是否存在元作品,NFT 可以分为两种类型:一种是艺术家直接在虚拟空间创作的,在现实世界中并不存在相对应的艺术作品,前述《每一天:最初的 5000 天》即

---

① 参见薛晗、魏艳丽:《NFT 数字作品交易的法律规制逻辑及其保护路径》,载《中国出版》2024 年第 3 期。

② 参见锁福涛、潘政皓:《元宇宙视野下 NFT 数字藏品版权保护问题》,载《中国出版》2022 年第 18 期。

③ 参见锁福涛、潘政皓:《元宇宙视野下 NFT 数字藏品版权保护问题》,载《中国出版》2022 年第 18 期。

属此类;另一种 NFT 是以已有物理空间中的作品为基础,通过区块链技术在网络空间内铸造(mint)创作完成,"胖虎打疫苗"NFT 就属于这一类型。① 第二种类型的 NFT 数字作品,由于是以他人既有作品为基础铸造而来,在铸造过程中就可能涉及复制权侵权的问题。

NFT 表现为区块链上一组加盖时间戳的元数据,其与存储在网络中某个位置的某个数字文件具有唯一的且永恒不变的指向性,该元数据显示为存储特定数字内容的具体网址链接或者一组哈希值,点击链接或者使用哈希值进行全网检索,就能够访问被存储的特定数字内容。该凭证与区块链上的智能合约相关联,能够记录关于该特定客体的初始发行者、发行日期以及未来的每一次流转信息。NFT 是一串无法篡改的编码,NFT 铸造时,首先通过哈希算法将数字作品图片文字转化为特定长度的哈希值,然后将哈希值、发布方、时间戳等信息写入智能合约,生成 NFT。NFT 不存储数字作品文件,只是记录了数字作品文件的数据特征,NFT 本身不具备任何直接转变为画面的数据,不能"观赏",只是一个抽象的信息记录。② 正是基于此种抽象性,产生了"铸造是否构成复制"的理论分歧。

肯定观点认为:当一件作品开始铸造 NFT 时,铸造者首先须按照平台要求上传作品,此时该作品的复制件已同步保存于平台网络服务器中。这种以数字化等方式将作品制作成一份 NFT 的形式,一方面可以形成稳定的存储作品信息,另一方面亦形成了一个可以相对稳定、持久固定作品信息的有形物质载体,同时也具备作为信息源向其他载体进行信息传播的能力。因此,一件作品的铸造行为包含了著作权法所规制的复制行为。③ 在"胖虎打疫苗"案中,法院亦持相同观点,认为"当一件作品开始铸造 NFT 时,铸造者首先须按照平台要求上传作品,此时该作品的复制件已同步保存于平台网络服务器中",铸造属于著作权法意义上的复制。当然,即使持肯定观点,也认为 NFT 数字作品具

---

① 参见赵磊:《NFT 的法律规制——从"胖虎打疫苗案"谈起》,载《法律适用》2023 年第 11 期。
② 参见浙江省杭州市中级人民法院民事判决书,(2022)浙 01 民终 5272 号。
③ 参见王江桥:《NFT 交易模式下的著作权保护及平台责任》,载《财经法学》2022 年第 5 期。

有特殊性,以往的数字作品交易,是以著作权本身为交易内容,而 NFT 数字作品交易,是以数字作品的复制件为交易内容。①

否定观点则认为:当一件作品铸造为 NFT 数字藏品,并不是作品本身的复制和替换,而是将作品转化为一种可被区块链识别的元数据。也即是说,NFT 数字藏品的发行和转售并不一定意味着原作品版权的转移(大多数创作者不会将版权转移)。当购买者交易 NFT 时,交易的对象并不是作品的版权,而是一组代码,且该代码指向的作品复制件的数据也不一定存储于第三方平台的服务器内。② NFT 数字藏品本身并不是原作品的复制件;相反,它更像是作品的签名收据,其中 NFT 的所有权不是作品本身的所有权,而是收据的所有权。③ 从技术呈现的结果看,该"数字商品"不是对原作品数据的单纯复制,故不能解释为原作品的复制件。

探讨 NFT 数字作品的铸造是否构成复制,需要回归"复制"的内涵。《著作权法》第 10 条第 1 款第 5 项规定,复制权,即以印刷、复印、拓印、录音、录像、翻录、翻拍、数字化等方式将作品制作成一份或者多份的权利。从该条文的表述来看,我国著作权法上的复制权所控制的复制行为应当满足以下两个要件:一是该行为当在有形物质载体(有体物)之上再现作品;二是该行为应当使作品被相对稳定和持久地"固定"在有形物质载体上之上,形成作品的有形复制件。④ 首先值得肯定的是,NFT 数字作品的铸造并非铸造者智力成果的独创性表达,NFT 的铸造者将元作品上传至特定区块链系统的行为并不属于作品的创作本身。⑤ 铸造者铸造 NFT 数字作品,须先将相应的作品通过扫描或拍照

---

① 参见陶乾:《论数字作品非同质代币化交易的法律意涵》,载《东方法学》2022 年第 2 期。

② 参见黄玉烨、潘滨:《论 NFT 数字藏品的法律属性——兼评 NFT 数字藏品版权纠纷第一案》,载《编辑之友》2022 年第 9 期。

③ See Andres Guadamuz, *The treachery of images: non-fungible tokens and copyright*, Journal of Intellectual Property Law & Practice, 2021: 1371. 转引自黄玉烨、潘滨:《论 NFT 数字藏品的法律属性——兼评 NFT 数字藏品版权纠纷第一案》,载《编辑之友》2022 年第 9 期。

④ 参见王迁:《知识产权法教程》,中国人民大学出版社 2021 年版,第 164 页。

⑤ 参见赵磊:《NFT 的法律规制——从"胖虎打疫苗案"谈起》,载《法律适用》2023 年第 11 期。

等方式进行数字化并通过终端设备呈现,然后上传至相应平台进行储存。这一行为使作品及其信息可以相对稳定地储存并通过终端设备呈现出来,复制的第二个要件可以满足。否定观点认为,NFT 数字作品并非原作品的复制,主要理由是因为 NFT 数字作品的铸造并非仅是将原作品进行数字化,而是将原作品(包括了原作品及其作者、创作时间、版权信息等数据信息的一个整体)上传至区块链系统的特定位置,实质是将作品转化为一种可被区块链识别的元数据,因此不满足第一个要件中"再现"的要求。是否属于"再现",涉及元数据与作品之间的关系。从技术上看,行为人既可以选择将作品或其复制件存储于区块链上,也可以通过外部链接的方式将作品或其复制件存储(也称托管)于区块链之外的数据存储控制系统之中,而区块链上仅存有作品的数据特征。由于区块链上的储存空间并非无限,选择将作品的数字复制件存储于非同质化代币识别码所在的数据文件中会带来较高的成本,因此目前来看,在绝大多数情况下,数据文件中都不包含作品的数字复制件。① 存储路径本身并不影响铸造行为的法律定性,NFT 数字藏品虽然是以可被区块链识别的代码的形式存在,但就作品与非同质化代币识别码的关系而言,如果离开了作品或者其他可被铸入非同质化代币识别码的对象,非同质化代币识别码本身并不具备使用价值。② 就受让 NFT 数字作品的用户而言,其既获得了该份数字作品所呈现的作品内容,又获得了具有唯一性指向的该份 NFT 数字藏品。③ 因此,从实际效果角度,可以认为 NFT 数字藏品的铸造构成复制。

当然,NFT 数字作品的铸造仅是传播与交易的前提性步骤,其目的在于以互联网方式向社会公众提供作品,故复制本身给权利人造成的损害可能会被其他权利所吸收。如在链盒公司侵权案中,法院就认为:

---

① 参见李亚兰:《作品非同质化代币纠纷中的著作权法适用问题研究》,载《电子知识产权》2023 年第 6 期。
② 参见李亚兰:《作品非同质化代币纠纷中的著作权法适用问题研究》,载《电子知识产权》2023 年第 6 期。
③ 参见杭州市中级人民法院民事判决书,(2022)浙 01 民终 5272 号。

虽然在数字藏品铸造过程中,必然包含将铸造者终端设备中存储的数字作品复制到区块链网络服务器中的过程,但该复制过程的目的显然并非制作作品的有形复制件,而是为了上链登记,故该数字藏品铸造过程中的复制已被信息网络传播权中"提供作品"的定义所涵盖,法院不再单独评判。①

三、NFT 数字作品出售、转售的著作权定性

关于 NFT 数字作品的出售、转售的著作权定性,司法实践中分歧较大。比较"胖虎打疫苗"案和链盒公司侵权案两个案例,其结论和理由均有不同,如表 3-13、表 3-14 所示。

表 3-13　NFT 数字作品出售、转售的司法定性(1)——"胖虎打疫苗"案

案件审级	裁判内容
一审	虽然 NFT 数字作品交易对象是作为"数字商品"的数字作品本身,交易产生的法律效果亦表现为所有权转移,但当前《著作权法》中的发行限定为有形载体上的作品原件或复制件所有权转让或赠与,故未经权利人许可将 NFT 数字作品在第三方交易平台的出售行为尚无法落入发行权控制范畴,亦就缺乏适用"权利用尽"的前提和基础。 NFT 数字作品是通过铸造被提供在公开的互联网环境中,交易对象为不特定公众,每一次交易通过智能合约自动执行,可以使公众在选定的时间和地点获得 NFT 数字作品,故 NFT 数字作品交易符合信息网络传播行为的特征。[1]
二审	在 NFT 数字作品转让交易过程中,NFT 数字作品始终存在于作为"铸造者"的网络用户最初上传所至的服务器中,未发生存储位置的变动,故在 NFT 数字作品的出售转让阶段,不涉及复制行为,也不涉及信息网络传播行为。 发行权的实质意义是著作权人以赠与或者出售作品的载体(原件和复制件)的形式将作品内容提供给受让人,与之伴随的是作品原件和复制件上物权的移转。NFT 数字作品出售转让的结果是在不同的民事主体之间移转财产性权益,并非物权的移转,故其虽能产生类似"交付"的后果,但尚不能落入发行权的规制范畴。[2]

[1]参见杭州互联网法院民事判决书,(2022)浙 0192 民初 1008 号。
[2]参见杭州市中级人民法院民事判决书,(2022)浙 01 民终 5272 号。

① 参见四川省高级人民法院民事判决书,(2023)川知民终 253 号。

第三章 著作权内容:权利边界的整体廓清与单项权利的法律释义 | 171

表3-14 NFT数字作品出售、转售的司法定性(2)——链盒公司侵权案

案件审级	裁判内容
一审	NFT数字藏品铸造完成后,网络用户可以在网站上检索作品名称并浏览被控侵权数字藏品,数字藏品的铸造使网络用户可以通过有线或无线的方式,在其选定的时间和地点获得该作品,符合信息网络传播权的特征。因数字藏品一经铸造就永久分布式地存储于选定的区块链上,无论同一份数字藏品发生多少次交易,其交易标的始终是最初铸造的数字藏品。 数字藏品的发售、转售仅是在智能合约自动执行代码指令的选定的区块链上将不同用户标记为数字藏品所有者,该过程既不重新提供作品,也不产生新的作品副本,亦未发生新的传播行为,故数字藏品的发售、转售,既不属于发行权所辖范围,也不属于信息网络传播权的控制范围,不构成著作权侵权。[1]
二审	NFT表现为区块链上的一组加盖时间戳的元数据,本质上是一张权益凭证,其与存储在网络中某个位置的某个数字文件具有唯一性、指向性。一旦铸造完成后,交易平台上的网络用户就可以在网站上在线浏览该NFT作品并决定是否进行交易。购买人"购买"后,智能合约自动记录交易,将新的"购买人"写入智能合约。在交易过程中,并不需要首次购买人将作品下载至其计算机硬盘中形成新的复制件,即使购买人再次"转售"NFT作品,也无须将作品重新上传至交易平台并在服务器硬盘中形成新的复制件。故无论首次交易还是后续交易,都不以生成新的复制件和实施新的交互式传播为前提,不涉及复制和交互式传播行为。 由于NFT作品兼具物的属性,NFT作品首次交易后,在购买人和"铸造者"(首次销售者)之间形成了债权。购买人拟转售该NFT作品时,其只需通过交易系统以技术手段向网络上有购买意愿的用户出示该债权凭证,就足以证明其享有上述债权,并有权转售。购买人的后续转售行为属于债权转让,与将涉案作品"铸造"为NFT作品的行为是否由著作权人实施并无关系。[2]

〔1〕参见四川省高级人民法院民事判决书,(2023)川知民终253号。
〔2〕参见四川省高级人民法院民事判决书,(2023)川知民终253号。

在最终结论上,两个案例涉及的四个法院都认可NFT数字作品的首次出售不受发行权调整。但在法律规则上,"胖虎打疫苗"案中二审法院认为NFT数字作品属于《民法典》第127条规定的网络虚拟财产,应以《民法典》作为法律依据。这就涉及NFT数字藏品的法律发现问题。首先需要澄清,网络虚拟财产权与著作权并非并列关系。《民法典》第127条表明,我国对网络虚拟财产持正面态度,然而学术界对网络虚拟财产的法律属性这一基本问题尚未达成共识。总体来看,存在

无形财产说、知识产权说、新型财产权类型说、物权说、债权说等不同观点。① 本节无意界定网络虚拟财产的权利性质,但可以明确网络虚拟财产与作品是不同层次的两种客体,二者是从不同角度来界定的,并非非此即彼的关系,对特定客体而言,可能出现性质的重叠。例如,网络游戏中的特定装备,属于网络虚拟财产的一种,这基本无争议,如果该装备在造型、图案等方面的设计满足独创性的要求,仍有可能构成著作权法上的美术作品,此时的装备就兼有网络虚拟财产和作品双重属性。对 NFT 数字藏品而言,同样存在网络虚拟财产和作品属性重叠的可能。在已确认 NFT 数字藏品的铸造构成复制的前提下,就可以明确,NFT 数字作品交易的规制应当依据《著作权法》而非《民法典》。

"胖虎打疫苗"案和链盒公司侵权案两个案例均认可了这一事实:NFT 数字藏品一经铸造,就永久分布式地存储于选定的区块链上,无论后续发生多少次交易,其交易标的始终是最初铸造的数字藏品,而不会形成新的复制件。从前述 NFT 数字藏品的交易过程来看,NFT 数字藏品一经上架发布,其他人即可在网站上检索作品名称并获得相关数字藏品,此种获得既可以是不以受让为条件的在线浏览,也可以是在线受让之后的下载、浏览等方式。这也就意味着 NFT 数字作品上架发布即发生信息网络传播行为,后续的首次交易和转售虽然也涉及向公众提供作品,但是该行为是铸造者上架发布行为的延续,并没有涉及新的向公众传播的行为。在著名的"快看案"中,二审法院便对立法文本中的"提供"作了限缩解释,认为构成侵犯信息网络传播权不仅要求属于初次上传,而且必须是初次将作品上传并存储于服务器之上。② 如链盒公司侵权案二审法院指出的,购买人"购买"后,智能合约自动记录交易,将新的"购买人"写入智能合约。因此,在交易过程中,并不需要首次购买人将作品下载至其计算机硬盘中形成新的复制件,即使购买人再次

---

① 详细论述参见黄薇主编:《中华人民共和国民法典总则编释义》,法律出版社 2020 年版,第 338~340 页。

② 参见北京知识产权法院民事判决书,(2016)京 73 民终 143 号。

"转售"NFT作品,也无须将作品重新上传至交易平台并在服务器硬盘中形成新的复制件。新的购买人只需在交易平台上直接浏览由"铸造者"上传展示的作品即可,转售人不需要再次将作品置于网络服务器中供公众浏览,在智能合约将后续购买人记录为NFT作品新的权利人后,交易即告完成,故无论首次交易还是后续交易,都不以生成新的复制件和实施新的交互式传播为前提。① 这也就意味着,NFT数字作品一旦上架发布,无论首次交易还是后续交易,权利人都无须"提供作品",也就意味着没有了信息网络传播权的适用空间。

至于发行权,司法实践形成了一致意见,认为NFT数字产品的交易不受发行权调整。在具体理由上,"胖虎打疫苗"案法院的主要理由是:发行权的核心在于有形载体所有权的转移,而NFT数字作品的交易不涉及载体所有权。链盒公司侵权案的主要理由则是,NFT数字藏品的发售、转售仅是智能合约自动执行代码指令的选定的区块链上将不同用户标记为数字藏品所有者,该过程既不重新提供作品也不产生新的作品副本。理论界亦有类似观点。发行权有形载体论认为,作品与有形载体的不可分割性是发行权适用的基础,进而否认了发行权在数字网络空间适用的可能性。② 世界上绝大多数国家的著作权法都直接或隐含规定了对作品"有形载体"的要求,我国虽然没有直接使用"有体物"一词,但"作品原件或复制件"实际上是对"固定了作品的有体物"的另一种表述。③

首先应当肯定的是,从解释论的角度,NFT数字作品确实没有适用发行权的空间。但细究发行权的立法目的,在NFT技术的加持下,完全可以突破有形载体对发行权的限制,将其延伸至数字环境。传统观点认为,发行权以"有形载体转让"为核心要件,是以转移作品载体所有权的方式实现作品的间接传播,信息网络传播权则以提供无形服务的

---

① 参见四川省高级人民法院民事判决书,(2023)川知民终253号。
② 参见谢宜璋:《论数字网络空间中发行权用尽原则的突破与适用——兼评我国NFT作品侵权第一案》,载《新闻界》2022年第9期。
③ 参见王迁:《论NFT数字作品交易的法律定性》,载《东方法学》2023年第1期。

方式实现作品的直接传播。① 虽然 NFT 数字作品不具有有形载体,但 NFT 数字作品却具有类似准物权的特征。每一个 NFT 都由具有唯一性和不可替代性的 Token 构成,这决定了每个 NFT 都是独一无二的,进而赋予 NFT 数字作品唯一性和不可替代性。②"每一个人均能看见它,却仅有一人能够占有它"准确地诠释了 NFT 的特性。③ 作为加盖时间戳的元数据,NFT 与存储于网络服务器之中的特定数字作品具有一一对应的关系,这种对应关系可以发挥与作品载体"有形性"相似的功能,促使 NFT 数字作品与传统作品一样,独立地在市场交易活动中流转。申言之,NFT 与数字作品的对应关系提供了一种新的可能,即促使发行权的适用基础从"有形载体"转换为"作品与载体相对应",这种转换将作品"有形载体"的要求拓宽至"特定化的无体物",扫平了发行权适用于网络空间的一大障碍。④ 在数字化传播利用等形式出现前,有形载体在物理空间上的转移是作品交易进行所有权转让的唯一可能形式,而"有形载体"服务于作品"所有权的转移"。发行权因囿于实体作品时代的现实情况,才对其进行有形载体之必要性解释。若对数字时代作品固定和表达形式的新变化视而不见,仍固守传统观点,将陷入形式主义的法律解释中,无法发挥发行权利益平衡的功效。⑤

至于将发行权延伸至网络环境后,与信息网络传播权之间的界限问题。如本章第三节所述,发行权与信息网络传播权的本质区别在于作者是否以出让所有权的方式向作者提供作品,发行权涉及作品原件

---

① 参见黄玉烨、关春媛:《NFT 数字作品交易行为的"发行属性"与适用规则》,载《编辑之友》2024 年第 3 期。

② 参见余俊缘:《数字作品 NFT 交易的本质、规则及法律风险应对》,载《科技与出版》2022 年第 10 期。

③ 参见魏亮洁:《"发行权一次用尽"原则在网络环境中的嬗变及重构》,载《江苏广播电视大学学报》2012 年第 1 期。

④ 参见黄玉烨、关春媛:《NFT 数字作品交易行为的"发行属性"与适用规则》,载《编辑之友》2024 年第 3 期。

⑤ 参见刘晓、李莹莹:《非同质化代币数字作品发行权穷竭原则的适用困境与纾解路径》,载《出版发行研究》2023 年第 4 期。

或者复制件载体所有权的转让,信息网络传播权交互式的传播方式仅为了让公众能无限接触作品。在网络环境下,发行权突破了有形载体的限制,发行权与信息网络传播权的本质区别不在于作者(著作权人)是否以出让载体所有权的方式向公众提供作品,而在于作者(著作权人)是否因该行为丧失了对有形载体或者与载体相对应的作品的控制权。信息网络传播权是信息的流通行为,不涉及权利的让渡。对数字作品而言,"所有权转移"的一般形式是通过下载等途径将数字作品复制件固定于本地存储设备,合法获取者可以无期限地使用复制件。无论信息网络传播权还是发行权,购买者都可以将数字作品通过下载等方式将数字作品的复制件固定于本地设备,故信息网络传播权与发行权的区别不在于复制品是否可以下载到本地,而在于持有者是否有权将下载后的复制品转让给第三人。如何判断 NFT 数字作品交易是通过信息网络传播还是发行,就看购买者是否可以通过交易获得控制和管理特定 NFT 数字作品的权利。如果购买者通过交易被记入智能合约从而获得对应密钥或指定链接,有足够的能力控制和管理其购买的数字作品复制件,且可以排除他人的访问和干预,就应当认为属于发行。而如果行为人仅能浏览、下载相关文件,并不能控制、亦无法排除他人的访问和干预,就应当认定为信息网络传播。

既然将 NFT 数字作品的出售和转售界定为发行,就涉及另一个问题,即转售过程是否有发行权穷竭原则的适用。与本章第三节一般数字作品相比,NFT 数字作品适用发行权穷竭原则的正当性理由更为充分。其一,NFT 数字作品具有唯一性,仍然存在类似载体所有权与著作权的冲突。其二,NFT 技术的加持,使首次交易后无论发生多少次交易,均不会形成新的复制件,也就无须借助"转让+删除"技术的应用来控制新增复制件的数量。受发行权穷竭原则的制约,转售就不涉及发行权侵权问题。对于一般的数字作品而言,发行权穷竭原则的适用仍需借助"转让+删除"技术来确保复制件数量的有限性。

四、结论

NFT 作为区块链技术的重要应用,创设了作品发行传播的新载体,鲜明体现了"著作权是技术之子"的特点。在对现有法律规则进行解释时,立足法律文本应为首要原则。但为应对新兴技术的挑战,在尊重制度初衷的前提下,适度扩张适用范围才能更好发挥法律利益平衡之功效。将发行权延伸至网络空间,不仅契合了 NFT 数字作品的技术特性,也顺应了 NFT 数字作品蓬勃发展的市场前景。至于数字作品发行权与信息网络传播权界限不清的问题,可以通过变革载体所有权转移这一标准来实现,以"受让人是否可以控制和管理与作品相对应的数据文件"取代"载体所有权转移",并通过"转让 + 删除"技术控制新增复制件的数量。

第四章

著作权限制：利益平衡调节机制的实践表征与制度表达

著作权法通常被认为致力于在鼓励艺术智力作品发行、促进公共利益和给予创作者应得的回报之间达到平衡，这些目标和其他公共政策目标之间的适当平衡不仅在于承认作者的权利，还在于承认权利的有限性。[1] 作者权利应当得到尊重，这是最基础意义上的正义，为了鼓励作者更多地进行创作，并最终促进社会整体进步。虽然人们对"创造需要用财产利益进行刺激"有所质疑，但不可否认的是著作权的确为作者提供了一个鼓励创造的额外机制。而在更深远意义上，公平与正义要求在保障作者专有权利的同时，维持创作活动中的人际平等与代际公平。著作权反映的并不是作者与作品之间的关系，而是作者与他人之间的关系，既包括作者与后续作者之间的关系，也包括作者与公众包括其他作者之间的关系。所有智力创造活动在某种程度上都是派生的，并不存在所谓完全原创的思想或发明，每一步前进都依赖前人搭建的积木。[2] 个体对传统的该种依赖关系，正如现代知识论强调的："知识的最大特点就在于其互补性，即知识沿时间和沿空间的互补性……今天的知识是站在前人成果之上的（时间上的积累），而不同知识个体之

---

[1] 参见［加］迈克尔·盖斯特主编：《为了公共利益——加拿大版权法的未来》，李静译，知识产权出版社2008年版，第41页。

[2] See Pierre N. Leval, *Towards a Fair Use Standard*, 103 Harv. L. Rev., at 1109.

间的交流则是新知识诞生的前提(空间上的互补)。"①既然作品生产是一个历史性和社会化的过程,那么在给予作者专有权利保护的同时,保留一定的公有领域就成为确保代际公平的关键。作为创造者的后辈需要自由利用先辈留存下来的东西,这种利用如果不是自由的,就会严重影响文化科学的继承和发展。②正如李特曼所说:公有领域才真正是版权法的前提和基础,离开了公有领域,人类根本无法容忍版权制度的存在。③著作权法中对作者专有权利的限制,突出表现为合理使用和法定许可。

第一节 著作权合理使用的整体考量④

著作权合理使用是平衡著作权人和使用权人利益的重要制度,在维护著作权人合法利益的同时,为文化等创作提供动力,促进优秀作品的传播和普及。我国早在 1990 年第一版《著作权法》中就已经确立合理使用制度,第三次修正后新增兜底条款,在合理使用制度方面有较大的改动,但在司法实践中合理使用的认定标准一直存在争议。该项制度的设计以《伯尔尼公约》所规定的"三步检验法"为根据,但仅停留在规则的借鉴层面而未涉及对规则的解释。后最高人民法院出台《关于充分发挥知识产权审判职能作用推动社会主义文化大发展大繁荣和促进经济自主协调发展若干问题的意见》,指出特殊情况下可以考虑采用"四要素法"来认定合理使用,⑤使著作权合理使用认定标准的法源混

---

① 黄汇:《版权法上的公共领域研究》,法律出版社 2014 年版,第 54、55 页。
② See Wendy J. Gordon, *A Property Right in Self-Expression*: *Equality and Individualism in the Natural Law of Intellectual Property Right*, 7 Yale Law Journal 1564 – 1565(1993). 转引自冯晓青:《知识产权法的公共领域理论》,载《知识产权》2007 年第 3 期。
③ See Jessica Litman, *The Public Domain*, 39 Emory L. J. 977, 1990.
④ 本节内容原载王果、曹梓怡:《我国著作权合理使用的认定困境与规则完善——基于 142 份判决的分析》,载《重庆邮电大学学报(社会科学版)》2025 年第 2 期。
⑤ 参见《最高人民法院关于充分发挥知识产权审判职能作用推动社会主义文化大发展大繁荣和促进经济自主协调发展若干问题的意见》(法发〔2011〕18 号)第 8 条。

乱,不同法院对著作权合理使用的认定方法亦有不同。目前,我国关于"合理使用"并未形成统一的司法审判体系,一方面,合理使用法律属性不明,对于被告未提出抗辩事由,部分法官依然主动进行合理使用认定;另一方面,合理使用认定标准不一,部分法官大胆突破法定合理使用认定标准,以"三步检验法"、"转换性使用"和"四要素法"作为认定标准。随着我国进入新发展阶段,人工智能等新型创作方式的兴起,数据挖掘等新型使用作品的方式无疑加剧了合理使用的认定困境,难以平衡科技发展和著作权人之间的利益。完善合理使用的认定标准,在既有的合理使用立法体例上构建统一的认定标准,有助于法院在审理案件过程中采取统一的认定标准,形成较为稳定的判决结果,适应实践中人工智能创作带来的著作权问题,实施高水平知识产权审判机构建设,健全司法保护体系全面提升我国知识产权综合实力。

一、《著作权法》合理使用条款的司法适用现状

在中国裁判文书网上,以"合理使用"为关键词进行全文检索,并以"著作权"和"民事案由"为关键词对检索结果进行细化,检索时间截止到2024年3月22日。因为《著作权法》于2020年修正后,对合理使用的规则进行了调整,为探究其调整后适用规则有无变化,所以只对该法于2021年6月正式适用后的案例进行梳理,除去原告相同、说理重复的案件和与著作权合理使用认定标准无关的案件,以及排除其中适用2010年《著作权法》的案件,对最终得到的142个案件进行分析。

(一)合理使用法律属性不明

合理使用认定的前提是需要对他人作品构成侵权,原告基于侵权请求被告赔偿损失,通说认为,合理使用制度是著作权使用人用以对抗著作权利人侵权赔偿请求权的一种抗辩权,《民法典》规定抗辩权仅用以对抗他人请求权,是一种防御性而非攻击性的权利,因此,在庭审过程中"合理使用"抗辩只能由被告提出,法官不能主动行使抗辩权。对被告抗辩的认定标准和判决实际采用标准的情况进行分析,如表4-1所示,在142个判决中,其中有38个判决在被告未抗辩合理使用的情

况下,法院依旧对是否属于合理使用进行审查。例如,在上海攀旺贸易有限公司与储某民侵害作品信息网络传播纠纷二审民事判决书中,上诉人(被告)认为微信公众号文章刊载内容中的涉案图片出于交流学习,不以营利为目的,并未提及合理使用相关概念,法官认为涉案微信公众号的认证主体系营利性法人,被诉侵权文章在微信公众号的发布具有商业作用,并非《著作权法》上的合理使用。① 另有 104 个判决被告提出合理使用抗辩,42% 的法官采纳被告抗辩过程中适用的合理使用认定标准,58% 的法官没有采纳。例如,于某涛诉东莞市东城同沙鸣幼儿园侵害作品信息网络传播权纠纷民事判决书中,被告辩称微信公众号文章中的涉案图片是为课堂教学使用,是为介绍民俗适当引用他人已发表的作品,属于我国《著作权法》中规定的合理使用情形,法官则借鉴"四要素法",从使用方式、使用目的综合判断超出合理使用范畴,对原告的合理使用抗辩不予采纳。② 由上述统计可知,若被告未提出合理使用抗辩,实践中法官依旧可以依职权提出合理使用认定,被告提出合理使用抗辩后,亦存在法官不采纳被告的认定标准的情况,实践中,合理使用的法律属性不明晰。

表 4-1　司法实践中被告抗辩和法官实际采用合理使用的认定标准统计

被告是否提出合理使用抗辩	法官是否采纳	数量/个
被告提出	法官采纳	44
	法官未采纳	60
被告未提出	—	38

(二)合理使用认定标准存在差异

笔者根据《著作权法》第 24 条列举的包括兜底条款在内的 13 种法定情形,以法院最终的认定标准为依据,对检索样本的 142 个判决中涉及的具体法定情形进行了统计。

---

① 参见重庆第一中级人民法院民事判决书,(2021)渝民终 10786 号。
② 参见广东省东莞市第一人民法院民事判决书,(2023)粤 1971 民初 22944 号。

我国《著作权法》明确规定了"三步检验法",相关司法文件中也规定可以借鉴参考"四要素法",但是具体实践中对合理使用的认定标准存在差异。考察司法实践中法院采纳的认定标准进行统计,结果如表4-2所示。

表4-2 司法实践中合理使用的认定标准

认定标准	数量/个	占比/%
超出合理使用	12	8
法定情形	92	65
三步检验法	29	20
三步检验法+四要素	3	2
四要素法	1	1
三步检验法+转换性使用	3	2
四要素法+转换性使用	1	1
转换性使用	1	1

可以看出,司法实践中,法官基本采用《著作权法》规定的合理使用认定标准,普遍以第24条规定的12种法定情形作为判决依据,此类案件占比65%。2020年《著作权法》纳入"不得影响作品的正常使用"和"不得不合理地损害著作权人的合法利益"两个一般要件,与"三步检验法"正式接轨,基于此,有20%法官在审理案件中考虑适用一般要件,虽然从立法层面基本完成"三步检验法"的转化,但法官完整适用法律规定的认定标准的比例较低。除此之外,6%的法官参考适用"四要素法"和"转换性使用",以及8%的法官直接认定适用行为超出合理使用范畴,主要包括与原作内容相同超出合理使用范畴[1]、对权利作品的使用方式超出合理使用范畴[2]、对电视剧具体情节的讲解超出合理使用范畴[3],以及使用行为明显不属于合理使用[4]的情形。

---

[1] 参见北京市海淀区人民法院民事判决书,(2021)京0108民初69056号。
[2] 参见北京市丰台区人民法院民事判决书,(2021)京0106民初33475号。
[3] 参见江苏省无锡市滨湖区人民法院民事判决书,(2021)苏0211民初8221号。
[4] 参见北京互联网法院民事判决书,(2021)京0491民初45599号。

(三)被告主张合理使用胜诉率低

如表4-3所示,在检索的142个判决中,有83个判决一审结案,对合理使用的认定结果进行统计,如表4-3所示,在83个判决中,只有2个一审案件法官认定构成合理使用,二审案件法官均不支持合理使用抗辩。总体上,合理使用支持率为2%,两个判决分别以"艺术欣赏"①和"执行公务"②法定情形作为认定标准,认为构成合理使用。从结果上可以看出法官对合理使用的支持率较低,实质并未达到扩大合理使用适用范围的目的。

表4-3 司法实践中被告胜诉统计

认定是否构成合理使用	一审/个	二审/个
不构成合理使用	109	31
构成合理使用	2	0

对二审案件的判决情况进行统计,如表4-4所示,其中有22个判决书显示一审中并未涉及合理使用的认定,有10个判决书显示二审法院维持了一审不支持合理使用的判决,不存在一审不支持而二审改判的情况。上述数据从某一侧面反映了司法实践中一审不支持合理使用,二审倾向不改判。从案件审级来看,诉讼程序普遍简短,同时二审基本维持原判。

表4-4 司法实践中二审合理使用适用情况统计

一审提及合理使用数量/个		一审未提及合理使用数量/个
9		22
二审维持	二审改判	—
9	0	

---

① 参见北京互联网法院民事判决书,(2021)京0491民初23811号。
② 参见陕西省西安市中级人民法院民事判决书,(2021)陕01知民初1411号。

二、著作权合理使用认定标准的问题检视

互联网技术不断推陈出新，著作权使用的新型方式也随之而来，而司法实践中对于合理使用的认定标准还未厘清，现有的立法制度仍然存在缺陷，根据上文统计的合理使用的司法现状进行分析，合理使用认定标准存在以下困境。

（一）未能厘清"三步检验法"一般要件适用路径

2020 年《著作权法》修正后将"不得影响该正常使用"和"不得不合理地损害著作权人的合法权益"一般要件纳入合理使用制度，旨在形成以法定情形为前提，两个一般要件作为对法定情形的限制，缩小合理使用的范围，但并未明确一般要件解释方法，也未厘清和法定情形之间的优先级顺序。我国合理使用制度是对《伯尔尼公约》"三步检验法"的转化，但该制度只是规定合理使用认定的三个步骤，并未对步骤进行解释，贸然将步骤二和步骤三归入我国合理使用认定标准难免会出现不适。"三步检验法"设立之初也并未明确一般要件的解释和三个步骤之间的适用顺序，进一步加剧一般要件在司法实践中的争议，主要包括一般要件适用顺序任意和解释存在争议两种。

1. 一般要件适用顺序任意

司法实践中存在对一般要件适用顺序处理上的任意性的问题，造成合理使用内部要件的混乱。"三步检验法"源自《伯尔尼公约》第 9 条第 2 款规定的三个层次，首次出现时使用情况仅针对"复制权限制的反限制"，后来《与贸易有关的知识产权协议》（以下简称 TRIPS 协议）照搬该条款，将其拓展为对"版权限制与例外"。《著作权法》第三次修正版本第 24 条增加"不得影响该作品的正常使用"和"不得不合理地损害著作权人的合法权益"，基本完成对"三步检验法"的转化。由于《伯尔尼公约》以及 TRIPS 协议并未对三个步骤的适用作出解释以及设定优先级，造成实践中适用顺序没有统一的标准，主要包括两种情况，第一种是优先适用一般要件作为认定标准，将两个一般要件认定为合理

使用制度的前提,①只依靠一般要件进行判决,并未援引合理使用的法定情形;第二种是将一般要件作为法定情形的认定标准,即是否构成适当引用则取决于其使用行为是否影响作品的正常使用。如果引用行为影响其正常使用或者损害其合法利益的获取,则不构成适当引用。司法实践中有些情况下没有正确地处理一般要件和法定情形的关系,对"三步检验法"的适用不清晰,并且说理也不够充分,实质上并未拓宽对著作专有权的限制。

2. 一般要件仅停留在字面解释

2020 年《著作权法》将《著作权法实施条例》第 21 条规定的"不得影响该作品的正常使用"和"不得不合理地损害著作权人的合法利益"两个一般要件纳入其中,达成"三步检验法"的国内法转化。但无论是《伯尔尼公约》还是 TRIPS 协议都未明确"三步检验法"三个步骤的解释,导致司法实践中一般要件仅停留在字面解释,一般要件适用得并不充分,论述不够详细。例如,法官在判决中认为被告的使用行为不属于合理使用列举性规定的情形,也缺乏合理使用一般性规则的适用,②并未对两个一般要件详细展开论述,或者法官认为使用人在其微信公众号对包括涉案作品在内的多幅作品进行转发,对著作权人正常使用造成影响。③ 同时,实践中部分法官往往不区分一般要件和法定情形的差别,笼统地认为使用行为超出法定情形的范畴,影响原作品的正常使用,损害著作权人合法权益,实质上并未解释判定是否符合一般要件的情形。例如,在判决中,法官认为"使用行为超出了个人使用、研究或欣赏的范围,构成对涉案作品的实质性替代,影响了涉案作品的正常使用"④。在腾某公司北京某公司重庆某公司与北京某公司等不正当竞争纠纷中,法官认为被告使用作品的行为对原作品产生了实质替代作用,

---

① 参见北京互联网法院民事判决书,(2021)京 0491 民初 35466 号。
② 参见上海知识产权法院民事判决书,(2022)沪 73 民终 128 号。
③ 参见上海市浦东新区人民法院民事判决书,(2022)沪 0115 民初 55625 号。
④ 上海市普陀区人民法院民事判决书,(2021)沪 0107 民初 18386 号。

不合理地损害了著作权人的合法利益。① 综上，我国对合理使用标准中一般要件的解释仅停留在表面，未深入理解"正常使用"和"不合理"的正确含义，某些情况下混淆了法定情形和一般要件解释之间的关系。

（二）实质未能建成半开放立法模式

《著作权法》第三次修正后，基本完成"三步检验法"的国内立法化，在穷尽式列举的基础上加入"其他情形"作为兜底条款，形成半开放的立法模式，扩大合理使用的适用范畴。但笔者认为，此次修正并没有解决原有立法模式下存在的各类问题，只为合理使用带来了"表面的"开放性，"兜底条款"没有真正意义上解放合理使用情形的封闭式列举，②仍然是原来12种特定情况，既限定了法律来源，又限制了适用于其他情况的弹性，③可见兜底条款并未实际扩大法定情形的适用范围。从总体趋势上，越来越多的国家倾向于增加"合理使用"的立法弹性，我国《著作权法》应当改变现有的完全封闭式立法技术，平衡立法的可预见性与灵活性。④ 在12种法定情形中"为介绍、评论某一作品或者说明某一问题，在作品中适当引用他人已经发表的作品"的"适当引用"情形，比起其他情形适用范围更加广阔，或许能够"变相"弥补封闭式合理使用立法，但法律条文宽泛导致司法实践中"适当引用"情形自身解释存在分歧，综上所述，实质并未建成合理使用半开放的立法模式。

1. 兜底条款未能放宽合理使用的适用范围

理论界一直存在合理使用的立法模式选择的争议，有观点认为应当以法定举例作为基础原则，排除超出法定类型的法官造法。也有学者认为列举式的合理使用规定具有局限性，应当构建"开放型"权利限

---

① 参见重庆自由贸易试验区人民法院民事判决书，(2023)渝0192民初1041号。

② 参见杨翔宇：《数字时代著作权合理使用制度的困境与出路》，载《智慧法治》2023年第3卷，上海人民出版社2023年版。

③ 参见柴玥、杨静、邓润：《短视频侵权案件中合理使用的认定标准探究——基于中国裁判文书网136份判决书的分析》，载《青年记者》2024年第3期。

④ 参见李琛：《论我国著作权法修订中"合理使用"的立法技术》，载《知识产权》2013年第1期。

制一般条款,以"合目的性"和"可预见性"重塑"三步检验法"的第一步。① 从第三次《著作权法》修正的结果来看,我国合理使用制度从穷尽式变为半开放式的立法模式。虽然设立了兜底条款,但"法律、行政法规规定的其他情形"的立法并未随之完善。《著作权法》中的12种合理使用情形和《信息网络传播权保护条例》中的8种合理使用情形存在部分重合的情形,只在文字表述有细微的差别,具体而言:《信息网络传播权保护条例》第7条规定图书馆、档案馆等向服务对象提供本馆收藏的合法出版的数字作品可以不经著作权人许可,与《著作权法》第24条第1款第8项规定的"图书馆、档案馆等为陈列或者保存版本的需要,复制本馆收藏的作品"内容相似,可以不经著作权人许可对馆藏作品进行复制。同理《信息网络传播权保护条例》第8条与《著作权法》第24条第1款第6项"课堂教学或者科学研究"相似,实质上并未通过相关法律、行政法规扩大合理使用的适用范畴,兜底条款仅仅将"兜底条款"与其他12种法定豁免情形一同并列,并没有进行任何补充性解释。② 除此之外,目前司法实践中暂时没有适用兜底条款进行认定的判决,兜底条款没有配套认定标准。兜底条款作为第13种法定情形之一,旨在放宽法定情形的范围,弥补穷尽式列举带来的弊端,扩大合理使用的范畴,但司法实践中对兜底条款的适用态度消极,存在大量直接认定不属于任意法定情形的判决,使兜底条款在一定程度上"名存实亡"。

2. 域外认定标准解释"适当引用"突破立法框架

"适当引用"作为我国12种法定情形之一,为介绍、评论某一作品或者说明某一问题,在作品中适当引用他人已经发表的作品,比起其他情形具有更广阔的适用空间,由于相关司法解释未明确"适当"的含义,有法官采取循环定义的方法解释"适当引用",即认为该引用必须是必

---

① 参见张陈果:《解读"三步检验法"与"合理使用"——〈著作权法(修订送审稿)〉第43条研究》,载《环球法律评论》2016年第5期。

② 参见姚叶:《数字技术背景下合理使用制度立法失范问题探究——兼评我国〈著作权法〉第二十四条》,载《科技与出版》2021年第3期。

要的、适当的,①用模糊的含义去解释模糊的概念,未能解决"适当引用"适用的不确定性。

除此之外,有法官借用域外合理使用认定标准试图解决"适当引用"的适用难题,主要包括借鉴"转换性使用""四要素法"两种方式。第一种是结合"转换性使用"对"适当引用"进行解释,具体而言,在判决中,认定涉案图片"引用原作品篇幅过大"不属于"转换性使用",以"新作对原作产生替代性"认定涉案图片超过了适当引用的范畴。② 第二种是借鉴"四要素法"来解释"适当引用",例如,在小野杰西公司诉上海亨爵公司案的判决中,法官用"四要素法"中的"是否完整使用原作品,或者引用原作品占新作品的篇幅"③,解释"适当引用",即利用"四要素法"的具体要素解释"适当引用",认为"使用方式不符合前述法律规定的合理使用的要求,涉案作品已超出适当引用的程度"④。我国立法并未将"转换性使用"和"四要素法"纳入合理使用制度,但在司法实践中仍然存在突破我国法律制度借鉴适用的情形,突破了《著作权法》中合理使用制度的立法框架。

三、著作权合理使用认定的规则完善

通过分析可以得知,我国合理使用制度存在诸多不足,司法实践中的认定标准并不统一,"三步检验法"一般要件的适用路径并未厘清,我国实质上未能建成半开放立法模式,面对人工智能时代对合理使用制度的冲击难免捉襟见肘。为解决合理使用的认定困境,扩大法定情形适用范围,明确"具体情形+限定要件"的立法模式,不失为合理使用制度完善的方向。通过法定情形和限定要件的双重判定,综合分析使用行为的属性,合理控制合理使用的适用范围,可在保障著作权人合法权益的基础上,平衡其与使用人之间的利益。

---

① 参见广州互联网法院民事判决书,(2023)粤 0192 民初 6167 号。
② 参见广州互联网法院民事判决书,(2022)粤 0192 民初 7419 号。
③ 上海市奉贤区人民法院民事判决书,(2022)沪 0120 民初 16199 号。
④ 上海市浦东新区人民法院民事判决书,(2022)沪 0115 民初 55625 号。

(一)制度前提:合理使用权利人的限制的法律属性

合理使用作为对著作权的限制,我国作为《伯尔尼公约》的成员国完成了"三步检验法"的国内法转化,成为法院在作出相关判决时必须依据的最终标准,①司法实践中对合理使用的属性不明,部分法官除非被告主动提出,否则不会在使用行为侵权认定过程中主动援引合理使用规则,排除合理使用可能性。现有关于合理使用制度的研究主要集中于认定标准,合理使用的法律性质归属鲜有论及。

探究合理使用的法律属性目的在于分辨合理使用是作品使用者的抗辩权,还是法院主动援引用于限制著作权人的规则。司法实践的中,被告抗辩和法院主动认定参半,通说则认为合理使用是著作权人用以对抗著作权人的侵权请求的抗辩权,只能由被告主动抗辩。我国《著作权法》设计合理使用制度之时,参考英国《版权法》将其命名为合理使用,但具体制度规则设计采纳德国《著作权法》中的著作权限制规则,该章规定可以比照我国2020年《著作权法》中的合理使用与法定许可。②我国《著作权法》不存在关于著作权限制的类似表述,而是将其规定在第二章"著作权"第四节权利的限制中,合理使用位于著作权权利体系中,从体系解释的角度判定合理使用法律应属于对作者权利的限制,而非使用者的权利,法官适用行为侵权判定时应当主动排除合理使用情形。

(二)路径设计:具体情形+限定要件的认定

我国合理使用规范的设计糅合了《伯尔尼公约》的"三步检验法"和大陆法系合理使用的封闭列举规定,《著作权法》第24条列举了13种法定情形以及两个一般要件。结合具体规范和设计原理,合理使用一般要件应属限制要件而非一般原则,具体路径宜认定为"具体情形+限定要件",但并未规定一般要件的解释方式。实践中部分法官采用

---

① 参见王迁:《知识产权法教程》,中国人民大学出版社2021年版,第285页。
② 范长军译:《德国著作权法(德国著作权法与邻接权法)》,知识产权出版社2013年版,第67页。

"四要素法"作为认定标准,从解释的角度,建议在"正常使用"和"不合理损害"的实质含义基础上,结合"四要素法"进行具体解释。需要注意的是,"转换性使用"和"四要素法"在功利主义的影响下加强了其不确定性,从而增加同案不同判决结果的可能性,①但二者在合理使用的解释方面依然具有实践意义。

1. 一般要件应属限制要件而非一般原则

一般要件适用顺序在合理使用认定中至关重要,"三步检验法"规定不明确导致司法实践和理论中将一般要件分为限制要件和一般原则两种地位。一般原则是指当无法律条文具体规定时,可借助一般原则加以规制。若将"不得影响作品的正常使用"和"不得不合理地损害著作权人的合法权益"解释为一般原则,即在使用行为不符合任一法定情形时,应从"正常使用"和"不合理损害合法权益"角度综合认定其是否构成合理使用。例如,人工智能机器学习过程中的数据挖掘行为,输入阶段通过大量复制他人作品"投喂"人工智能,确保输出阶段内容的行为,有观点认为有利于人工智能等新质生产力的发展,不影响作品的正常使用,也不属于不合理地损害著作权人合法权益的情形,宜认定为合理使用。这样做的弊端在于消除法定情形的限制,无形中扩大了合理使用的适用范畴,例如,以营利为目的"适当引用"他人作品牟取利益,影响著作权人的作品收益,造成实质性损失,不合理地损害他人合法权益,虽然符合法定情形,但认定合理使用显然不利于保护著作权人合法权益。《著作权法》在 12 种法定情形的基础上,增设兜底条款旨在形成半开放立法模式,将封闭式列举转变成一种特定历史时期技术条件下的例示,以法律预判条款为核心增强整个制度的开放性,虽然兜底条款有待完善,半开放式的模式仍旧是立法趋势,因此为限制合理使用适用范围,设立两个限定要件防止合理使用的滥用,可以视为对特定情况的一种限制性条款,②一般要件应

---

① 参见陈潇婷、聂欣妍:《美国著作权合理使用制度评析》,载《中国出版》2019 年第 23 期。
② 参见熊琦:《"视频搬运"现象的著作权法应对》,载《知识产权》2021 年第 7 期。

属限制要件而非一般原则,以防法定情形的无限扩张。

具体而言,合理使用认定标准应当扩大法定情形的适用范围,并通过设置一般要件进行限缩,明确一般要件的适用顺序,构建"具体情形+限定要件"的认定规则。"三步检验法"虽然并未明确规定适用顺序,但设立时是按照三个步骤进行排列,可认为"三步检验法"要求三个步骤要同时满足,方可认定构成合理使用。因此将法定情形作为合理使用认定标准的第一步,同时适用"不得影响该作品的正常使用"和"不得不合理地损害著作权人的合法权益"两个一般条款进行限定,综合判定使用行为是否构成合理使用。

2. 结合"四要素法"弥补一般要件的解释

我国《著作权法》第24条对第二步"正常使用"和"不合理、不合法权益"并未存在明确的解释,因此,在司法实践中出现只针对其中一项进行认定,或者将"四要素法"或者"转换性使用"作为一般要件的认定标准。司法解释的欠缺导致一般要件的适用困境,因此符合世界贸易组织确定的基本原则,解释方法回归"三步检验法"不失为最优解。但外国文献翻译为中文就存在语义差异,并且《伯尔尼公约》也并未对步骤二和步骤三的适用进行解释,采用世界贸易组织的原则并且使解释不存在歧义极具挑战,同时过于抽象的原则在我国司法实践中的适用也存在困难,"正常使用"和"不合理地损害"两个一般要件之间的区别至今无任何司法解释或学理研究加以明确,[1]因此,司法实践中广泛借鉴"四要素法"作为一般要件使用。结合以上原因"三步检验法"中一般要件的解释不够细化,导致我国司法实践中对一般要件的解释混乱,没有统一的标准,需要谨慎吸纳"四要素法"要件,设置规范意义上的合理使用一般条款。[2]

"四要素法"是美国《版权法》采取的立法模式,法律并未列举合理使用的具体情形,而是列举四项因素供法官在判定合理使用时作参考,

---

[1] 参见熊琦:《著作权合理使用司法认定标准释疑》,载《法学》2018年第1期。
[2] 参见李杨:《著作权合理使用制度的体系构造与司法互动》,载《法学评论》2020年第4期。

主要包括"使用的性质和目的"、"被使用作品的性质"、"被使用部分的数量和重要性"和"使用对于作品潜在市场或价值的影响"。糅合"四要素法",形成开放式列举辅以概括性原则。① 司法实践中也存在相关观点,2011年出台的《关于充分发挥知识产权审判职能作用推动社会主义文化大发展大繁荣和促进经济自主协调发展若干问题的意见》第8条明确表明,在促进技术创新和商品发展确有必要的特殊情况下,对"三步检验法"步骤二和步骤三可以结合参考合理使用判断四要素进行认定。虽然"四要素法"是因素主义下的合理使用制度,毋庸置疑为我国司法实践创造了新的路径,通过引入"四要素法",辅助"三步检验法"分析一般解释规则,使用四要件作为步骤二或者步骤三的解释。②"四要素法"对从使用原作品的各个方面和使用后果都进行了整体的分析,较为全面,同时一般要件的表述清晰,司法实践中解释更加简单易懂。虽然"四要素法"源于英美法系,所处司法环境与我国截然不同,但其规定的一般要件在司法实践中更容易进行认定,也能够避免直接使用"四要素法"产生的法官造法现象。因此可以借鉴"四要素法"对两个"不得"一般要件的解释。

"正常使用"中"使用"是指著作权人行使权利并获得利益的行为,而"正常"要求从数量上使用原作品应当适当,不超过合理限度,同时不妨碍著作权人实现最大利益,"正常使用"可以解释为在合理限度内使用原作品,不与著作权人实现利益发生冲突,"三步检验法"的步骤二需要从"使用行为的性质"、"被使用作品的行为"以及"被使用作品的质量"等方面进行综合考量,以确认使用行为是否构成"与作品的正常利用相抵触"。步骤三"不得不合理地损害著作权人的合法利益"条款相比步骤二更难解释,事实上,任何使用行为都会给著作权人带来某种程度上的损害,因此以不合理为限,旨在认可未经许可使用他人作品并对

---

① 参见张曼:《TRIPS协议第13条"三步检验法"对著作权限制制度的影响——兼评欧共体诉美国"版权法110(5)节"案》,载《现代法学》2012年第3期。

② 参见李杨:《著作权侵权认定中的转换性使用理论适用阐释》,载《北方法学》2023年第3期。

其进行程度上的控制，①与法定情形有异曲同工之处，作为"三步检验法"最后一步，目的在于从程度和比例上允许合理使用行为分割著作权人的经济利益，调和权利人与使用者在作品使用上的分歧。②"不合理"应当从作品的使用性质和行为进行限定，不得给著作权人带来经济损失，即步骤三需要从"使用的性质和目的"和"不得影响原作品潜在价值"综合判断是否不合理地给著作权人造成损失。

（三）拓宽范畴："适当引用"应当要求新作完成对原作的转化

或许兜底条款的设立初衷是为应对人工智能等新兴事务所带来的挑战，但结合立法和司法实践兜底条款的应用，并未达到其欲求的结果，兜底条款本质上是涉及多方利益博弈的规则体系，③反而"适当引用"情形对新型创作方式的包容度更高，适用性更强。立法中仅规定"适当引用"法定情形，并未对其进一步解释，导致"适当引用"的概念相对比较难以界定，司法实践中往往不解释"适当"的含义，而直接认定不属于"适当引用"，虽然规定了可以介绍性、评论性或者说明性的目的引用他人作品，但"适当"程度并未规定。我国立法并未规定可以借鉴"转换性使用"解释，但司法实践中经常出现将"转换性使用"本土化解释为"适当引用"，从功利角度和市场主义进行考量和判断，"转换性使用"属于英美法系因素主义的制度，本土化难免存在水土不服的现象。④但从著作权鼓励创作、促进社会主义文化和科学事业的发展与繁荣的角度，"转换性使用"的本土转化，有助于实现推动技术和艺术进步的版权法目标，⑤促进作品的再创作和文化事业的繁华。克服英美法系的

---

① See S. Ricketson, *The Berne Convention for the Protection of Literary and Artistic Works*, Kluwer, 1987, p. 483 – 484.

② See Martin Senftleben, *Copyright, Limitations and the Three-Step-Test*, Kluwer Law International, 2004, p. 220 – 227.

③ 参见宣喆：《论分类保护视角下人工智能创作的著作权合理使用》，载《出版发行研究》2022年第3期。

④ 参见冯晓青：《著作权合理使用制度之正当性研究》，载《现代法学》2009年第4期。

⑤ 参见李杨：《著作权侵权认定中的转换性使用理论适用阐释》，载《北方法学》2023年第3期。

"水土不服",将"转换性使用"移植到我国合理使用制度,需要更深层次地理解两个制度之间的区别与共通之处。

"转换性使用"设立的初衷是弥补"四要素法"中"使用目的"单一的商业化判断标准,即便商业性使用原作品,但新作品完成对原作品的转换,可以认为使用行为构成合理使用。结合我国立法"适当引用"的目的限制在说明性、评价性和介绍性引用,该使用目的和商业性使用并非非此即彼的关系,说明介绍性地引用创作作品并不阻碍获取利益的事实,现实生活中使用人创作目的仍然存在于商业性、营利性引用行为。例如,在季某玄与恒大地产集团诉讼中的一审民事判决书中,被告主张使用图片是为了介绍解放碑商圈,系合理使用,而法官认为使用涉案图片是为提升商品房的价值属性,属于商业性使用构成侵权。[①] 虽然"适当引用"的具体评判标准没有相关司法解释,但法官判决中仅考察使用行为是属于商业性使用判断是否构成合理使用不妥当。"转换性使用"与"适当引用"存在一定的相似性,都是通过对原作品部分或者全部内容进行改编、借鉴、吸收或者引用等转换生成新的作品。法律规定"适当引用"的使用目的"为介绍、评论或说明某一问题",法律语言表述过于具体而灵活性不够,需要将"转换性使用"融入"三步检验法"当中,明确"转换性使用"的概念,然后融入我国立法制度。[②] 借鉴"转换性使用"对我国"适当引用"类型进行解释,在一定范围内扩大了合理使用的适用范围,然而"转化性使用"概念存在司法适用的过度扩张倾向,这威胁到著作权人演绎权等专有权属性,会打破保护著作权与自由借鉴之间的利益平衡关系,需要通过限定要件缩小适用范围。具体而言,应以新作品是否完成对原作品的转换、转换作品是否替代原作品的市场,认定是否构成"适当使用",将"转换性使用"纳入《著作权法》的合理使用的法定情形之中,从一定程度上能够弥补"适当引用"单一商业性使用目的认定标准要求,避免商业性目的对合理使用认定的限制。

[①] 参见重庆市第一中级人民法院民事判决书,(2021)渝 01 民初 636 号。
[②] 参见黄汇、尹鹏旭:《作品转换性使用的规则重构及其适用逻辑》,载《社会科学研究》2021年第 5 期。

认定存在"转换性使用"行为后仍应当通过"不得影响该作品的正常使用"和"不得不不合理地损害著作权人的合法权益"进行限定,达成"具体情形 + 限定要件"认定路径。

四、结论

合理使用制度是著作权法中的重要内容,是平衡著作权人利益和促进文化传播的重要机制,其立法目的是兼顾著作权法中两大主体的利益,平衡作品专有与他人使用的合理使用规则。[①] 本节通过与著作权合理使用相关的司法判决,检视合理使用认定中存在的问题,我国实质未能建成半开放立法模式,未能厘清"三步检验法"一般要件的适用路径,建议采用"具体情形 + 限定要件"的认定准则,明确一般要件应属限制要件而非一般原则,结合四要素法弥补一般要件的解释,适当引用情形要求新作完成对原作的转化,变相放开合理使用的适用范畴,对法定情形限缩,阻止合理使用的适用范畴无限扩张。合理使用认定规则的完善,不仅有利于在司法实践中得到稳定的判决结果,还能应对人工智能创作等新型创作行为给合理使用认定带来的挑战,平衡科技创新和著作权人之间的利益。

第二节　数字环境下图书馆合理使用的特殊考察[②]

图书馆在人类历史的长河中,通过保存和传播人类的文化内容,保障公平访问信息的权利,极大地促进了人类文化和科技的创新发展。[③]

[①] 参见孙阳:《著作权合理使用规则的技术边界探究——以甲骨文诉谷歌案为例》,载《电子知识产权》2021 年第 6 期。

[②] 本节内容原载王果、张立彬:《挑战、困境与化解:数字环境下我国图书馆合理使用条款及其适用的再探讨》,载《图书情报工作》2019 年第 10 期。因该文成文于《著作权法》第三次修正前,本节根据法律修改情况,调整了有关表述。

[③] 参见肖燕:《追寻著作权保护与权利限制的平衡——图书馆界对〈著作权法〉修改草案的建议与期盼》,载《中国图书馆学报》2013 年第 3 期。

基于此,各国在知识产权立法中,通常会设置专门的图书馆条款,对图书馆的权利和义务进行规定,以保障图书馆职能的发挥。我国也不例外,为了保障图书馆职能的实现,对图书馆给予了相应的豁免,其中之一即为合理使用。本节将以合理使用条款的现实应用情况为基础,分析其中存在的问题,以期为我国《著作权法》的完善提出建议。

一、我国图书馆合理使用条款的法律实践

著作权制度在诞生之际,便试图构建作者(著作权人)与社会公众之间的利益平衡机制,甚至在是否应以法律形式确认,都因可能损害社会公共利益的担忧而备受争议。18 世纪英国发生的文学产权大争论,其争论的焦点正是如果确认文学产权的合法性,应如何平衡个人私益与公共利益。在评估文学财产的地位时,法律必须考虑到这样的事实,即图书并不是孤立存在的,它是一个复杂的交流网络的组成部分,连接着作者与读者以及作者与作者。反对者认为,永久性的普通法文学财产将冲击其他作者,以及更一般地说,冲击读者大众的权利。虽然永久性文学财产可能对作者和出版者具有潜在的利益,但更经常出现的是由该文学财产所造成的损害超过了这些利益的情况,在已发表的作品上就不应当再有任何财产权了。简言之,个人的私益必须为公众的利益让路。这场争论,最终以支持者的胜利而告终,但支持者的胜利,是以严格限定权利保护范围为基础的,一本图书被划分为一个公共领域(关于原理、知识和思想)和一个私人领域(关于体裁、风格或者表达),被禁止的知识利用是该作者独特的风格或者表达。① 作者私益与公共利益之间的平衡,成为始终贯穿于著作权法发展过程中的核心问题。

图书馆作为文献中心及智慧宝库,更成为作者私益与公共利益博弈的主要战场之一。联合国教科文组织在《公共图书馆宣言》中明确地

---

① 参见[澳]布拉德·谢尔曼、[英]莱昂内尔·本特利:《现代知识产权法的演进:英国的历程(1760—1911)》,金海军译,北京大学出版社 2012 年版,第 33~34、39 页。

指出:"公共图书馆是发展教育、传播文化和提供信息的有力工具,也是在人民的思想中树立和平观念和丰富人民大众的精神生活的重要工具。为了保障图书馆职能的实现,著作权法必须给予图书馆某些特殊豁免权。"①我国《著作权法》在1990年制定之初,便对图书馆的合理使用做出了专门规定,为陈列或者保存版本而复制馆藏作品,属于合理使用。《著作权法》历次修正,完全保留了图书馆的专门规定(2020年《著作权法》第24条第1款第8项)。除针对图书馆的专门规定外,其他合理使用条款,亦可直接适用于图书馆,如为课堂教学或科学研究的翻译和少量复制作品(2020年《著作权法》第24条第1款第6项)。2006年,《信息网络传播权保护条例》颁布,将图书馆的合理使用延伸至了网络环境,为课堂教学或科学研究,图书馆可少量提供作品,可向其服务对象提供馆藏数字作品以及为陈列、保存版本而以数字化形式复制作品(2013年《信息网络传播权保护条例》第7条)。

总体而言,我国有关图书馆合理使用的立法,呈现这样几个特点:(1)规定了图书馆合理使用的具体情形,明确了图书馆与著作权人的权利与义务关系;(2)传统环境下图书馆的合理使用适当延伸至了网络环境;(3)与图书馆有关的明确规定条款较少,且内容单一;(4)图书馆合理使用的某些条款不够明确,缺乏可操作性。

然而,文本上的法律与生活中的现实并不完全一致。《著作权法》希冀于以合理使用条款为图书馆开展工作扫除法律障碍的目的并未能完全实现。表现在实践中图书馆援引合理使用条款从而成功免除侵权责任的案例非常之少。《著作权法》专为图书馆设置的条款在实践中的作用并不突出,其预期目的与实际效果存在差异,图书馆合理使用条款遭遇适用困境。笔者曾在北大法宝"司法案例"数据库中,收集了2000年1月1日至2018年9月5日的所有与图书馆著作权侵权案件有关的判决书,在法院认定图书馆不构成侵权的裁判理由

---

① 参见陈传夫等:《图书馆发展中的知识产权问题研究》,中国人民大学出版社2015年版,第30页。

中(具体见表4-5),仅有一例以合理使用为抗辩并得到法院认可的,其理由是:图书馆为师生提供教学资源与教育服务,且未向外部公众提供阅读服务。其他案例中图书馆虽以合理使用进行抗辩,但最终未被法院认可。主要原因在于图书馆未能严格遵守合理使用条款的限制条件,如未指明作者姓名,未采用技术措施严格控制作品的传播范围等。相反,以合法使用为抗辩成为图书馆免责的更关键原因。所谓合法使用,是指除合理使用外,图书馆通过合法途径获得出版物,虽出版物侵犯了其他作品的著作权,但图书馆收藏并提供该出版物的外借,是由其职能决定的,只要是非商业性的利用,便符合社会公共利益,不构成著作权侵权。

表4-5 图书馆著作权侵权不成立的具体理由

不成立侵权的原因	案件数/个	所占比例/%
合理使用	1	4
合法使用	11	44
仅提供链接,且及时断开链接	3	12
有合法来源,且尽到了合理注意义务	1	4
已经获得权利人授权	2	8
作为使用者无法控制内容的修改	4	16
原告举证不能	3	12

资料来源:王果、张立彬:《网络时代图书馆著作权侵权案件的案例分析与法理思考》,载《图书情报工作》2019年第8期。

二、图书馆合理使用条款适用遇阻的成因分析

随着互联网的快速发展,以及各种信息技术的出现,图书馆的服务模式受到冲击。为了适应新技术发展,各种信息技术、网络技术被引入图书馆的资源建设与服务过程中。然而法律并未跟随技术、图书馆服务模式的转变而及时转变,导致著作权规定滞后、规则不清晰成为图书馆侵犯知识产权的主要原因(见图4-1)。

11.40%

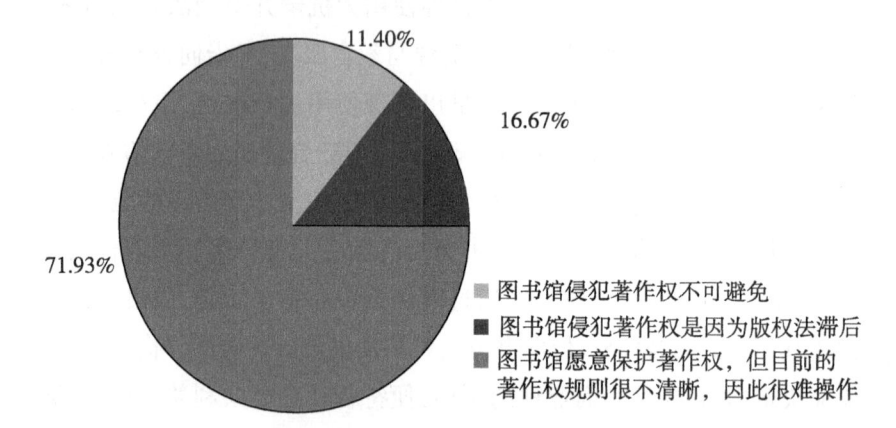

16.67%

71.93%

■ 图书馆侵犯著作权不可避免
■ 图书馆侵犯著作权是因为版权法滞后
■ 图书馆愿意保护著作权,但目前的著作权规则很不清晰,因此很难操作

图 4-1　调查对象对图书馆著作权保护问题不同观点的认知

资料来源:陈传夫等:《图书馆发展中的知识产权问题研究》,中国人民大学出版社 2015 年版,第 78 页。

当前我国图书馆开展的业务和服务,60% 以上与复制相关,75% 与信息网络传播有涉,20% 与技术措施规避牵连。[①] 这三项服务与复制权、信息网络传播权、技术措施保护直接相关,而图书馆的合理使用条款虽给予一定程度的豁免,但远不能满足其开展业务和服务的需要,图书馆合理使用条款遭遇适用困境,究其原因主要有二:一是我国合理使用的规定过于严苛,且缺乏可操作性;二是现行法律并未明确合理使用的法律属性,导致对合理使用的侵蚀行为难以获得有效惩戒。

(一)现行有关图书馆合理使用的规定存在问题

现行有关图书馆合理使用的规定存在的问题,表现在如下方面。

1. 我国合理使用的整体立法采用的是列举式,仅法律明确规定的情形可适用,此种立法模式虽较为明确和严谨,但同时也容易陷入概念僵化的困境,法律适应效力也会降低;[②]虽然司法实践中已突破现行法律的封

---

① 参见黄国彬:《我国图书馆规避著作权侵权风险的对策建议——基于图书馆可适用的著作权例外》,载《图书馆杂志》2012 年第 10 期。

② 参见王根:《中外版权制度中图书馆合理使用条款比较研究》,载《图书情报工作》2010 年第 23 期。

闭式规定,《著作权法》第三次修正也增加了合理使用的兜底条款,但仍仅限于"法律、行政法规的规定",合理使用的开放式立法模式仍未能建立。

2. 未明确界定合理使用的法律性质,《著作权法》将合理使用规定于"权利限制"范畴下,但并未在条文中明确其法律性质,司法实践中也未言明。理论界主要存在"权利限制说"、"侵权阻却说"和"使用者权利说"三种不同观点。将其定性为"权利限制说"或"侵权阻却说",则合理使用仅能作为抗辩事由而存在,即使是定位最高的"使用者权利说",也无法解决"当著作权人妨碍使用者合理使用作品时,使用者既不能要求著作权人排除,也不能请求法院强制排除"这一问题。合理使用的法律属性不确定,导致当著作权许可协议或者技术措施妨碍合理使用的实施时,图书馆往往无能为力。

3. 除《著作权法》第 24 条第 1 款第 8 项外,未对图书馆给予特殊对待,没有区分适用主体的性质,违反了立法初衷。① 其他情形的合理使用虽然图书馆也可援引,但仅限于使用者个人,而图书馆的工作职责除自己作为使用者外,更多的是作为服务提供者为使用者个人提供辅助,图书馆为用户的私人使用提供协助,其是否可以私人使用为由主张免责并不确定。

4.《著作权法》第 24 条第 1 款第 6 项规定了课堂教学和科研使用,该条款并非图书馆的专门规定,且图书馆所允许的行为也仅限于单纯的翻译和少量复制,图书馆承担的远程教育、提供数字资源的在线浏览服务等,仍然不属于合理使用的范畴。

5.《信息网络传播权保护条例》第 7 条仅限于图书馆内部网络,要求其服务对象是本馆馆舍内,排除了图书馆开展远程在线服务和网络馆际互借服务的合法性;②并且该规定对某些概念缺乏明确解释,如何种情形属于"间接获得经济利益",如何界定"存储格式过时",同时其

---

① 参见梅术文:《著作权法上的传播权研究》,法律出版社 2012 年版,第 109 页。
② 参见张慧霞:《〈信息网络传播权保护条例〉有关图书馆的规定解读》,载《电子知识产权》2007 年第 1 期。

适用标准也过高,"在市场上无法购买"比取得权利人许可还困难,①要满足上述条件,合理使用的适用空间实际小之又小。

(二)对合理使用的侵蚀行为未得到有效惩戒

由于合理使用的法律属性不明确,图书馆的合理使用空间被数据商的优势地位进一步压缩。数据商的优势地位体现在两个方面:一方面,数据商在数字资源的掌控上,已形成垄断地位。数据商与书刊出版机构签订授权协议时,往往签订的是独家授权协议,如中国知网的独家授权期刊达到1600多种,为了获得某些特定资源,图书馆完全没有选择余地,只能与这些获得独家授权的数据商订立合同。② 出版集团重组和兼并的规模化经营也强化了数据库的自然垄断性,大约80%的期刊资源被20%的出版社集中掌控。③ 另一方面,与图书馆相比,数据商在技术上明显处于领先地位,加之根据《信息网络传播权保护条例》的规定,图书馆无法从第三方获得避开、破坏技术措施的装置、部件以及相关服务等,技术上的劣势也难以通过外界援助来弥补。

《著作权法》第24条仅有第1款第4项、第5项中设置了作者、著作权人的保留条款,其他情形的合理使用究竟属于强制性规定还是任意性规定,存在不同观点。根据合同法的一般规则,限制和排除合理使用的合同条款虽可归为格式条款,但并不属于合同法规定的无效或可撤销的理由,因此难以利用一般合同无效的条件否定此类条款的效力。当著作权许可协议限制了其他情形的合理使用时,现行法律并不能有效界定合同的契约效力与合理使用的法定效力,也就是二者孰高孰低的问题。即使认定合同的契约效力低于合理使用的法定效力,图书馆虽无须承担著作权侵权责任,仍然可能面临违约的

---

① 参见梁欣:《解读〈信息网络传播权保护条例〉对图书馆的影响》,载《情报资料工作》2007年第6期。

② 参见程焕文、黄梦琪:《在"纸张崇拜"与"数字拥戴"之间——高校图书馆信息资源建设的困境与出路》,载《图书馆论坛》2015年第4期。

③ 参见向林芳:《外文电子期刊数据库捆绑纸本订购模式分析》,载《图书馆学研究》2012年第3期。

指控。

与此相似,当数据商设置的技术措施妨碍合理使用时,图书馆既不能直接移除,也不能请求移除。技术措施的存在,相当于直接赋予了著作权人禁止他人接触作品的权利,而合理使用的存在,又必须以接触为前提;并且作品中包含的属于公有领域的要素,也被技术措施保护起来。著作权人借助技术措施,对权利的控制达到了极致,只要权利人要求,用户便只能"每看必授权""每看必付费"。技术措施"全有或全无"许可的极端性,啄食、侵占着公共利益。①

合理使用作为著作权人与社会公众之间的利益平衡器,在事实上被许可协议、技术措施架空。其侵蚀具体表现在如下方面:(1)对用户接触和浏览作品有了限制,将著作权的效力强化成了纯粹的物权;(2)限制了图书馆及其用户对作品的传统使用;(3)挑战了首次销售原则;(4)可能限制了图书馆将资源用于课堂教学或远程教学的服务;(5)不利于图书馆获得捐赠;(6)使用户对作品的个人使用效率低下;(7)使图书馆失去了对收藏的控制;②(8)将非版权法上的客体甚至是公有领域的材料也纳入了保护范围,《信息网络传播权保护条例》中的第 5 条、第 11 条、第 12 条等,都强调的是技术措施仅能用以保护作品、表演、录音录像制品等,但技术措施并未对此进行区分。

三、图书馆合理使用条款适用困境的破解

据一项针对全国 49 所公益性图书馆中的工作人员及部分图书馆学教育领域人士的调查显示,关于对图书馆解决著作权问题的路径选择,62.39% 的受访者表示应主要依靠政府履行职责,24.77% 表示应主要依靠图书馆主动积极(具体见图 4 - 2)。依靠政府履行职责,主要途径便是进行法律的完善;而依靠图书馆的主动积极,主要则是图书馆应严格遵守法律规定来开展工作。二者相较,重点仍在政府。

---

① 参见秦珂:《图书馆在与数据库出版商博弈中的自我拯救》,载《图书馆论坛》2015 年第 8 期。
② 参见陈传夫等:《图书馆发展中的知识产权问题研究》,中国人民大学出版社 2015 年版,第 418~420 页。

图书馆自身的主动积极,主要体现为两方面。一方面,前已论及图书馆的合理使用抗辩被法院否定的主要理由,也在于未采取技术措施严格控制作品的传播范围,因此图书馆应注意严格在法律规定的条件下实施相关行为。可通过知识产权培训等形式提高图书馆工作人员的知识产权素养。另一方面,图书馆承担著作权侵权责任,亦有可能是因用户的违法行为引起的。所以图书馆也应加强对用户利用作品的有效引导,通过著作权公告等形式提示用户遵守行为规范,告知侵权后果,以纠正其不良行为,消除侵权隐患。以下将重点论述法律完善的具体方向。

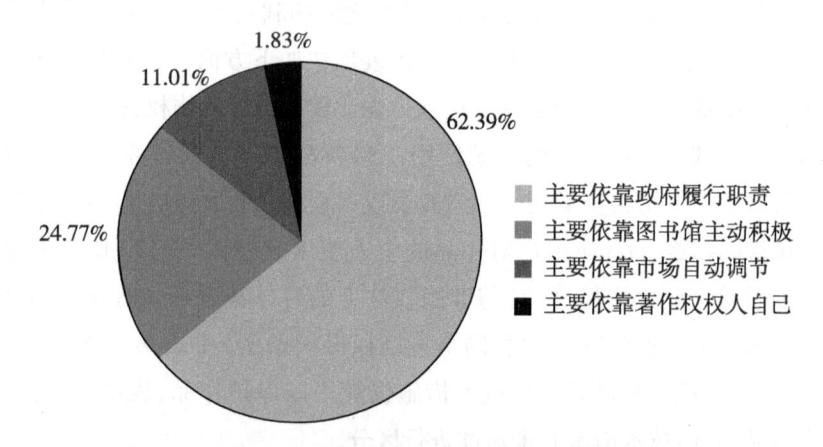

图 4-2 调查对象对图书馆解决著作权问题路径选择的认知

资料来源:陈传夫等:《图书馆发展中的知识产权问题研究》,中国人民大学出版社 2015年版,第 89 页。

　　图书馆合理使用条款的法律完善,既要考虑到图书馆的特殊地位,又不能过分压制著作权人的合法权利,以防不合理地损害著作权人的利益。图 4-3 显示了对政府在解决图书馆版权问题中应遵循的原则的调查结果。对该调查结果应当从两方面来理解:针对图书馆承担的某些特殊职能,可给予图书馆特殊的豁免地位;而针对其他职能,则给予其与科学、教育、文化等领域的同等待遇便可。具体可从如下方面予以完善。

6.96%

39.13%

53.91%

□ 给予图书馆特殊的豁免地位
■ 与科学、教育、文化等领域享受同等待遇
■ 在著作权保护问题上图书馆不应搞特殊

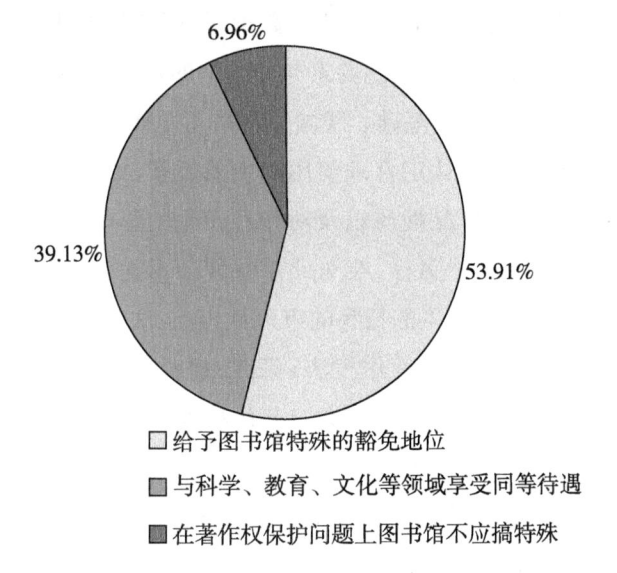

图 4-3　调查对象对政府在解决图书馆著作权问题中应遵循的原则的认知

资料来源：陈传夫等：《图书馆发展中的知识产权问题研究》，中国人民大学出版社 2015 年版，第 93 页。

（一）增加合理使用认定的原则性标准

第三次《著作权法》修正虽然增加了合理使用的兜底条款，但囿于还需"法律、行政法规"的指引，仍然属于半开放式立法模式。如果在立法中仅仅以列举的方式来规定图书馆的合理使用，则法官的自由裁量权将受到极大限制，难以在符合合理使用的制度目的之下通过原则性条款给予图书馆代表的公共利益方更多获取信息知识的权利。[①] 而单纯增加兜底条款的规定，缺乏主要认定因素的列举，又容易造成法官的自由裁量权过大，损害著作权人的利益。对此，可借鉴域外的开放式立法模式，如美国，在认定是否构成合理使用时，采用的是四要素法，考虑使用目的、作品性质、使用比例和对作品的影响，同时指明上述因素仅做一般指导，不排除法官在个案中进行自由裁量；加拿大采用的是六要

---

① 参见周玲玲、杨萌、马晴晴等：《网络时代图书馆相关公共利益的维护研究——以我国〈著作权法〉及第三次修法为例》，载《图书情报工作》2015 年第 23 期。

素法,考虑使用目的、使用性质、使用数量、使用替代方法、作品性质和对作品产生的影响。美国的四要素与加拿大的六要素并未有实质性区别,均是以三步检验法为基础。我国亦可采用同样的立法模式,在增加兜底条款的同时,规定认定合理使用的主要因素,如使用目的和性质、使用的数量和质量、作品性质以及对作品产生的影响。司法实践中已有相关案例采用了这一做法,在对北京谷翔公司在其经营的网站上向网络用户进行片段式提供的行为的审理认定上,法院认为,虽受著作权所控制又不属于 2010 年《著作权法》第 22 条所列事项,但其不影响著作权人对作品的正常利用,且不会对著作权人的利益造成不合理的损害,可认定该行为为合理使用。[①]

(二)明确合理使用的法律规定为强制性规范

合理使用的规定,除《著作权法》明确允许著作权人声明保留的第 24 条第 1 款第 4 项和第 5 项外,其余均属强制性规定。区分任意性规定与强制性规定,除前述法律是否明文规定可以保留的形式要件外,还可通过法律规范调整的利益范围来确定。一般而言,任意性规范通常调整仅涉及当事人之间的利益冲突,而涉及第三人利益、国家利益和社会公共利益的冲突,则通常会借助法律的强制力由强制性规范来调整。[②]虽然对著作权法上公有领域的具体范围存在争议,但基本都认可合理使用构成公有领域的一部分,亦即合理使用承担着调节公共利益与个人利益平衡的制度功能。加之图书馆在人们的日常生活中发挥了公共文化服务的所有社会作用,[③]虽然图书馆是单个主体,在图书馆背后,还存在庞大的用户群体,这些群体所代表的公共利益直接受图书馆享有权利的影响。因此合理使用所调整的,并非著作权人与某一单独

---

① 参见北京市高级人民法院民事判决书,(2013)高民终字第 1221 号。2020 年《著作权法》修正后,合理使用由第 22 条变更为第 24 条。

② 参见朱理:《著作权的边界——信息社会著作权的限制与例外研究》,北京大学出版社 2010 年版,第 66~67 页。

③ 参见柯平等:《公共图书馆的文化功能:在社会公共文化服务体系中的作用》,上海交通大学出版社 2010 年版,第 81 页。

使用者之间的利益关系，而是关系到著作权人与社会公众之间的整体利益。尤其是数据商与图书馆签订的有关合理使用条款时，其影响范围也绝非局限于数据商与图书馆，而是数据商与图书馆背后庞大的用户群体。因此除法律明确允许保留的外，其他合理使用情形的规定均应认定为强制性规定。

（三）对排除合理使用的许可协议和技术措施进行限制

既然有关合理使用的规定为强制性规定，则对排除合理使用的许可协议和技术措施就应当进行限制。

1. 对许可协议的限制。早在2000年，国际图书馆协会联合会就在《许可原则》中指出，许可协议不能代替法律，应将排除法定限制条件或者权利人单方面订立的协议条款视作无效。[①] 当许可协议排除了合理使用时，该条款无效，图书馆违反协议实施的合理使用行为，不仅不需要承担著作权侵权责任，也无须承担违约责任。

2. 对技术措施的限制。《信息网络传播权保护条例》第7条，赋予了图书馆等特殊主体以数字化形式复制作品的合理使用权利，但在接触控制措施和版权保护措施的双重限制下，图书馆的合理使用完全无法实现；即使可以实现，也是通过机械方式耗时耗力地完成，未能体现数字资源便于保存、复制与传播的优势。[②]《信息网络传播权保护条例》赋予了图书馆合理使用，但却未赋予其相应的规避技术措施的豁免权。《信息网络传播权保护条例》第12条仅规定了4项豁免例外，其中与图书馆密切关联的为第1项的课堂教学和科学研究，但该条款同时附加了"该作品、表演、录音录像制品只能通过信息网络获取"这一条件。为保障图书馆的合理使用不因技术措施而受影响，一方面，《著作权法》应首先对技术措施本身进行限制，具体包含：(1)在合理使用的前提下，允许用户浏览有技术措施保护的作品；(2)已进入公有领域的作品

---

① 参见林欧：《美国版权滥用原则的演进与反思》，载《科技与法律》2010年第3期。
② 参见梁志文：《数字著作权论——〈信息网络传播权保护条例〉为中心》，知识产权出版社2007年版，第381页。

不得实行技术措施保护,仍处于保护期的作品在保护期限届满后技术提供商应解除技术保护措施。另一方面,当技术措施的设置妨碍了图书馆的合理使用时,图书馆可直接规避相应技术措施。但仍需进一步考虑的问题是,即使图书馆可以获得规避技术措施的特权,但将该特权的实现寄托于图书馆自身的技术能力上,实际上是令图书馆与数据商之间开展技术的"军备竞赛"。并且可以预料,在这场"军备竞赛"中,图书馆肯定处于弱势。因此除了规定图书馆享有规避技术措施的特权外,还应当为图书馆实现这一特权提供相应保障。在数据商设置的技术措施妨碍图书馆的合理使用时,图书馆可请求数据商提供相应的规避手段,或者直接解除技术措施。当然,图书馆应遵从同样的防止义务,防止服务对象以外的其他人获得作品,进而对著作权人利益造成实质性损害。

(四)其他条款的细化与修改

其他条款的修订,主要体现在图书馆的服务对象和服务内容上。

1. 在服务对象方面,《信息网络传播权保护条例》第7条要求服务对象必须是"本馆馆舍内"。本馆馆舍内,其含义应是指物理意义上的馆舍内,但信息技术的发展,师生教研室、教室、宿舍乃至校外通过远程登录系统(VPN)都可访问图书馆网站,甚至图书馆在数字化发展过程中所致力实现的目标之一,便是要突破物理馆舍的限制。《信息网络传播权保护条例》做出该限制的主要目的,是为防止馆外读者通过信息网络得到本馆收藏的信息。[①] 但限制信息传播的范围完全可借助用户名和密码的访问措施来实现,各高校图书馆基本也是这样做的,其传播仍局限在特定范围之内。因此,可将"本馆馆舍内"调整为"本馆服务对象"。

2. 在服务内容方面,图书馆享有的复制权例外仅限于保存例外,根据中国图书馆学会2010年发布的《数字图书馆资源建设和服务中的知识产权保护政策指南》,在对馆藏文献进行数字化时,对于已过权利保

[①] 参见马卫平、刘净净:《对"本馆馆舍内服务对象"的理解——商榷〈信息网络传播权保护条例〉第七条》,载《图书馆理论与实践》2011年第9期。

护期的作品、处于权利保护期的作品,为了保存版本和课堂教学或考研的需要,遵照有关合理使用的规定即可,但若为了提供服务目的而将其进行数字化转化,则需获得著作权人授权。图书馆因公共文化职能的存在,保存例外仅是其职能中的一部分,保存也仅是其承担公共文化职能的基础与前提。图书馆发挥公共文化职能,很大程度上是通过提供服务来实现的。因此,与保存例外相比,图书馆的很多其他服务内容更需要获得复制权例外。可增加图书馆为他馆提供复制件而适用的复制权例外,图书馆为私人使用提供复制件而适用的复制权例外,以及图书馆为研究或学习制作复制件而适用的复制权例外。① 前述为他馆提供复制件,即指馆际互借与文献传递;为私人使用提供复制件,尽管《著作权法》第 24 条第 1 款第 1 项规定已经规定私人使用属于合理使用,但这一条款的受益人是使用者个人,并非图书馆。图书馆为私人使用提供复印服务,容易引起对图书馆的复制行为构成著作权侵权的误判。② 因此,有必要将二者增加为图书馆享有的复制权例外。图书馆在提供馆际互借与文献传递服务的过程中,只要事先做出了版权声明,且尽到了合理注意义务,即使服务对象利用所得复制件实施了直接侵权行为,图书馆也不承担间接侵权责任。

(五)"孤儿作品"的特殊规定

"孤儿作品"的存在,是限制数字图书馆发展的瓶颈之一。为推进数字图书馆的发展,对"孤儿作品"可予以特殊对待。

在对财产权利的保护上,法律制度可以分为财产规则和责任规则。财产规则授予权利的所有者以禁止权,使权利人可以排除他人对其财产的干涉。只有经过权利人的许可,他人才能够利用权利人的财产。而责任规则并不赋予权利人的所有者以禁止权,权利的所有者只享有

---

① 参见黄国彬:《可适用于我国图书馆的著作权例外立法框架研究》,载《中国图书馆学报》2012 年第 3 期。

② 参见万勇:《〈著作权法〉图书馆例外条款修改建议》,载《中国图书馆学报》2014 年第 2 期。

损害赔偿权。① 当几乎没有合作阻碍时,禁止被告侵犯原告财产的禁令更有效。当存在较多合作阻碍时,损失赔偿更有效。② 合作阻碍更多取决于交易成本的高低。交易成本是交易过程中的成本,一宗交易的进行由三个阶段组成:第一,必须找到交易对象;第二,谈判必须在交易双方进行,一个达成共识的谈判可能包括合作协议的拟定;第三,当合作达成后,执行阶段仍然包括监督、违约惩罚等成本。交易三个阶段中相应的交易成本分别为:(1)搜寻成本;(2)谈判成本;(3)执行成本。③ "孤儿作品"由于权利人难以确定,高昂的搜寻成本决定了"孤儿作品"的利用采用责任规则更为适宜,即图书馆在尽力查找之后,可列出"孤儿作品"的名单公布于网站上,进行著作权声明,便可将"孤儿作品"数字化,并提供非营利性质的服务。权利人确定之后,享有对其作品数字化的损害赔偿请求权。对此需要区分的是,权利人确定之前,法律允许保留其损害赔偿权而非禁止权;但在其确定之后,搜寻成本显著降低,图书馆与权利人之间的谈判成为可能,则权利人对数字化之后的行为享有的是禁止权,即如果双方谈判失败,权利人有权禁止图书馆开展与其作品有关的业务,除非属于合理使用、法定许可的范畴。

四、结论

利益平衡一直是著作权法的制度核心,合理使用在此之中发挥了重要作用。图书馆因地位的特殊性,更是维护公共利益的关键之一。技术的发展会令著作权法原有的平衡机制被破坏,为了防止对图书馆的合理使用豁免沦为一纸空文,有必要在新的技术条件下,不断调整合理使用的规定,以实现新的平衡。从整体规定上,应采用灵活性的开放

---

① 参见姚鹤徽:《数字网络时代著作权保护模式研究》,中国人民大学出版社2018年版,第165页。
② 参见[美]罗伯特·考特、[美]托马斯·尤伦:《法和经济学》,史晋川等译,格致出版社·上海三联书店·上海人民出版社2012年版,第80、91页。
③ 参见[美]罗伯特·考特、[美]托马斯·尤伦:《法和经济学》,史晋川等译,格致出版社·上海三联书店·上海人民出版社2012年版,第80、91页。

立法模式规定合理使用,明确其性质为强制性规定以反制许可协议、技术措施的限制;在具体条款的设置上,应足以保障图书馆免于因以非营利目的提供的各项服务而承担侵权责任。在法律充分保障的前提下,图书馆自身也应加强知识产权管理,提高知识产权意识,在享受豁免特权的同时履行自己的必要义务,以维护著作权人的权利。

第三节　从续写到续写权:论续写的著作权保护[①]

1992年7月,鲁兆明创作的《围城之后》一经沈阳春风文艺出版社出版发行,即遭到钱钟书先生的反对。钱钟书先生认为,鲁兆明未经其同意擅自对《围城》作续,侵犯了他的著作权,请求著作权管理机关给予处理。理论界关于续写的争论也由此展开。续写,简言之,就是在他人已完成或未完成作品的基础上独立思考,创作而成的新作品。[②] 随着网络以及影视业的发展,续写已经不单纯局限于小说,更扩展到影视作品等领域。由此,关于续写是否侵权、侵犯何种权利的探讨,就尤为重要。

一、续写的著作权法解读

在对知识产权法没有整体把握的前提下,在遇到"问题"和"矛盾"时,首先应当通过对现有知识产权法进行充分的整体解释,以解决现有的矛盾和问题。[③] 学者在探讨续写有关问题时,多数从保护作品完整权[④]、合理

---

① 本节内容原载张玲、王果:《从续写到续写权:论续写的著作权保护》,载《东北亚法研究》2014年第1期。
② 参见孙国瑞:《续写作品及有关问题研究》,载《科技与法律》1994年第3期。
③ 参见李扬:《商标法中在先权利的知识产权法解释》,载《法律科学(西北政法学院学报)》2006年第5期。
④ 参见陈洪宗、郭海荣:《论续写作品的特性及其著作权问题》,载《西北工业大学学报(社会科学版)》1999年第2期;孙国瑞:《续写作品及有关问题研究》,载《科技与法律》1994年第3期;严正:《论续写作品对原作品完整权的影响》,载《河南图书馆学刊》2005年第1期。

使用①、独创性②等角度进行论述,其隐含的逻辑前提就是2020年《著作权法》已经对续写的权利性质、权利归属等都作出了明确规定。但实际上这一前提是值得商榷的。

(一)续写与著作权保护条件

著作权法保护的第一道门槛即是独创性,而续作具有独创性是不言而喻的。虽然续作对原作品也有依附性,但这种依附性很弱,甚至原作品只是充当背景性的衬托。无论思想还是内容,续作都是续写者独立思维、独立创新的结果,是以续写者本人的才能、风格为主导,按续写者的逻辑思维向前发展的。③ 续写在实际上构成一部新的具有独创性的作品,不能因为依附性就完全否定续作独创性的存在。

但具有独创性并不必然就受著作权法的保护,具有独创性的作品也有可能被排除在保护范围之外。作品受著作权法保护的前提之一即为该作品不得侵犯其他在先作品的著作权。如果续写者确实从原作品中拿走了享有著作权的因素,则其行为应当被认定为一种侵权行为,而不管他所添加部分的创造性有多大。④ 续写者要想让读者在原作品和续集之间建立联系,就无可避免地需要依赖于原作品。这种依赖主要体现在两个方面:一是原作品中的人物形象;二是原作品中的故事情节。无论人物形象还是故事情节,都属于作品的一种特殊表现形式,通过它来体现作者一定的创作思想,而不仅仅是属于作品的内容。⑤ 故人物形象和故事情节都属于可受著作权法保护的"表达"。至于具体人物

---

① 参见冯晓青、易艳娟:《"飘过留痕"——从两大案例看改写作品与合理使用的关系》,载《电子知识产权》2004年第11期;陈洪宗、郭海荣:《论续写作品的特性及其著作权问题》,载《西北工业大学学报(社会科学版)》1999年第2期;李亮:《论续写作品的著作权保护》,载《河北法学》2005年第2期;权彦敏、徐正大:《从两则版权案例谈续写作品的合理使用》,载《中国出版》2010年第19期。

② 参见陈洪宗、郭海荣:《论续写作品的特性及其著作权问题》,载《西北工业大学学报(社会科学版)》1999年第2期;孙国瑞:《续写作品及有关问题研究》,载《科技与法律》1994年第3期。

③ 参见李亮:《论续写作品的著作权保护》,载《河北法学》2005年第2期。

④ 参见[美]威廉·M.兰德斯、[美]理查德·A.波斯纳:《知识产权法的经济结构》,金海军译,北京大学出版社2005年版,第188、189页。

⑤ 参见邵小平:《作品情节的著作权保护》,载《知识产权》2004年第1期。

形象和故事情节能否受著作权法保护，则还需综合考察。那些处于公有领域中的人物形象和故事情节不受著作权法保护，相同主题里的通用情节、人物、场景等也被排除在保护范围之外，即使续写者大量借用也不构成侵权。有疑问的是那些具有独创性的虚拟人物、虚拟情节是否可单独受著作权法保护。在法律尚未解决有独创性的人物形象和故事情节能否受著作权法保护的情况下，续写并不能完全免除侵权的嫌疑。按照《著作权法》第 27 条的逻辑，甚至可以认为在权利归属不明晰时，所有与作品有关的权利都应当归属于著作权人。如此，续作能否得到《著作权法》的保护，独创性并非问题的关键。

(二) 续写与著作权权利内容

与续写有关的著作权权能，在人身权方面，表现为保护作品完整权；在财产权方面，表现为改编权。

1. 续写与保护作品完整权

保护作品完整权，即保护作品不受歪曲、篡改的权利。具体关涉两个方面的内容，一是作品本身遭受了改动；二是作品本身并没有遭受改动，但对作品进行了其他利用，从而损害了作者的精神利益。①

关于续写是否对作品本身进行了改动的问题，既然有歪曲、篡改的行为，则在此之前必然有歪曲、篡改之对象存在。也就是说，歪曲和篡改的只能是作品的已有内容，保护作品完整权所保护的也必然是作品的已有内容。而续写是现有作品在时间上和(或)空间上进行的延伸和拓展，②是续写者对原作品原有情节未来发展的一种设想。那些针对原作已有内容进行的改变是改写而不是续写，因此，续写并没有对作品本身进行改动，作品的"未来"并不受保护作品完整权的调整。

此外，续写是否损害了作者的精神利益。《著作权法》虽然没有明确指明保护作品完整权的侵权要件之一是作者声誉必须因此受到损

---

① 参见李雨峰、王玫黎：《保护作品完整权的重构——对我国著作权法相关条款的质疑》，载《法学论丛》2003 年第 2 期。

② 参见孙国瑞：《续写作品及有关问题研究》，载《科技与法律》1994 年第 3 期。

害,但司法实践中往往采纳这一标准。① 从语义来看,歪曲是指故意改变(事实或内容);篡改是指用作伪的手段改动或曲解原作品内容。续写之所以为"续",其必然会与原著存在差异。但这种差异并不是对原作的歪曲和篡改,也不会造成原作者声誉的损害。即使续写水平偏低,甚至是狗尾续貂,但续写作品的署名是续写者而非原作者,读者可以将对续作的评价正确归属于续写者,不存在因为续写水平偏低而损坏原作者声誉的情况。② 所以,从这个角度讲,续写也不属于保护作品完整权的调整范围。

有观点指出,续写虽然不是对原作品本身进行改动,但续写者对原作品未来的设想也许并不符合原作者的想法,从而构成对原作品的曲解。这种扩张性解释缺乏正当性基础。现代民法以保障私权为目的,在涉及公民个人权利义务时,进行扩张解释必须从法律目的出发谨慎而为。我国《著作权法》关于保护作品完整权的规定源于《伯尔尼公约》第6条的规定,那么以《伯尔尼公约》为基础的《著作权法》第10条有关保护作品完整权的规定便是特指作品本身遭受改动这一情形而言。③ 如果允许这种扩张解释,后果就是我国《著作权法》上的有关规定虽然和《伯尔尼公约》以及其他国家的相关规定行文上相同,但在内涵上却不一致。④ 因此,此种扩张解释不能得到支持。

2. 续写与改编权

由于《著作权法》并没有对续写行为作出明文规定,对续写也主要基于学者的讨论。故对续写并不能在其自身或者接近其本身的本质中加以认识,而只能在与另一类更为典型的法律关系的关联中

---

① 参见骆电:《侵犯著作权人修改权与保护作品完整权的司法判断》,载《法律适用》2011年第12期。还可参见广东省广州市中级人民法院民事判决书,(2011)穗中法民三终字第350号。

② 如果续写者使公众误以为该续作就是原作者所为,那么续写者的行为应当受到的是《反不正当竞争法》的规制,而非《著作权法》。

③ 参见李雨峰:《精神权利研究——以署名权和保护作品完整权为主轴》,载《现代法学》2003年第2期。

④ 参见李雨峰、王玫黎:《保护作品完整权的重构——对我国著作权法相关条款的质疑》,载《法学论丛》2003年第2期。

来认识,通过与其他事物进行比较而完成法律适用。① 只有当两种法律关系确实具有高度类似性且符合立法目的时,类推适用才有充分性。

改编权是指在原作品的基础上,通过改变作品的表现形式,创作出具有独创性的新作品的权利。② 从此可以看出改编具有三个特征:一是以原作品为基础,且也是对原作品既有内容的改变,并不涉及原作品内容的"未来",即使有也仅是少量而并不构成作品的核心部分;二是改变了作品的表现形式,如从电脑游戏改编为电视剧,③从小说改编为电影,④将电视剧改编为舞台剧;⑤三是改编必须具有独创性,在广州市幻想曲电子有限公司与广东原创动力文化传播有限公司侵害作品信息网络传播权纠纷上诉案中,法院认为被告使用的 8 个动漫形象没有脱离原告公司权利作品的独创性范畴,只是在细节上作了一些修改,并不属于具有独创性的新作品,故并不侵犯原告主张的改编权。⑥

续写与改编相比,同样也以原作品为基础,但续写较之改编则对原作品的依附程度较轻。改编一般不会改变原作的核心部分,而是在整体上与原作保持一致。而续写,借用的往往只是原作的主要角色或线索等部分内容,整体内容与原作差异明显。⑦ 此外,续写不会改变原作的表现形式,而改编形成的体裁往往与原作不同。关于独创性的要求,则续写与改编是一致的。所以,综合来看,续写并不属于现有规定的范围内改编。

但基于续写与改编之间的共性,续写可否类推适用改编的相关规

---

① 参见王利明:《法学方法论》,中国人民大学出版社 2012 年版,第 508 页。
② 参见广东省广州市中级人民法院民事判决书,(2013)穗中法知民终字第 698 号。
③ 参见上海市徐汇区人民法院民事判决书,(2012)徐民三(知)初字第 343 号。
④ 参见上海市杨浦区人民法院民事判决书,(2013)杨民三(知)初字第 28 号。
⑤ 参见北京市东城区人民法院民事判决书,(2013)东民初字第 00538 号。
⑥ 参见广东省广州市中级人民法院民事判决书,(2013)穗中法知民终字第 698 号。
⑦ 关于是属于续写还是演绎作品的判定,可借鉴 2009 年美国联邦地区法院关于《六十年后——走过麦田》的判决。详细论述参见权彦敏、徐正大:《从两则版权案例谈续写作品的合理使用》,载《中国出版》2010 年第 19 期。

定,答案应当是否定的。首先,在类推适用时,原则上就要求法官不能通过类推解释对他人附加强制性义务或者权利限制,否则就违背了人们对既有法律所确立行为规则的稳定预期。① 著作权相关法律法规既然没有将续写纳入著作权权利内容中,那么他人就有理由相信续写行为并不侵犯原作品著作权人的著作权。其次,续写和改编在实质要素方面不具有高度相似性。决定能否类推适用的关键性因素在于两个法律关系在核心比较点上是否具有高度相似性。② 对原作的依附程度并不构成二者之间的核心比较点,依附程度仅仅体现量的差别而非质的区分。续写与改编之间最显著也是最根本的差别应当是独创性的体现形式。改编的独创性通过改变作品的表现形式来体现,这种改变基于作品的已有内容;而续写的独创性则体现在对作品进行的"时间和(或)空间上的延伸"。正是这种"现存"和"未来"的根本差异,限制了改编有关法律规则在此处的类推适用。

(三)续写与著作权权利限制

有学者主张续写构成对原作的合理使用,③这其实是对合理使用制度的一种误解。从《著作权法》列举的12种情形来看,很难直接找到认可续写属于合理使用的依据。对合理使用修正案增加了兜底条款的设置,但从总体上来看,合理使用仍仅限于为个人使用或为公益事业等目的少量使用他人作品。虽然续写在一定程度上也有利于公共利益的实现,但这种效果是客观的。续写大多带有严重的商业目的,即使在网络环境下不直接营利而只是赚取点击率,也成为营利的间接促进手段,而且依据现行法律在认定合理使用时这种商业性目的并不能被排除。这一点美国法的标准对国内司法实践的借鉴意义并不大,因为两个国家

---

① See John F. Manning, *What Divides Textualists from Purposivists*, 106 Colum. L. Rev. 70, 2006. 转引自王利明:《法学方法论》,中国人民大学出版社2012年版,第510页。

② 参见王利明:《法学方法论》,中国人民大学出版社2012年版,第505~506页。

③ 著作权权利限制,实际上还包含法定许可。但根据我国相关规定,续写显然不属于法定许可的范畴,故在此不予讨论。

所采取的立法模式完全不一样,排除营利性的考察在我国缺乏相应的制度环境。首先,从立法来看,美国《版权法》第107条虽然也对合理使用进行了具体列举,但其同样确定了在认定合理使用时应当考虑的四个因素,这种灵活性的规定"在某些情况下,即当认定侵权会使法律意欲促进的创造力窒息时,允许并且要求法院避免对于版权法的严格适用"①,允许法官基于个案认定,通过判例不断发展合理使用的适用范围。其次,美国判例已经认可商业性目的对是否构成合理使用并没有实质影响,法庭认为几乎所有在第107条序言部分提到的解说性质的使用,包括新闻报道、评论、批评、教学、研究和调查……在这个国家都是以营利为目的的,并且除了傻瓜,没有一个人写东西不是为了钱。②而我国对于合理使用的判定标准并不明确,实践中基本依据法律明文规定的情形来判定,法官享有的自由裁量权非常小,即使可以自由裁量,也需要遵循合理使用的共性即非营利性。所以,续写的商业性目的使得其丧失了援引合理使用的基础。

国内学者认为续写构成合理使用的另一个误区在于:合理使用成立的前提是该行为确实侵犯了著作权人的权利。如果续写并不侵犯原作品著作权人的著作权,也就完全落在合理使用保护范围以外。国外在某些情形下将续写视为合理使用,是将续写作品认定为演绎作品,与续写相对应的著作权权利内容是演绎权。根据美国《版权法》第101条的定义,演绎作品是指根据一部或一部以上的已有作品创作完成的作品,包括译文、乐曲整理、改编成的戏剧、改变成的小说、改编成的电影、录音作品、艺术复制品、节本以及缩写本,或者依此改写、改变或改编作品的任何其他形式。由编辑修订、注释、详解或其他修改作为整体构成独创作品的,也视为演绎作品。因此演绎权就包含所有对版权作品的改编形式,包括但不限于续写、衍生、戏剧化和翻译。③ 在美国最为典型

---

① Campbell v. Acuff-Rose Music, Inc., 577, 114 S. Ct. 1164.
② 参见王迁编校:《国外版权案例翻译》,法律出版社2013年版,第324页。
③ See Jane C. Ginsburg, *Putting Cars on the "Information Superhighway": Authors, Exploiters, and Copyright in Cyberspace*, 95 Colum. L. Rev. 1466.

的关于《飘》续写的案件中,对续写行为的定性为"未授权的续集"①。由此可看出,在美国正常情况下续写需要得到著作权人的授权。澳大利亚也同样属于这种情形,电影投资者通常要求制片人向其分配"附属权利",附属权利包括制作或授权制作续集、前传、分拆和重塑。② 也就是说,制片人的著作权包含制作续集的权利。但在我国,演绎行为仅规定了改编、翻译、汇编和整理四种,并不包含续写。所以续写并不能说侵犯了原作品著作权人的权利,其援引合理使用缺乏前提条件。

也有学者认为我国《著作权法》缺乏本土法律文化的支撑,在舶来过程中也并未重视对相关判定标准的消化吸收,这导致我国的合理使用制度同时缺乏传统与判例的支撑,既无法实现以罗列的方式避免实践中的分歧,也无法有效解决新技术带来的新问题。③ 所以,在确定合理使用的适用范围时,不应局限于现有法律的明文规定,因此,续写者可以援引"个人学习、研究或者欣赏"来主张合理使用。诚然,何谓"研究与欣赏",在实践中并没有统一的解释标准,如此扩张解释似乎也未尝不可,但这种扩张也是违背其立法初衷的。合理使用制度的目的在于确保公众对社会信息的知悉权,④确保公众能够接近受著作权保护的作品,即从作品中获得思想、素材、知识和信息。⑤ 也就是说,合理使用仅保护到接近的层次,如果在接近之后有更进一步的利用行为,则并不必然导致合理使用的适用。并且该制度本身就是对著作权人权利的限制,是侵权行为中的一种例外豁免,而不是反过来"侵权成为例外,豁免成为常态"。所以,在解释合理使用的范围时,应当从严而不是从宽。

---

① John M. Olin, "Recoding" and the Derivative Works Entitlement: Addressing the First Amendment Challenge, 119 Harv. L. Rev. 1488. And see also Jed Rubenfel, *The Freedom of Imagination*: Copyrights Constitutionality, 112 Yale L. J. 1.

② See Therese Catanariti, *The Plot Thickens*: Formats, Sequels and Spin-offs After Goggomobil, Ent. L. R. 2004, 15(3), p. 85 – 93.

③ 参见熊琦:《论著作权合理使用制度的适用范围》,载《法学家》2011 年第 1 期。

④ See William F·Patry, *Fair Use Privilege in Copyright Law*, p. 4、86、365、378. 转引自吴汉东:《合理使用制度的法律价值分析》,载《法律科学》1996 年第 3 期。

⑤ 参见冯晓青:《著作权合理使用制度之正当性研究》,载《现代法学》2009 年第 4 期。

如此一来,续写也不受合理使用制度的调整。

二、续写权利化的利益归属

我国《著作权法》从立法之初至今,对续写的规制持续空白,著作权立法也因此被认为不能跟上社会发展的节奏,无法对新问题做出及时回应。① 随着纠纷的不断发生,续写成为著作权法无法回避的问题。在确定权利归谁所有之前,需要首先明确是否有权利存在,该权利是否可以法定化。关于续写能否受著作权法保护,以及如何受著作权法保护,首先需要将续写从利益追求上升为权利主张。

(一)续写利益权利化的必然性

1. 续写利益权利化的必要条件

权利,无论以何种形式出现,其特征都是一致的。首先,会有权利主体的存在。人之利益追求经常是法律(权利)制度产生的促因,②没有这些权利主体,就不会有相应的利益主张或要求,也就没有权利的产生。其次,有权利相对者的存在。正是因为有了权利相对者的存在,才有了权利的边界。权利也只有在可以向相对人主张时才有存在的意义。最后,该种利益具有稀缺性。当任何东西多到足以满足人类一切欲望时,财产的区别就完全消失,而一切东西都成为共有了。③ 如此,人们一是不会对没有稀缺性的利益主张权利,二是不会为了没有稀缺性的利益进行争夺。所以,权利化的利益都具有稀缺性,只是稀缺程度不一。

当然并非具备这些特征的利益都可以权利化,成为法定权利。什

---

① See Bruce P. Keller, *Condemned to Repeat the Past: The Reemergence of Misappropriation and Other Common law Theories of Protection for Intellectual Property*, 11 Harv. J. Law & Tec 401, 427 (1998). 转引自崔国斌:《知识产权法官造法批判》,载《中国法学》2006 年第 1 期。

② 参见彭诚信:《从利益到权利——以正义为中介与内核》,载《法制与社会发展》2004 年第 5 期。

③ 参见[英]休谟:《人性论》(下),关文运译,商务印书馆 1980 年版,第 535 页。转引自郑智航、王刚义:《宽容意识与权利话语的逻辑转向》,载《法制与社会发展》2009 年第 3 期。

么是民事权利,什么不是民事权利,应当以民事法律的规定为准。① 利益追求要上升为法律权利,实现权利化,还需要经过合法化的过程。利益权利化,首先,必须是既有法律体系不足以保护此种利益。如若现有法律体系已经足以为此提供充足的保护,则完全没有创设这种法律权利的必要。其次,该利益还需要得到所在群体的肯定性评价。一种独立的利益是否能成为一种独立的权利,不仅取决于法律的规定,更根本地取决于社会经济生活条件和人们的社会观念。② 当社会观念变化以后,人们的权利意识也会相应发生变化,原来不曾重视的利益,在现今的生活环境下,却日益凸显其重要性。将此种利益确认为一种独立权利就成为法律发展的一个必然规律。③ 最后,利益权利化之后,能与既有的权利体系相协调。一种特定的法益被确认为法定的权利后,只有与整个权利体系相协调,才可能发挥其应有的作用。④

2. 续写利益权利化的可行性

在所有的社会中,存在很多权力和权利,它们不能被全部列举。⑤ 但这并不意味着这些权利就不能称其为权利。续写利益可以权利化,首先在于续写符合权利特征。既然现实中有续写纠纷的出现,则说明有利益群体对续写主张权利,权利相对方也就必然存在。原作著作权人和续写者都主张自己享有续写权,并非权利主体不存在,而只是权利主体不明晰。当续写权利化之后,权利主体和相对方也就都能确定。续写的利益载体,即表现为续写对象——原作。从严格意义上来讲,原作不仅是稀缺的,而且是独一无二的。正是这种极度的稀缺,导致了原

---

① 参见梁慧星:《最高法院关于侵犯受教育权案的法释〔2001〕25 号批复评析》,载北京仲裁委员会官网,https://www.bjac.org.cn/news/view?id=1325,2013 年 12 月 17 日访问。

② 参见李友根:《论经济法权利的生成——以知情权为例》,载《法制与社会发展》2008 年第 6 期。

③ 参见李友根:《人力资本出资问题研究》,中国人民大学出版社 2004 年版,第 188 页。

④ 参见李友根:《论经济法权利的生成——以知情权为例》,载《法制与社会发展》2008 年第 6 期。

⑤ See Eugene W. Hickok, ed., *The Bill of Rights: Original Meaning and Current Understanding*, the University Press of Virginia, 1991. p. 423. 转引自屠振宇:《未列举基本权利的认定方法》,载《法学》2007 年第 9 期。

著作权人与续写者之间产生利益争夺。

续写利益也具备权利化要件。前文已述,续写利益在《著作权法》的框架下,并不能得到有效调整。此外,对于续写权利化,原著作权人和续写者都持肯定态度,二者之间的冲突只是在于将续写利益划归为谁。同时,续写权利化能与既有的权利体系相协调。若将续写利益划归为原著作权人,则《著作权法》第10条的兜底条款为其预留了法律空间;将其划归为续写者,则对著作权的限制也能成为其法理依据。

续写权利化后的一个必然结果就是续写权利会有明确归属,而不是处于目前这种似是而非的境地。在所有人不清楚边界是什么或者没有意识到其边界被扩张的广度时,对知识产权的激励也打了折扣;就著作权使用者来说,在其他人不能够确信某种使用是否受到著作权保护或者它们是否进入了公有领域时,潜在使用者的使用行为就会因为担心被认定为著作权侵权而受到阻碍。① 而在续写权利化之后,无论原著作权人还是续写者,都可以依据权利化的结果,对自己的行为作出准确预期和评判,从而消除不确定性带来的负面影响。

(二)续写权利化归属冲突的实质

在交易费用不为零的现实生活中,不同的权利配置必然导致不同的资源配置,产权制度的设置也就成为优化资源配置的基础。续写权利化之后,随之而来的问题就是权利归属所有。续写能否受《著作权法》保护,以及如何受《著作权法》保护,其实质是著作权保护范围宽与窄之间的博弈。著作权法所保护的客体都具有公共物品属性,某利益一旦被认定为著作权人的权利,必将对公共利益和社会福利产生重大影响。著作权是一个历史的概念,时至今日,无论著作权的保护范围还是针对著作权的限制,与著作权诞生之初相比都有了显著发展。为了防止个人利益过度侵害公共领域,随着著作权保护范围的扩张,对著作权的限制也越来越多。这也反映出著作权法在数百年的发展中,平衡

---

① 参见冯晓青:《著作权扩张及其缘由透视》,载《政法论坛》2006年第6期。

作品的创作者和作品使用者的权利始终是其主旋律。[1]

主张著作权扩张者认为著作权权利内容应当扩展至续写权,原作品中人物命运如何、情节如何发展,回答这些问题的权利,应当属于原著作权人而非续写者。[2] 版权人的独占权利,应当包含对作者作品利用的现存或将来有可能带来的全部经济价值,版权财产授权应当扩展至那些演绎作品,即使演绎权对作者和出版者弥补与原作品有关的固定成本而言完全没有必要。[3] 对侵犯著作权人的经济收益(潜在市场)的认定,应当从广义上来认定,即续写行为可能侵犯了原作作者的潜在市场利益,包括其自行开发利用作品或授权他人开发相关衍生作品的市场空间。即使著作权人的创作不需要著作权法的激励,那些出版者和发行人也需要保护措施来激励他们从事作品传播工作。[4]

反对者则认为续写是续写者对原作品发挥想象,行使言论自由权的行为,不应受到著作权法的控制。版权法的主要目的不是回报作者的劳动,而是促进科技和艺术进步。版权法(其他知识产权法也是如此)创造的垄断是无效率的、过度保护的,而且对鼓励创作有反作用。[5] 著作权一直以来就比专利的保护范围狭窄得多,部分反映出我们在表达多样性上的利益主张,要优先于任何可能给予个人对一部现存作品所有转换性使用进行广泛控制带来的效率优势。[6] 只有在能够证明权利扩张是激发新作品创作所必需的情况下,才能将著作权范围进行扩大。[7]

(三)续写权归属原著作权人的正当性

《著作权法》第 10 条第 1 款第 17 项规定著作权的内容还包括"应

---

[1] 参见冯晓青:《著作权法中的公共领域理论》,载《湘潭大学学报(哲学社会科学版)》2006 年第 1 期。

[2] See Sun Trust Bank v. Houghton Mifflin Co. ,136 F. Supp. 2d 1357,1384(N. D. Ga).

[3] See Neil Weinstock Netanel, *Copyright and a Democratic Civil Society*,106 Yale L. J. 283.

[4] See American Geophysical Union v. Texaco Inc. ,37 F. 3d 881,895 (2d Cir. 1994).

[5] See Jed Rubenfeld, *The Freedom of Imagination:Copyrights constitutionality*,112 Yale L. J. 1.

[6] See Neil Weinstock Netanel, *Copyright and a Democratic Civil Society*,p. 15,106 Yale L. J. 283.

[7] 参见 [美]保罗·戈尔斯坦:《国际版权——原则、法律与惯例》,王文娟译,中国劳动社会保障出版社 2003 年版,第 3 页。

当由著作权人享有的其他权利"。何为应当,笔者认为始终服从于著作权法之立法目的。各国著作权法的立法目的基本都表现为两个层次:一是保护与著作权有关的权益不受侵犯,这属于著作权法的直接目的;二是促进科学和文化事业的发展与繁荣,这是著作权法要实现的终极目标。这两个层次是一个矛盾的统一体:一方面要实现终极目标,就必须为著作权有关权益提供充足的保护,才能充分激发著作权人的创作热情;另一方面,如果著作权保护过于严格,又势必会阻碍再创作的产生。如何衡量,就取决于立法者的价值取向。如果某种权利扩张既能保护著作权人,而又不至于过分侵占公共领域的地盘,那么该权利就属于"应当由著作权人享有的其他权利"。

从短期来看,将续写权配置给著作权人,确实限制了他人的创作自由。因为他人若想续写某部作品,必须首先经得著作权人同意,为此续写者需要付出搜寻成本和缔约成本,并向著作权人支付合理报酬。而对著作权人来说,其收益就来自续写者的报酬,创作成本则属于沉没成本,[①]与续写并没有直接关联。对社会公众而言,如果著作权人不同意续写,则公众将失去获得续写作品的机会,这在一定程度上妨碍了文学、艺术和科学领域"百花齐放"的实现。而若将续写权划归续写者,则续写者不用付出搜寻成本和缔约成本,还可同样获得续写带来的经济收益。社会公众也可以因此享受续写带来的正外部性——文学、艺术、科学领域的繁荣。如此看来,似乎将续写权配置给社会公众更有利于增进社会福利。但这种有利是表面上的,不能长久。著作权人如果失去了对续写的控制,其创作热情将会降低;即使依然热衷于创作,为了避免后续众多的"搭便车"行为,也会选择不将作品发表。如此久而久之,续写将成为无源之水、无本之木。所以,为了保障作品的长期有效供给,应当扩张著作权权能,将续写权配置给著作权人。

[①] 沉没成本是指由于过去的决策已经发生了的,而不能由现在或将来的任何决策改变的成本。由于原作已经创作完成,各项成本都已经实际付出,所以,在续写的时候借鉴的原作部分,其成本已经产生,而不受后续续写的影响。

前述扩张与限制的争论,其症结在于认为著作权人个人利益与公共领域完全不相容。但从动态的角度来看,著作权保护的个人利益与公共领域并不总是严格的此消彼长关系,个人利益与公有领域在长期会发生转化。因为著作权的保护并不具有永久性,在作品保护期限届满之后,所有作品即进入公共领域,未来的公共领域恰恰是通过扩大著作权保护而得到繁荣。① 著作权的保护也不是绝对的,即使认定续写权为著作权人的权利,也要受到其他制度的制约,如合理使用、法定许可,在扩大权能的同时,可以通过选择不同的保护模式更好地平衡个人利益与公共利益。如此就可避免因为扩大著作权保护而过分侵害公共利益。

三、续写权利化的具体路径

续写权虽然归属著作权人,但基于续作极强的独立性以至于可以说独创性才是续作最本质的特征,所以对续写权的保护,应当从轻从宽。

（一）续写权的权利性质界定

续写权作为著作权人的法定权利,究属何种性质直接决定了其受保护的力度,也决定了其行使形式。除发表权外,其他著作人身权的保护期限不受限制,且不得转让,也不受合理使用和法定许可的限制;而著作财产权,不仅有保护期限的限制,也可以自由转让,在遭遇侵权时还可能存在合理使用和法定许可的抗辩。因此,需要对续写权的权利性质作出明确界定。

对续写权的性质界定,不仅取决于权利的本质内涵,也取决于利益衡量的政策倾向。综合来看,将其界定为著作财产权更为适宜。首先,从权利本质来看,人身权体现的是对作者人格的尊重,其保护的自然也是作者的人格利益。人格在法律上主要有两种含义:一是作为民事主

---

① 参见[美]威廉·M.兰德斯、[美]理查德·A.波斯纳:《知识产权法的经济结构》,金海军译,北京大学出版社 2005 年版,第 89 页。

体享有权利和承受义务的资格;二是指应受法律保护的精神利益,即是人格权所保护的对象。① 著作权法上的人格利益应当主要指第二种含义,而且著作权法中的人身权范围相较于普通人格权,前者保护范围更窄,仅保护针对特定作品的作者本人与其作品之间的联系,如作者的名誉和荣誉等。如果不涉及这些精神利益,则没有必要纳入著作人身权的保护范围。续写会力求尊重原作,保持与原作的一致性和协调性,这一本质特点就决定了其不会造成作者人格利益的损害。那些严重偏离如以戏谑、夸张的方式进行的再创作,是滑稽模仿而非续写。续写更多的是影响作者的财产性权利,实践当中发生续写纠纷时,著作权人大多也只是主张财产性权利,而未涉及精神权利。②

其次,从利益平衡角度来看,所有智力创造活动在某种程度上都是派生的,并不存在所谓完全原创的思想或发明,每一步前进都依赖前人搭建的积木,③更何况独创性才是续作的本质特点。但若要实现著作权法直接目的和终极目标之间的平衡,就必须控制著作权人的垄断程度,为他人的后续创作留有空间。将其界定为人身权,则续写权将受到永久绝对的保护,个人利益无论多长时间都不会转化为公有领域的一部分。这样对著作权人的保护未免太过严格。相较改编等演绎作品,是对原作品更直接更全面的利用,更容易破坏原作品的固有风格和完整性,但著作权法仍将其定性为一种著作财产权。举重以明轻,④续写权也应当定性为财产权。

(二)事先无须许可的必要性

为了保护著作权人的合法权益,通常情形下对作品进行利用都需

---

① 参见吴汉东:《试论人格利益和无形财产利益的权利构造——以法人人格权为研究对象》,载《法商研究》2012年第1期。
② 如2003年中视传媒诉深圳市大宅门影视文化传播有限公司等6家公司《大宅门》续集侵权案;2013年12月,韦恩斯坦兄弟与米拉麦克斯公司起诉华纳兄弟和新线公司,也仅要求这两家公司为《霍比特人》电影续集版权支付7500万美元的赔偿金。
③ See Pierre N. Leval, *Towards a Fair Use Standard*, 103 Harv. L. Rev. at 1109.
④ 参见姜朋:《浅谈续写行为的性质——兼谈著作权法的完善》,载《研究生法学》2000年第1期。

要事先经过著作权人的同意。这种事先许可的保护模式,存在的前提是"事先许可是可行的而且是经济的"。相比纸质媒介时代,在网络环境下这一前提越来越难以成立。随着时代的发展,我们所面对的作品越来越丰富,站在海量的文献、海量的信息后面的是海量的作者,如要取得这海量的作者、海量的著作权人事前的"海量授权"和"海量许可"绝非易事,甚至是不可操作的,①传播效率的提高也使著作财产权面临更严厉的指责。② 在交易成本过高甚至有可能导致市场失灵时,应当允许用责任规则来代替财产规则。无须事先许可这种自动授权模式,不仅减少了交易的信息成本,而且减少了谈判成本,使双方当事人合作成功交易的可能性大为增加,③最终也有利于著作权人财产利益的最大化。

此外,是否需要事先许可也应当与侵权可能性的大小相关:创作的作品侵权可能性越大,则其越需要事先得到许可;侵权可能性越小,则其可能越不需要事先许可。而侵权可能性大小又与作品的独立性(对在先作品的依附性)有关,这涉及著作权的保护范围问题。在确定著作权的保护范围时,受其他作品著作权保护的存量要素不能被纳入该作品著作权保护的范围;在作者创造的增量要素中,也需要通过一定的标准将增量要素中的公共知识部分区分出来。④ 对于侵权的判定而言,主要考虑其他作品受著作权保护的存量要素,对其他受著作权保护的存量要素依附性越强,则其侵权的可能性就越大,事先许可也越必要。续写作品的独立性介于原创作品和演绎作品之间,甚至更倾向于原创作品。创作原创作品在通常情形下面临的侵权风险很小甚至没有,故在创作原创作品时不需要经人许可;而演绎作品对原创作品的依赖程度很高,需要事先经原作品著作权人的同意。故处于这两种形式之间的

---

① 参见陶鑫良:《网上作品传播的"法定许可"适用探讨》,载《知识产权》2000年第4期。
② 参见高富平:《寻求数字时代的版权法生存法则》,载《知识产权》2011年第2期。
③ 参见于定明、杨静:《论著作权法定许可使用制度的保障措施》,载《云南大学学报(法学版)》2007年第5期。
④ 参见王坤:《论著作权保护的范围》,载《知识产权》2013年第8期。

续写作品,由于与原创作品更为接近,其保护模式应当与原创作品趋于一致,即不需要事先许可。

综上所述,从续写的特点来看,前文已述续写并不侵犯著作权人的精神利益,而且由于续写作品对原作品的弱借鉴性,续写作品与原作品之间不存在替代关系。读者不会因为接触过续写作品就完全了解原作品的内容从而放弃购买原作品,续写作品的产生也就不会侵害原著作权人的市场利益,甚至还可能激发读者阅读原作品的兴趣因此带动原作品销量的上升。续写也不具有垄断性,同一部作品可以有多个续写作品,甚至续作还可以被续写。从这个角度来讲,续写也可以无须事先许可。

(三)事后给付报酬的合理性

虽然续写具有很强的独立性,但其在内容上依然离不开对原作品的依赖。续写作品对原作品的依赖,与其他演绎作品相比,只是程度上的不同,并不是有无的差别。所有被知识产权所保护的项目都有共同的一个事实,即被保护者为获得他所受保护的成果而投入了大量的智力劳动。[1] 续写作品确实利用了原作品著作权人投入的智力劳动,这一点毋庸置疑。而续写一般又发生于市场影响力较大且声誉较高的作品上,故续写作品一问世,就可能吸引比其他同类作品更广泛的注意力,续写作品无形之中就享受到了原作品高知名度的正外部性。攫取他人通过智力劳动和市场投资而获得的成果,如果不支付合理报酬,似有"不劳而获"之嫌疑。即便站在道德的立场,支付劳动报酬也无可厚非。

此外,续写一般带有严重的商业性目的,续写作品有时甚至可以为续写者带来巨大的经济利益,如《飘》的续集《飘然而逝》在被允许出版之后连续6周进入了纽约时报的畅销书目。如果续写者不需要向原作品著作权人支付报酬,则将呈现这样一种不对等的局面:一方面是续写者没有因为利用他人的智力成果支付任何报酬,另一方面却是续写者

---

[1] 参见唐毅:《著作权扩张的自然法思考》,载《理论界》2012年第11期。

因为利用他人的智力成果而获得了巨额财富。这与我们最朴素的公平正义观念就相违背。保障原作品著作权人获得报酬的权利,也是保障著作权人财产权利的必然选择,否则著作权人享有续写权将毫无意义。续写的对象是已发表的作品,在不损害作者精神利益的前提下,作者(以及著作权人)都不会反对对作品进行其他有益形式的利用。通过他人的续写作品,著作权人的财产利益也能进一步扩大,从而保障著作权人的创作热情不受影响。

四、结论

长期以来,《著作权法》关于续写权规制的缺位,导致目前我国并没有出现实质意义上关于续写的判决。已有的纠纷,有的通过行政途径解决,如前述《围城之后》案;① 有的通过调解结案,如《大宅门》续集案;② 有的甚至通过《反不正当竞争法》解决,如《星辰变后传》案。③ 这些看似成为续写对《著作权法》规制可有可无的例证,但实际上却增加了法律适用的不确定性,使著作权法领域内原本就十分严重的法官造法现象更加突出。《著作权法》需要明确续写应有的法律地位。及时回应现实生活中的新问题,也是法律保持生命力的重要途径之一。立法上的调整,应当是打破已有平衡而实现新的平衡的过程。续写的入法,依然需要在私益和公益之间保持平衡:在尊重著作权人的前提下,保留著作权人的报酬权,而否定其许可权,无疑是最有效的方式。

---

① 《围城之后》被著作权行政管理机关认定为侵权,该书也无再版。
② 在法院调解下,6被告共同向中视传媒支付人民币50万元,中视传媒则同意对《大宅门》续集不再主张任何权利。
③ 法院认为该后传无论作者署名、作品名称还是作品内容,都会令读者产生误解。具体判决参见上海市高级人民法院民事判决书,(2009)沪高民三(知)终字第135号。

第五章

著作权保护：多元视角的综合考察与具体制度的微观调试

著作权保护始终存在这样一个悖论：对著作权保护不足，原创的诱因就会减少，从而阻碍文化发展；反之，对著作权太过保护，又会阻碍信息交流，从而抑制文化的鲜活度。① 作品天然的公共物品属性，要求我们在看待著作权时，应当不仅仅局限于法律，而是可以着眼于行业、产业甚至整个社会。在开放精神的制约、共存之下，版权将与技术、市场、伦理等其他元素相互配合、各司其职，很好地促进知识传播，增进公共利益。② 视野的拓宽，也为我们重新审视著作权保护问题的来源、寻求解决著作权保护问题的方案提供了更多可能。但这并不意味着著作权制度本身不需要变革，为了更好地适应时代和技术的发展，著作权制度仍然需要在法律视野中进行修正和调整。

---

① 参见季卫东：《网络化社会的戏仿与公平竞争——关于著作权制度设计的比较分析》，载《中国法学》2006 年第 3 期。
② 参见易建雄：《技术发展与版权扩张》，法律出版社 2009 年版，第 222 页。

第一节　公益图书馆应对商业性学术数据库的博弈策略[①]

一、研究背景与国内研究现状

（一）公益图书馆与商业性学术数据库之间的持久矛盾

数字资源引进是图书馆在数字时代立足与发展的重要倚仗,但随着数字资源的集中化以及著作权交易模式的复杂化,公益图书馆(主要指国家科研机构的图书馆,以及部分不以营利为目的的公共图书馆)与商业性学术数据商之间原本就十分脆弱的关系愈加紧张。公益图书馆一边不断控诉数据商的"霸权主义",另一边又不得不与数据商续订合同,图书馆界的联合抵制也未能遏制数据商的涨价趋势。尤其"程焕文之问"的提出已过10年,二者之间的矛盾不仅没有化解,反而还愈演愈烈。学术数据库提供的产品与一般商品不同,学术文献是汇集人类智力成果的重要载体,具有不可替代性,一旦形成垄断比一般商品市场造成的危害更大。[②] 如何化解商业性学术数据库的数字霸权,是公益图书馆在数字时代必须要解决的问题。

商业性学术数据库的数字霸权主要体现在三个方面:第一,学术数据库的价格基本由数据商单方面制定,公益图书馆并无议价能力。电子资源持续走高的价格,也日益成为图书馆采购经费不能承受之重。即使是作为国内顶级高校的北京大学,也曾遭遇"买不起知网"的无奈困境。第二,公益图书馆对内容无选择权,数字资源通常采用整体销售模式,尽管有的大宗交易合同允许公益图书馆根据需要进行少量剔除

[①] 本节内容原载王果、张立彬:《限制与反限制:数字时代公益图书馆应对商业性学术数据库的博弈策略选择》,载《情报理论与实践》2022年第7期。

[②] 参见孙晋、袁野:《学术数据库经营者不公平高价行为的规制困局及其破解》,载《现代法学》2019年第5期。

（一般为1%，甚至更少），但基本属于"要么全买，要么全不买"的状态。① 更有甚者，有的数据商还会将学术影响力较大的专业期刊单独建库销售。对此，公益图书馆也无能为力，只能接受。第三，公益图书馆的权利被私立规则进一步限制。如部分数据商不同意电子资源的馆际互借条款，因为他们相信任何电子副本都可能在瞬间传播到世界各地。② 但实际馆际互借时，用户需要遵守严格的借阅流程，同时需要保证仅在合理使用范围内使用相关资源。数据商对馆际互借的限制，实质是利用许可协议获得的超著作权。

（二）国内研究现状的回顾

图书馆界对商业性学术数据库的批判，在2014年"程焕文之问"提出之时迎来了学术研究的高潮，出现了大量以此为研究对象的成果，《图书馆论坛》甚至对此开辟了专栏。近几年有关该问题的研究，虽不再集中，但依然有零星成果出现。从整体上看，学术界的研究分为两个维度：一是综合考察，包含数据商数字霸权的成因、表现，图书馆的应对措施等；二是专题研究，侧重分析数据商单一行为的成因、危害、应对措施等。具体阐述如下。

1. 综合考察

关于数据商数字霸权形成的原因，有学者认为是"独家授权协议"最终导致的垄断；③ 也有观点则认为"独家授权协议"是市场竞争过程中出现的必然现象，"捆绑销售"才是更关键的，学术出版的制胜法宝是"内容为王"，学术期刊数字化的可持续发展共赢必须以"个性化服务"取代"捆绑销售"才可能实现。④ 学术数据库之所以面临社会舆论的质

---

① 参见李慧：《我国英文学术型数据库市场的垄断特征分析》，载《图书馆论坛》2015年第9期。
② 参见向佳丽、庄玉友：《电子资源许可协议核心条款的分析与风险应对》，载《图书情报工作》2016年第16期。
③ 参见李明理：《学术信息资源数据库商"独家授权策略"的垄断性分析》，载《图书情报工作》2014年第2期。
④ 参见任全娥：《数字化学术期刊的产业链分析与共赢模式构想——由"独家授权协议"引起的思考》，载《情报资料工作》2012年第3期。

疑,原因在于其把公益性的学术资源进行纯商业化运作。① 数据库出版商在与图书馆的数据库贸易中滥用版权有着深刻的政治、经济、立法和技术背景。② 另有观点认为,致知网不仅垄断而且垄断地位益隆者,非知网一己之力所能为,而是众多学术研究及其产品生产机构集体不作为所致。③

关于数据商数字霸权的具体表现,商用学术文献数据库存在收费价格不合理、数字处理技术混乱、收录文献学术水平参差不齐、赢利模式单一、寡头垄断倾向等问题;④没有销售自主权、品牌传播受到抑制、双方利益分配失衡这三个方面,是传统学术期刊出版者与学术期刊数字出版平台之间存在的主要矛盾。⑤ 数据商利用版权保护、技术措施、垄断资源等手段获得了霸权地位,再通过签订单边合同进一步确立霸主地位。⑥

关于图书馆的应对策略,图书馆的最终目标是要破除数据商的霸权,要求学术数据库更多关注公益属性,⑦真正定位为面向个人用户提供基本公共信息服务。⑧ 具体举措包括两方面:一是从外部干预,包括加强政府干预、加快替代资源的建设、鼓励高校自办期刊转向开放获取,推进第三方平台整合资源,探索由政府出资建立专题期刊公共数

---

① 参见李静:《学术类数据库的格局、争议及其发展——以"中国知网"为例》,载《传媒》2019年第12期。
② 参见秦珂:《图书馆在与数据库出版商博弈中的自我拯救》,载《图书馆论坛》2015年第8期。
③ 参见光明网评论员:《知网不断涨价,源自学术机构不作为》,载光明网,https://m.gmw.cn/baijia/2019-02/18/32521354.html,2021年9月25日访问。
④ 参见王丰年:《我国学术文献数据库公益性和商业性的博弈——走向公益性的学术文献数据库》,载《科技与出版》2017年第5期。
⑤ 参见赵文义:《学术期刊数字出版的价值反思与改革取向》,载《河南大学学报(社会科学版)》2014年第6期。
⑥ 参见孙瑞英、徐盛:《对数据商霸权行为的抵制研究——兼作答"程焕文之问"》,载《图书馆论坛》2015年第6期。
⑦ 参见李静:《学术类数据库的格局、争议及其发展——以"中国知网"为例》,载《传媒》2019年第12期。
⑧ 参见梁小建:《我国学术资源网络数据库公益出版研究》,载《出版科学》2015年第5期。

据库,①加强学术文献数据库的建设、建立数据库行业协会、完善数据库知识产权法规、建立学术文献数据库评价体制,探讨推动公益性学术文献数据库健康发展的机制;②扶持潜在进入者的政策,鼓励多元化的创新;③二是图书馆的自我强化,如瓦解共谋动机,明确谈判权益,发挥联盟优势,建设机构资源,④掀起抵制滥用版权运动、建立许可协议标准模板、增强集团许可谈判能力、积极地寻求政府购买、发展壮大图书馆基金会。⑤

2. 专题研究

针对数据商单方制定的不公平高价,孙晋、袁野认为反垄断实践经验的空位及理论上的诸多争议,使认定学术数据库经营者不公平高价行为的过程面临诸多困境。要打破当前的"知识垄断"格局,须在相关市场界定中重新审读多边市场之利益相关性,以弥补传统相关市场界定方法在适用上的局限性。⑥

针对数据商的定价模式,雷兵、钟镇运用经济学方法解析中文期刊数据库的定价机制,提出:以社会总福利最大化为目标,期刊数据库作为公共品由政府投资免费提供最优,其次为开放获取与同质竞争,垄断经营带来的社会福利最小。⑦

针对采购策略,李璐、韩夏提出:在学术图书馆中用户需求驱动资源建设不断增长的背景下,需求驱动采购模式会对传统的学术传播供

---

① 参见雷兵、钟镇:《社会福利视角下中文期刊数据库定价机制分析与策略建议》,载《中国科技期刊研究》2018年第10期。
② 参见王丰年:《我国学术文献数据库公益性和商业性的博弈——走向公益性的学术文献数据库》,载《科技与出版》2017年第5期。
③ 参见赵文义:《学术期刊数字出版的价值反思与改革取向》,载《河南大学学报(社会科学版)》2014年第6期。
④ 参见李慧:《我国英文学术型数据库市场的垄断特征分析》,载《图书馆论坛》2015年第9期。
⑤ 参见秦珂:《图书馆在与数据库出版商博弈中的自我拯救》,载《图书馆论坛》2015年第8期。
⑥ 参见孙晋、袁野:《学术数据库经营者不公平高价行为的规制困局及其破解》,载《现代法学》2019年第5期。
⑦ 参见雷兵、钟镇:《社会福利视角下中文期刊数据库定价机制分析与策略建议》,载《中国科技期刊研究》2018年第10期。

应链产生直接的影响,在电子图书的用户驱动采购模式将成为常态的大趋势下,图书馆的资源建设仍然有更大的发展空间。①

另有观点从博弈论的角度,对中国学术数字信息资源市场中数据库服务商的垄断行为进行博弈分析,最终得出结论:允许各服务商保有一定体量独占资源,鼓励深度挖掘及提供个性化服务是形成市场良性竞争的有效途径。②

(三)现有研究的不足

上述研究成果的分析视角、研究方法各有侧重,研究成果之丰富恰好反映出图书馆与数据商矛盾之尖锐。现有研究的不足主要体现在两个方面:

一是在对数据商数字霸权的成因分析中,往往将行为与其手段、形式相混同,如认为是独家授权协议、捆绑销售等导致了垄断的产生,事实上独家授权协议、捆绑销售是在确立了优势地位之后进一步的巩固手段,该观点对二者关系的认知发生了颠倒。虽然已有个别研究成果意识到了这一问题,但并未以此为基点继续深入探讨解决对策,导致所提对策,如组成谈判联盟、发展壮大图书馆基金会等,在实践中都收效甚微。要解决这一困局,就必须先对数据商优势地位的形成根源进行梳理,然后才能对症下药。

二是未能从产业发展、商业模式的角度来看待学术数据库的商业属性,商业性学术数据库的形成具有一定的必然性和必要性,图书馆界期待法律能一劳永逸解决所有问题,或商业性学术数据库"良心发现"、自我革新,这种美好愿景既高估了法律的调节能力,也违背了商业创新的一般规律。法律并非无所不能,在法律的适用上需要首先解释为何现行法律难以解决,还有无可能通过法律修订来解决数据商数字霸权;其次商业性学术数据库在有利可图的情况下是不可能主动进行商业创

---

① 参见李璐、韩夏:《需求驱动采购的模式与国际标准研究》,载《图书馆学研究》2017年第15期。

② 参见刘向、马费成:《中国学术数字信息资源市场中的买断博弈》,载《图书情报工作》2012年第4期。

新的,只能通过其他市场环境的改变倒逼其改革,如何倒逼恰好是现有研究的薄弱之处。基于以上分析,本节试图从法律规定和商业发展的双重路径,对商业性学术数据库的数字霸权进行分析,以期为图书馆与数据商的合作共赢提供参考。

二、现行法律化解矛盾的效果并不显著

我国并不存在专门的公益图书馆著作权许可规则,公益图书馆数字资源引进过程中遭遇的不公平对待,只能借助《著作权法》《民法典》《反垄断法》等一般性的法律规则。而这些一般性的法律规则对公益图书馆的救济非常有限。

(一)《著作权法》中可供援引的限制与例外非常之有限

在《著作权法》第 24 条第 1 款规定的合理使用情形中,图书馆为陈列或者保存版本复制馆藏作品,主要针对纸质资源,数字资源比较难适用;用于课堂教学和科学研究的一般情形,公益图书馆虽也可主张,但允许实施的行为仅限于翻译、改编、汇编、播放或者少量复制,适用情形有限。《信息网络传播权保护条例》中也并未对公益图书馆数字资源的合理使用提供更多的保护,尤其是当商业性学术数据商采用了技术措施之后,基于课堂教学或科学研究的合理使用需要避开技术措施时,要求该内容"只能通过信息网络获取"。此种限制事实上宣告了公益图书馆根本无破解技术措施的空间。2020 年通过的《著作权法》虽然增加了合理使用兜底条款的规定,但该条款需要有其他法律、行政法规的指引,也就意味着合理使用仍然只适用于法定情形,司法实践中法官对此并无自由裁量的权力。这一规定,对公益图书馆目前的境遇来说,并无实际助益。公益图书馆为履行职能实施了法定情形之外的其他行为,即使满足"三步检验法"的要求,也很难以合理使用作为抗辩。

(二)《民法典》中的无效格式条款难以援引

公益图书馆要宣告数字资源引进协议中的格式条款无效,可供援引的主要是《民法典》第 497 条中的第 2 项、第 3 项规定,即提供格式条款的一方不合理地限制对方主要权利、排除对方主要权利。而适用上述条款,需要满足两方面的要求,第一,在方式上必须是"不合理地"限制或排除;第二,限制或排除的必须是"主要权利"。目前,公益图书馆与数据商签订的引进协议,基本都遵从特定许可协议模板。不同协议模板在权利设置上基本相同,主要限制的是不得移除、修改或掩盖版权信息、不得修改授权资源、不得出于商业目的使用授权资源、不得提供给非授权用户使用等。① 数据商做出的上述限制,是否排除了公益图书馆的主要权利呢?《民法典》合同编并未明文规定何为主要权利,需要根据合同的性质予以确定。② 公益图书馆引进数字资源最主要的目的,应当是满足用户基于非商业目的检索、浏览、下载、打印、复制、远程访问、保存数字资源的需求。前述协议模板中数据商的限制措施,并不会妨碍上述目的的实现,甚至对于权利管理信息,《著作权法》本身也规定了不得进行故意删除或改变。至于其他对过量下载、馆际互借等行为的限制,也难以认定被限制的行为属于公益图书馆的主要权利。商业性学术数据商拟定的格式条款并不满足上述格式条款无效的要件。

(三)《反垄断法》仅能为公益图书馆提供有限救济

与商业性学术数据库有关的垄断行为,主要涉及《反垄断法》第三章"滥用市场支配地位"的规定,但在适用该章规定的时候同样困难重重。滥用市场支配地位的规制在长期的行政执法与司法实践中已然固化为三大步骤,即确认相关市场、认定市场支配地位、确认行为性质及其损害后果。③ 在界定相关市场时,若采用替代分析法,商业性学术数据库目前既提供免费的学术文献检索服务,也提供有偿的文献下载和在线阅读服务,以何种服务作为界定依据存疑;而若采用"假定垄断者测试"(SSNIP测试法),该测试法主要适用于以价格为主要竞争力的市场,商业性学术数据库的竞争优势恰好不源于价格,而是权威学术资源

---

① 参见唐琼:《国外数字资源许可协议模板研究》,载《情报资料工作》2011年第5期。
② 参见李静:《学术类数据库的格局、争议及其发展——以"中国知网"为例》,载《传媒》2019年第12期。
③ 参见刘贵祥:《滥用市场支配地位理论的司法考量》,载《中国法学》2016年第5期。

的版权垄断。① 因此,商业性学术数据库被认定为具有市场支配地位,具有前提性法律困境。

即使调整相关市场的认定方法,确认商业性学术数据库具有市场支配地位,"滥用"的构成要件也很难满足。商业性学术数据库饱受诟病的行为主要是定价过高、捆绑销售等,上述两种行为都很难构成《反垄断法》规制的不公平高价和不合理搭售。首先,关于不公平高价。为了适应知识产权的特殊性,国家发展和改革委员会在高通案中提出了定性分析法:分析是否构成不公平高价,需要回归《反垄断法》的原点,②只有当具有市场支配地位的主体制定的不公平高价导致了竞争的不公平时,《反垄断法》才介入。即便是价格过高,只要市场进入本身不存在障碍,政府就没有必要通过《反垄断法》对超高的价格进行控制和干涉。③ 商业性学术数据库虽然连年涨价,但数字资源的市场进入却是自由的。其次,关于不合理的搭售。纸质资源的捆绑,实质上属于捆绑折扣销售,而非合同搭售。二者之间最关键的区别在于:捆绑折扣销售中的购买者是有选择机会的,在放弃销售折扣的情况下,购买者可拒绝购买捆绑商品或服务,而仅选择主商品或主服务;但在合同搭售中,购买者如果不购买搭售品,就没有机会获得主售品,对购买者具有明显的"强制"或"胁迫"性。④ 对照商业性学术数据库的捆绑销售,公益图书馆可以在放弃低价折扣的情况下单独购买,并不具有明显的"强制性"。再退一步,即使认定商业性学术数据库构成滥用市场支配地位,其承担责任的方式也限于停止违法行为、没收违法所得并处罚款,数据商因此获得的市场支配地位并未被动摇分毫,在与公益图书馆的后续交易中,其仍然处于绝对优势地位。

---

① 参见孙晋、袁野:《学术数据库经营者不公平高价行为的规制困局及其破解》,载《现代法学》2019 年第 5 期。
② 参见徐新宇:《滥用知识产权反垄断规制实践与思考——以高通公司垄断案为视角》,载《中国价格监管与反垄断》2015 年第 11 期。
③ 参见孟雁北:《反垄断法对市场主体自主定价权的限制》,载《法学杂志》2005 年第 6 期。
④ 参见郑鹏程:《论搭售的违法判断标准》,载《中国法学》2019 年第 2 期。

三、商业性学术数据库优势地位的形成与强化

现行法律调整的效果有限,是否可以寄希望于法律修订呢?《民法典》的制定和《著作权法》的修订过程中,都未有效回应公益图书馆的立法需求。且不论前述丰富的学术研究成果已充分反映了图书馆的水深火热,实践中,中国知网频遭使用者、作者起诉且均被判败诉的系列案件,我们也不能视而不见。这就不得不令我们深思在调整二者之间的矛盾时,法律修订缘何会如此克制。回顾商业性学术数据库优势地位的形成,即可给我们答案。1999年6月,我国开始建设国家知识基础设施(CNKI工程即知网),政策扶持促进了中国知网优势地位的形成,但在其产业化运营后优势地位的强化则是多重因素共同作用的结果。在这多重因素中,法律的作用尤为弱小,反而是技术、市场等其他因素更为关键。

(一)商业性学术数据库具有期刊出版者无法比拟的技术优势

在信息大爆炸时代,学术资源数字化、传播集成化是必然趋势。现有学术数字资源的传播路径大致如图5-1所示。

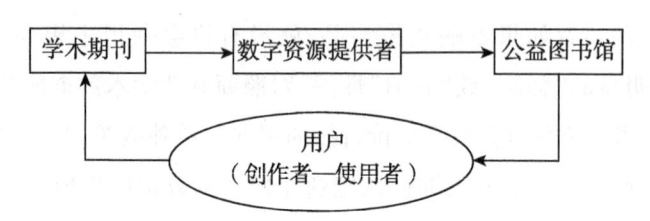

图5-1 中文学术数字资源供应链

学术资源的特殊性决定了创作者在很大程度上必须首先是学术资源数据库的使用者,依靠数字资源集成商提供的海量学术资源才可能完成创作。在这一传播闭环中,数字资源提供者也就是商业性学术数据库的优势地位明显。学术期刊的弱势,根源于我国期刊出版的特殊行业形态。我国学术类刊物实行严格的审批制,多由科研机构与各类学会组织负责,其直接后果便是期刊出版高度分散。一方面,电子学术资源的高度聚合性与中文期刊出版高度分散的现状,推动了第三方发

行平台——数据库集成商的发展,①电子学术资源的发行权由出版者旁落至数据库集成商,数据库集成商据此确立了供应链中的主导地位。另一方面,网络信息传播领域存在渠道决定技术、技术决定内容的不平等现象,②也让学术期刊在供应链中丧失了主动权。学术期刊由于没有能力或没有规模收益而不愿意创建自身的发行平台,不得不接受第三方发行平台,如 CNKI、万方和维普,进行数字化和网络化。③

(二) 学术期刊与学术研究者对商业性学术数据库的双重依赖

受制于技术和收益有限等原因,学术期刊出版者在知识资源的分享、共享和整合方面难有实际作为,商业性学术数据库整合学术资源的行为实际上是迎合了市场之需。致知网不仅垄断而且垄断地位益隆者,非知网一己之力所能为。④ 商业性学术数据库广泛的传播力,完美契合了学术期刊意图提升影响力的功利主张。在国内,学术期刊的办刊资源主要不是来自期刊市场,而是来自政府和学术界。期刊质量提高了,期刊论文被引用率提高了,在学术界掌握话语权了,学术资源自然会向期刊聚集。⑤ 提升期刊论文的被引用率,必须借助强大的商业性学术数据库才可能实现,于是大量学术期刊向有限的商业性学术数据库聚集,这种资源优势又反过来锁定了学术研究者对数据库平台的依赖。虽然目前很多学术期刊也开始采用开放获取的方式提供全文浏览与下载服务,但学术期刊各自为政、过于分散,并不能取代专业数据商的集成优势。其他开放获取平台,无论在学术期刊的种类,还是文献资源的数量上,都无法与商业性学术数据库相提并论。这也解释了为何中国知网的影响力,在国家哲学社会科学学术期刊数据库上线几年之

---

① 参见雷兵、钟镇:《社会福利视角下中文期刊数据库定价机制分析与策略建议》,载《中国科技期刊研究》2018 年第 10 期。

② 参见梁小建:《我国学术资源网络数据库公益出版研究》,载《出版科学》2015 年第 5 期。

③ 参见张耀坤、胡方丹:《中文学术期刊开放存取、独家授权与文摘索引服务——在无序中寻找突破口》,载《情报资料工作》2016 年第 2 期。

④ 参见光明网评论员:《知网不断涨价,源自学术机构不作为》,载光明网,https://m.gmw.cn/baijia/2019-02/18/32521354.html,2021 年 9 月 25 日访问。

⑤ 参见梁小建:《我国学术资源网络数据库公益出版研究》,载《出版科学》2015 年第 5 期。

后,仍未受到实质性削弱。

(三)法律对商业性学术数据库的特殊考量

一方面,数字化浪潮和网络技术发展,让数字资源几乎可以零成本地被复制和传播,仅仅依靠法律制裁侵权行为来"事后救济"已经很难充分保护著作权人的利益。[①] 数据商面对数字资源高成本制作、低成本复制的局面,也只能利用技术措施与许可协议来加强控制,于是就有了虽然现实不侵权,但却有未来损害之可能的对图书馆过量下载、馆际互借、长期保存等多方面的限制。不可否认,由于法律与技术措施的双重加持,数据商极易因过强的控制力而对数字资源的正常利用产生不利影响。但这并不构成限制数据商的绝对理由。其他更为传统的知识产权同样存在权利不当利用的问题,法律并不因可能存在的不当利用而拒绝授予这些专有权利。[②] 在授权的同时对权利人加以限制并不矛盾,二者不应混为一谈。

另一方面,数据库的独创性悖论导致的先天保护不足,也使数据商只能更多地依靠私立规则来自我保护。商业性学术数据库追求涵盖内容的大而全,决定了其很难满足汇编作品中对内容选择的独创性要求;其内容的编排通常又是由"实用目的"所决定,也难以满足独创性要求。著作权法以外的合同、不正当竞争或者民法的兜底条款等替代手段虽可提供一定程度的保护,但适用范围比较严格,效果有限。法律在回应图书馆的立法需求时,也需要为数据商的私立规则保留必要的空间,以维持数据库产业的持续发展。

四、公益图书馆化解困境的外部借力与内在修为

我国现有的学术资源网络数据库,除了新兴的开放获取数据库外,绝大多数是商业企业或实行事业单位企业化管理,市场化运作有助于调动社会资源、提高经营效率,但也造成了过分突出网络学术资

---

① 参见刘颖:《版权法上技术措施的范围》,载《法学评论》2017年第3期。
② 参见刘颖:《版权法上技术措施的范围》,载《法学评论》2017年第3期。

源数据库商业属性导致公益不足的问题。① 如前所述,既然法律可发挥的作用有限,商业性学术数据库的优势地位又强烈依赖技术、市场等其他因素,公益图书馆就应将博弈策略的重点置于法律之外的其他途径上。要求商业性学术数据库自我改革是不现实的,因为不用创新或者不用实质性的创新就能获得很好的市场收益的话,市场主体的理性选择就不会通过冒险去实现创新。所以,创新通常不可能在非常宽松的市场环境下产生,残酷的市场竞争才会更多地催生出多元化的创新。② 公益图书馆化解困境的主要手段便是要创造更为残酷的市场竞争,对外削弱商业性学术数据库的优势地位,对内促使商业性学术数据库调整商业模式。现有研究提出的图书馆自我拯救,虽不能从根本上扭转二者的谈判地位,但对二者之间的交易谈判仍是有所助益的。

(一)发展开放获取降低创作者对数据库平台的资源依赖

商业性学术数据库对数字资源的排他性权利体现于"提供行为"和"获取来源"的控制力上,如果权利人提供作品的方式和渠道能够被替代,商业性学术数据库的排他性效力就将大大被削弱。开放获取的学术信息交流模式,恰好将数据商从成果发表与出版中的关键环节剥离出来了,在一定程度上消除了数据商对学术信息交流过程的控制。③

在现阶段,我国哲学社会科学期刊实现开放获取的途径主要有两种:一是通过期刊自身的网站实现,二是通过国家哲学社会科学学术期刊数据库实现。前者最大的缺陷在于内容分散,用户体验较差,后者的缺陷则是难以做到实时更新,更新时滞较长。④ 与商业性学术数据库相比,国家哲学社会科学学术期刊数据库在学术期刊的种类和文献资源

---

① 参见梁小建:《我国学术资源网络数据库公益出版研究》,载《出版科学》2015年第5期。

② 参见赵文义:《学术期刊数字出版的价值反思与改革取向》,载《河南大学学报(社会科学版)》2014年第6期。

③ 参见赵艳芝:《加拿大萨斯喀彻温省大学图书馆拆分ACS大宗交易资源包的方案评述》,载《图书馆论坛》2016年第5期。

④ 参见陈雨杏、黄丽红:《国内哲学社会科学核心期刊开放存取的现状调查——基于〈中文社会科学引文索引(2014~2015年)〉的实证研究》,载《图书馆学研究》2016年第4期。

数量上亦有明显差距。未来的开放获取,在内容方面需要进一步提升资源整合能力,提供范围更为全面、数量更加庞大的学术资源,在更新时效方面要能保证更高的更新频率。

短期之内开放获取与商业性学术数据库之间的差距难以突破,可通过局部范围之内的开放获取作为过渡。实践中已有出版者正在采取这样的措施,将自己出版的各类期刊整合在一个数据库平台,如北京大学期刊网,就整合了北京大学主办出版的所有期刊论文,收录期刊 115 种,文章 57,569 篇,①甚至可以做到实时更新。至于开放获取运行中受到的技术限制,可考虑借助第三方资源平台的技术优势,由第三方提供技术支持,协助聚合各类高校的开放获取期刊资源。

(二)调整评价体系弱化数据库平台对期刊的锁定效应

商业性学术数据库的垄断地位不断强化,得益于数据库通过期刊收录锁定了作者和期刊出版者。这个锁定效应得以实现,与当下的学术评价体系不无关系。期刊数据库掌握着评价作者、期刊出版者的关键"数据"。要解除数据库对作者和期刊出版者的锁定,也就必须要改变当前以量化指标考核作者、考核期刊出版者的评价体系。包含下载量、引用量以及由此产生的期刊影响因子等的量化指标,并不能有效评价期刊,更不能评价学术成果。本质上,引文索引是检索工具而非评价工具,无论是期刊评价还是学术评价。②目前已在进行量化指标改革的"破五唯",就是一个非常好的政策导向。教育部对拟启动的第五轮学科评估工作要求采用"计量评价与专家评价相结合",淡化论文收录数量和引用率。③只有改变了量化的学术评价体系,数据商的指标作用才

---

① 数据速览,载北京大学期刊网,http://www.oaj.pku.edu.cn/OAJ/CN/OAJ/home.shtml.,2021 年 10 月 11 日访问。

② 参见沈固朝:《期刊评价与学术评价中的 CSSCI》,载中国社会科学网,http://skpj.cssn.cn/xspj/qkpj/201908/t20190801_4949488_4.shtml,2021 年 10 月 11 日访问。

③ 参见樊未晨:《教育部:"破五唯"不设置"帽子"指标,不将 SCI、ESI 相关指标作为直接判断依据》,载中国青年报,https://baijiahao.baidu.com/s?id=16823163207238015774&wfr=spider&for=pc,2021 年 4 月 17 日访问。

能弱化,其在学术资源供应链中的主导地位也才可能弱化。

(三)联合学术抵制督促数据库平台重构商业模式

作为学术资源的生产者,与图书馆界的抵制相比,学术界的抵制更为直接,也更具影响力。2012 年英国皇家学会院士、著名数学家威廉·提摩西·高尔斯发起抵制 Elseiver Group 的"学术之春"运动就是一个鲜明的例子。① 而在我国,在赵德馨教授起诉中国知网未经许可收录其论文前,中国知网均是与报刊社合作,报刊社在接受投稿时,往往要求作者将有关信息网络传播权一次性授予报刊社。如此授权模式,导致实际创作者的权利被架空,即不能阻止自己的作品被收录,通过知网传播的获得报酬权更难以实现。在该案二审判决中,法院认定:期刊通过稿约单方声明不足以证明从作者处取得了涉案作品信息网络传播权授权及转授权的权利。② 这样的判决显然给了作者积极维权的底气。受该案鼓舞,很多作者也开始起诉知网。未来知网若不调整商业模式,充分尊重作者的利益,就可能陷入这样一轮又一轮的侵权诉讼。中国知网的商业模式重构,应当遵循作者、报刊社以及知网三者利益平衡这一基本原则,在报刊社和作者的投稿协议中,应当约定作品发表以后在知网平台的利用,作者可根据作品使用的情况分享一定的收益。③

由于图书馆是知网的下游使用者,为防止中国知网将向作者支付的报酬转嫁给图书馆,除《反垄断法》外,还可从行政特别许可的角度,将中国知网的行政许可界定为行政特许,在相关规定和特许合同中对中国知网的公共性义务加以明确,具体包括:设置特殊的定价机制,使其对各用户的报价不应过高;确保其提供的产品或服务价格的稳定性,不能时间随意、任意幅度地调价,若基于成本等情况确需上调价格,应

---

① 参见鄢朝晖、赵艳枝:《国外图书馆电子期刊采购困境及其应对实践》,载《图书馆论坛》2015 年第 11 期。
② 参见杨阳:《中国知网向赵德馨教授道歉:将妥当处理赵德馨教授作品继续在知网平台传播的问题》,载环球网,https://society.huanqiu.com/article/45vxjFtd50y,2022 年 1 月 15 日访问。
③ 蔡情:《"天下苦知网久矣!"频遭起诉后,知网知错否?》,载中国经济网,http://finance.ce.cn/stock/gsgdbd/202201/14/t20220114_37257690.shtml,2022 年 1 月 15 日访问。

按法定程序进行,如征求公众意见,经行政主体审核等。①

(四)引入竞争形成多元化市场格局

引入竞争是破除垄断的最好手段。学术资源数据库引入竞争面临的首要问题是:商业性学术数据库在选择学术出版时都秉持着大而全的态度,导致数据库建设伊始就存在严重的重复建设问题。为了防止同质化竞争,独家授权协议便应运而生。单就市场经济"买卖自由"的基本规则来说,"独家授权协议"是双方利益博弈的结果,是正常的合法的商业行为。② 但从目前发展现实来看,"独家授权策略"开始逐步被期刊出版者放弃。这从中国知网近年来不断下降的独家授权期刊数量上就可看出,2012 年,独家授权中国知网的学术期刊达到 1477 种;③ 2014 年甚至达到 1600 多种,但 2021 年中国知网的独家授权期刊仅有 1315 种了。④ 万方数据一直以来占据的医学期刊独家授权,也悄然转变为了中华医学期刊全文数据库的省级独家代理权。⑤ 独家授权协议的势弱,资源重复建设问题又再次出现,从全社会的福利视角来看,即使期刊数据库资源重复建设,也比独家垄断的社会福利要高。⑥ 因此,引入竞争仍然是政府干预的有效途径。在当下学术资源数字化平台中,中国知网无疑是实力最强大的,要打破中国知网"一家独大"的局面,在适度降低中国知网各方面政策支持的同时,将优惠政策向其竞争对手万方数据、龙源数据库、超星数据库、维普数据库等倾斜,更有利于

---

① 参见翟翌、刘杰:《国家知识基础设施的行政法治理——以行政特许为视角》,载《财经法学》2021 年第 5 期。

② 参见李明理:《学术信息资源数据库商"独家授权策略"的垄断性分析》,载《图书情报工作》2014 年第 2 期。

③ 参见《2012 年独家授权 CNKI 的学术期刊》,载中国知网,http://www.chkd.cnki.net/news/028.html,2021 年 10 月 7 日访问。

④ 参见《独家授权期刊》,载中国知网,https://navi.cnki.net/knavi/journals/index#,2021 年 10 月 8 日访问。

⑤ 参见《独家授权期刊》,载中国知网,https://navi.cnki.net/knavi/journals/index#,2021 年 10 月 8 日访问。

⑥ 参见雷兵、钟镇:《社会福利视角下中文期刊数据库定价机制分析与策略建议》,载《中国科技期刊研究》2018 年第 10 期。

形成竞争较为充分、合理的国家知识基础设施多方运营格局。①

(五)公益图书馆博弈能力的自我提升

期刊出版和图书出版都是一个产业链,产业链上的每一个主体都必须依靠一定的营利才能维持运营,在政府投入有限的前提下,图书馆界奢望的全面开放获取是完全不可想象的,②商业性学术数据库或许会变换存在形态,但绝不会消失。公益图书馆的学术资源采购是刚需,无论面对何种形态的数据商,都需要增强自身的谈判实力,才能在复杂多变的市场环境下持续稳定地发展。具体途径可以有以下三种:

第一,发展壮大公益图书馆联盟。联盟采购模式下的电子书价格不仅更易被图书馆接受,还能在较大程度上降低每个成员馆的经费、时间、人力资源等成本。③ 我国图书馆采购联盟已经有过成功的实践,比如2010年高校图书馆数字资源采购联盟(DRAA)针对Elsevier公司Science Direct电子期刊数据库大幅涨价发起的全国性抵制,就取得了不错的效果。④ 图书馆联盟不仅能在谈判过程中发挥作用,还可以构建开放获取联盟、技术联盟。在未来图书馆之间的合作中,要更加重视开放获取联盟与技术联盟。

第二,探索新的资源采购模式,公益图书馆可根据用户使用情况,由购买大的期刊包转为购买专业性更强的小期刊包。尽管购买小期刊包会导致所购期刊的平均价格上涨,但减少期刊品种,总价往往会降低。⑤ 除此之外,还可探索按品种、学科、主题等方式采购期刊资源,使

---

① 参见翟翌、刘杰:《国家知识基础设施的行政法治理——以行政特许为视角》,载《财经法学》2021年第5期。

② 参见程焕文、刘佳亲:《挑战与回应:中国高校图书馆的发展方向》,载《中国图书馆学报》2020年第4期。

③ 参见傅文奇、严玲艳:《学术电子书出版商对高校图书馆的影响及策略研究》,载《图书情报工作》2016年第19期。

④ 参见肖珑:《高校图书馆数字资源引进回顾与前瞻——写在CALIS项目建设20周年之际》,载《大学图书馆学报》2019年第3期。

⑤ 参见王春生:《"程焕文之问":原因与出路——对外文期刊数据库采购工作的思考》,载《图书馆论坛》2015年第5期。

公益图书馆的馆藏更具个性化。同时通过与其他单位建立良好的馆际互借关系,弥补个性化采购带来的资源不全问题。

第三,优化馆藏资源结构,帮助读者建立良好的阅读习惯。《2019全国国民阅读调查报告》显示,2019 年我国成年国民人均纸质图书阅读量为 4.65 本,人均电子书阅读量为 2.84 本,纸质图书仍然是阅读来源的首选。[①] 这给我们的启示是:纸质资源与数字资源是可以并存,并相得益彰的。各图书馆应根据自身实际情况,确立合理的数字、纸质资源的比例。在优化馆藏结构的同时,帮助读者建立良好的阅读习惯。从一流高校图书馆每年发布的阅读报告可知,本科生的年图书外借量一般都在 10 册以下,大学本科 4 年间在图书馆平均外借的图书不足 40 本,这与以读书为主业的大学本科生应有的读书状态是完全不匹配的。数字资源巨大的使用量也基本上来自研究生和教师的贡献,即使是数字图书,无论教师,还是学生,下载以后也基本上不是用于系统阅读,而是用于临时参考引用的[②]。只有当读者真正建立起了"为了阅读而阅读"的习惯之后,阅读就不再是功利性的,而是成为知识积累的手段,读者对数据库的依赖便会进一步地弱化。

五、结论

图书馆的公益属性与学术数据库的商业属性之间产生的冲突并非完全不可调和。事实上,二者存在一个共同的目标,就是在维护数字资源安全的前提下最大限度地实现数字资源的自由使用。公益图书馆需要借助专业数据商实现自己知识传递的社会职能,专业数据商也需要借助公益图书馆的广泛使用来实现自身的商业价值。正是这一联结,使公益图书馆与专业数据商之间的矛盾有化解的可能。从公益图书馆的角度,一方面可以通过优化数字资源与纸质资源的配比来弱化对专

---

① 参见《2019 全国国民阅读调查报告权威发布》,载搜狐网,https://www.sohu.com/a/389793816_100016145,2021 年 10 月 7 日访问。

② 参见程焕文、刘佳亲:《挑战与回应:中国高校图书馆的发展方向》,载《中国图书馆学报》2020 年第 4 期。

业数据商的依赖,数字资源与纸质资源本就不是更新换代关系,而是优劣互补关系。① 另一方面可以通过加强用户引导、提高版权意识来降低侵权风险,打消专业数据商对侵权行为的担忧。而专业数据商在建设私立规则的同时,也要充分考虑到公益图书馆主体地位的特殊性。当商业性学术数据库的逐利行为忽略了公益图书馆的特殊性时,就需要政府干预来调整业已出现的市场失灵。但我们仍需看到的是,任何一种商业模式的成功都不可能是一劳永逸的,在互联网大潮之下,一旦市场环境发生了改变,商业性学术数据库就必须寻求新的生存模式,其与公益图书馆之间的谈判也将是另外一番景象。

第二节 产业视角下短视频领域版权治理的困局与突破②

一、前提界定:短视频版权治理的客体范围与行为边界

短视频是近年来当之无愧的现象级新兴媒体,依托移动智能终端,其影像可在社交媒体平台上实现实时分享与无缝对接。快手、抖音是我国两大主要短视频平台。2021 年,其日活跃用户均超 4 亿人,每日更新上传数量均在 2000 万条以上。据《第 50 次中国互联网络发展状况统计报告》显示,截至 2021 年 12 月,我国短视频用户规模为 9.34 亿,较 2020 年 12 月增长 6080 万。虽与 2020 年同期增长 1 亿余人次相比,增长速度放缓,但在总体上仍呈上升趋势。预计到 2025 年,短视频行业市场规模将达到 5974 亿元。③ 随着短视频用户的增加,在流量驱使

---

① 参见程焕文、刘佳亲:《挑战与回应:中国高校图书馆的发展方向》,载《中国图书馆学报》2020 年第 4 期。
② 本节内容原载王果、张立彬:《产业视角下短视频领域版权侵权问题研究:边界划定、现状梳理与规则重构》,载《情报理论与实践》2023 年第 2 期。
③ 参见《2020 年中国短视频行业市场现状及发展前景分析 2025 年市场规模将近 6000 亿元》,载前瞻产业研究院,https://bg.qianzhan.com/trends/detail/506/210119-b062f308.html,2022 年 3 月 24 日访问。

下,深受欢迎的短视频往往成为侵权纠纷的争议焦点。可是,时至今日,短视频的时长限制究竟是多少尚无定论,既有观点认为是 15 分钟之内,①也有观点认为是 5 分钟以内。② 各短视频平台采用的时长限制也不一致,但呈现时长限制延长的趋势。根据一项针对用户视频时长偏好的调查显示,时长在 5 分钟以内的视频更受欢迎。③ 因此,本书探讨的短视频版权侵权治理,主要针对时长为 5 分钟以内的短视频。

当下,短视频的表达俨然成为一种新的生活习惯,未经许可而使用他人作品,甚至成为短视频创作中的行为常态。为避免全民短视频陷入全民侵权的危险境地,有必要廓清短视频版权治理的行为边界。涉短视频的著作权案件数量虽然较多,但案件的类型化程度较高,争议焦点也表现出高度的同质化。归纳起来,短视频被诉侵权行为主要涉及以下 3 种行为:一是复制型行为,包括切条长视频、搬运短视频、添加背景音乐等,与短视频有关的被诉侵权行为也主要集中于此;二是二次创作,以剪辑长视频画面配以文字内容制作解说类短视频为代表;三是模仿他人短视频,以相似方式拍摄类似主题、类似内容的同款短视频。复制型行为构成版权侵权并无争议,所以该类行为也是短视频版权治理的重点。廓清二次创作的行为性质需要严格区分合理使用与版权侵权,版权治理并不针对合理使用性质的二次创作。至于模仿他人拍摄同款短视频,根据思想与表达二分法,只有利用了作品中的独创性表达才构成版权侵权,那些仅模仿拍摄主题、拍摄风格的,都仅是思想上的类似,如违反诚实信用原则构成不正当竞争,则应由《反不正当竞争法》调整。

二、短视频版权治理困局的形成

国内短视频行业起步于 2011 年,真正的发展则在 2015 年之后,以快手的创立为主要标志。随着短视频产业爆发式增长,短视频逐渐成

---

① 参见孙山:《短视频的独创性与著作权法保护的路径》,载《知识产权》2019 年第 4 期。
② 参见莫道庆:《短视频传播的特点及应用探究》,载《采写编》2022 年第 3 期。
③ 参见张天莉、罗佳:《短视频用户价值研究报告(2018—2019)》,载《传媒》2019 年第 5 期。

为版权侵权的重灾区,引发了学术界与产业界的共同关注。虽与之有关的版权治理力度在不断加大,亦取得了显著成效,但整体上短视频领域严重的版权侵权现象并未有实质性改善,甚至愈演愈烈。短视频版权治理陷入困局。

(一)短视频版权治理的不断强化

自 2018 年起,"短视频的版权治理"已连续 4 年成为"剑网行动"的工作重点之一。在持续打击之下,短视频版权治理也取得了显著成效。具体情况如表 5-1 所示。

表 5-1　2018~2021 年"剑网行动"整治短视频的情况

年份	工作成效
2021	查处网络侵权案件 445 件,关闭侵权盗版网站(App)245 个,处置删除侵权盗版链接 61.83 万条,清理各类侵权链接 846.75 万条,主要短视频平台清理涉东京奥运会赛事节目短视频侵权链接 8.04 万条[1]
2020	删除侵权盗版链接 323.94 万条,关闭侵权盗版网站(App)2884 个,查办网络侵权盗版案件 724 件[2]
2019	删除侵权盗版链接 110 万条,查处网络侵权盗版案件 450 件,其中查办刑事案件 160 件、涉案金额 5.24 亿元[3]
2018	删除侵权盗版链接 185 万条,查处网络侵权盗版案件 544 件,其中查办刑事案件 74 件、涉案金额 1.5 亿元[4]

[1]参见《"剑网 2021"专项行动取得阶段性成效》,载国家版权局,https://www.ncac.gov.cn/chinacopyright/contents/12670/355098.shtml,2022 年 5 月 31 日访问。
[2]参见《国家版权局等四部门发布"剑网 2020"专项行动十大案件》,载中央人民政府网站,https://www.gov.cn/xinwen/2021-01/15/content_5580258.htm,2022 年 5 月 31 日访问。
[3]参见《"剑网 2019"专项行动成效显著》,载光明日报,http://www.cac.gov.cn/2019-12/28/c_1579070935597031.htm,2022 年 5 月 31 日访问。
[4]参见《国家版权局通报"剑网 2018"专项行动工作成果》,载国家版权局,http://www.cac.gov.cn/2019-02/28/c_1124171978.htm,2022 年 5 月 31 日访问。

除采取行政手段外,行业协会也在积极行动以强化版权保护。2017 年,中国网络视听节目服务协会发布的《网络视听节目内容审核通则》第 8 条第 10 项规定:以抄袭、剽窃或未经许可翻拍等方式侵犯他人知识产权的节目,不得播出。在此基础上,该协会于 2021 年继续发布了《网络短视频内容审核标准细则》,要求短视频节目及其标题、名称、评论、弹幕、表情包等,其语言、表演、字幕、画面、音乐、音效中都不得未经授权自行剪切、改编电影、电视剧、网络影视剧等各类视听节目及片段。该细则也被行业内称为"最严新规"。上述文件的出台,为短视频平台以及短视频创作人员提供了更为具体和明确的工作指引。短视频版权治理逐渐走向规范化与严格化。

同时,短视频平台也致力于建立更高效的版权保护机制,以维护原创作者的合法权益,推动短视频行业的良性发展。如抖音在2020年就推出了原创者联盟计划,加入该计划后,原创作者可享受全面、免费的快速维权,抖音将主动帮助作者检测第三方平台的违规搬运行为,并自动发起维权流程。

(二)短视频版权治理形势依然严峻

与长视频10年未见重大突破相比,短视频创造了10年来一直向上的奇迹,其用户数量、产业规模都在持续增长。短视频的流行得益于多重因素。第一,短视频以影像为表达媒介,这种"去文字化"的媒介形式真正实现了表达的平民化和大众化,为文化发展建构提供了一种全民参与、全民沟通、全民创造的新路径。[①] 第二,短视频不仅是传媒革命,也是社交革命。传媒技术本身的革新并不足以支撑抖音的迅速走红,而传媒与社交的高度融合才是抖音成为爆款App的核心。[②] 传媒与社交的结合,帮助短视频平台完成了从传媒平台向社交平台的转变,也进一步增强了用户黏性与活跃度。第三,与文字相比,视频的体验效果更为直观和高效,视频中包含的图像和声音会同步调动听觉和视觉,大脑几乎不需要二次处理就可以即时准确地接受信息,受众也更容易沉浸其中。随着生活节奏的加快,如何能在有限的时间内获得最大的信息量、最佳的欣赏体验,是现代人筛选信息的重要标准,短视频短、平、快的特点正好契合了快餐传播的文化需求。在未来一段时间内,短视频

---

① 参见问题、邢立双:《浅论互联网推动下的文化发展与繁荣》,载《中国广播电视学刊》2012年第5期。

② 参见高宏存、马亚敏:《移动短视频生产的"众神狂欢"与秩序治理》,载《深圳大学学报(人文社会科学版)》2018年第6期。

都将是社交媒体的代表形式之一。短视频的流行无疑进一步增加了版权治理的难度。北京互联网法院发布的案件审理报告显示：2019～2021年受理的涉短视频著作权纠纷案件分别为540件、729件、1284件，收案数量逐年增加，增幅明显，并且从12426版权监测中心累计监测到的数千万条侵权短视频来看，涉短视频著作权纠纷基数总量较大，相关纠纷具有进入诉讼的潜在可能性，可以预见涉短视频著作权案件数量将进一步增长。①短视频版权治理的形势依然严峻。

三、短视频版权治理制度失灵的成因

短视频领域版权侵权的持续泛滥并没有因为版权治理力度的增强而消减，短视频版权治理陷入困局。因此，要反思短视频版权治理制度失灵是治理手段本身出现了偏差，还是治理手段之外与之匹配的制度环境有所不适。结合短视频版权治理的现状，上述两方面皆有不足，具体表现在以下几个方面。

（一）短视频用户对版权保护制度的敏感度不足

版权治理要对潜在侵权人形成有效威慑，就要求潜在侵权人对侵权行为、侵权后果有明确认知，唯有如此潜在侵权人才能在权衡侵权成本与侵权收益之后，放弃实施侵权行为。全民短视频现象的突起，也就意味着短视频用户的知识产权素养无法得到保障。如图5-2②所示，抖音、快手上有相当一部分用户仅有高中及以下学历，其版权意识薄弱，甚至可能将剪切、搬运视频作为表达喜欢的一种手段。加之2015年网络视频行业才开始实行付费，网络用户付费习惯并未形成，网络用户整体仍持有免费使用的观念，二次创作更是处于全面免费和无序使用的状态。在侵权人自身意识不到自己实施的是侵权行为，也不知道自己将面临怎样的法律后果的情况下，期望通过加强版权保护力度来

---

① 参见《案例 | 北京互联网法院：涉短视频著作权十大典型案例（附案件审理情况报告）》，载知产力，https://www.sohu.com/a/539814252_121181007，2022年7月31日访问。

② 参见《抖音&快手用户研究数据报告》，载搜狐网，https://www.sohu.com/a/279117872_184436，2022年4月3日访问。

形成震慑,自然难以奏效。

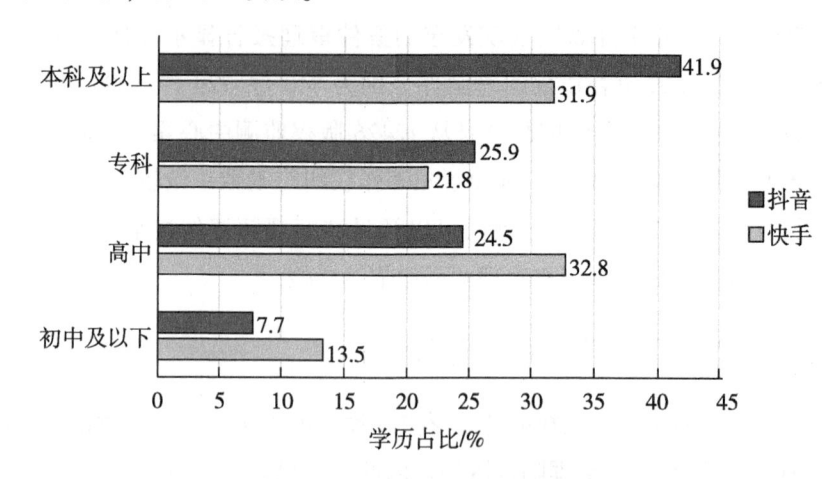

图表数据(抖音/快手学历占比%):
- 本科及以上:41.9 / 31.9
- 专科:25.9 / 21.8
- 高中:24.5 / 32.8
- 初中及以下:7.7 / 13.5

图 5-2 抖音、快手用户学历构成

此外,短视频"侵权容易发现侵权难,维权成本高赔偿低"现象的存在也是版权治理威慑不足的重要原因。短视频版权侵权最显著的特点是侵权普遍且分散,单一用户实施的偶发性侵权行为很难被发现,即使被发现,权利人也因诉讼成本过高而放弃起诉,更何况并非所有权利人都会选择起诉。如此,侵权人被追究责任的概率就会降低,侵权人就会继续实施侵权行为而获得更多的利益。可是,就少部分提起诉讼的权利人而言,即使最终获得了胜诉判决,得到的赔偿也十分有限。以最为典型的剪切、搬运长视频的侵权行为为例,依照《著作权法》的规定,侵权人损害赔偿数额的确定依据包括权利人的实际损失、侵权违法所得、权利使用费等,如依照前述方法无法确定,则由法院根据案件具体情况酌定赔偿数额。由于剪切、搬运的视频内容时长较短,仅占到长视频很小的一部分,在确立赔偿数额时,权利人的实际损失难以准确计算。而侵权人的短视频盈利依然沿用传统互联网的"流量变现",主要有平台收益、广告收益、内容付费、电商合作、IP 衍生开发等 5 种模式。[①] 其中,

---

① 参见司若、许婉钰、刘鸿彦:《短视频产业研究》,中国传媒大学出版社 2018 年版,第 132~125 页。

电商合作、IP 衍生开发属于间接利益,难以作为赔偿依据。而对于平台收益,虽然各平台政策不尽相同,但基本维持在有效播放 1000 次才分成给制作者 5~10 元。对于内容付费,现阶段所占比例很小,短视频基本是免费观看。因此,依照侵权人的侵权违法所得确立的赔偿数额很低,完全不足以弥补权利人的损失。侵权成本低使潜在侵权人在决策时就不再考虑其应承担的预期责任成本,也就不会采取足够的预防措施,甚至会更加频繁地从事其活动。

(二)社会公众情感表达的精神需求被低估

短视频媒介的流行显然不是源于国家或政治力量的有意推动,也不是互联网企业主动"造福百姓"的结果,它是互联网商业创新中的一种"溢出效应"与"非预期后果"①。这种非预期后果,直接冲击了著作权的基本制度前提。著作权制度的正当性基础之一是激励理论。根据激励理论,没有合法的垄断就不会有足够的信息生产出来,创作者的创作热情会因无利可图而逐渐衰减。激励理论的上述论断,并未在短视频领域得到验证。在当下,短视频领域基本处于全面免费的状态,长达 10 年的持续增长历程充分表明:社会公众在短视频的创作过程中,并非唯经济利益是图,更多的是作为一种参与文化的方式,其中包含了对自由表达等非经济需求的追求。② 过去在互联网上,虽说人人都是传播者,但是都以文字书写为主要的表达方式,而文字书写从深层的逻辑上看,仍然是以精英人士的表达为主流的一种表达范式。因此,在书写时代,能够在网络上表达思想、看法的始终是社会上的一小群精英,95% 以上的大众只是旁观者、点赞者和转发者。而视频则是与之前媒介表达方式不同的一种泛众化的传播方式。从 4G 时代开始,视频为普罗大众赋能赋权,将社会话语的表达权给了越来越多的普通

---

① 参见潘祥辉:《"无名者"的出场:短视频媒介的历史社会学考察》,载《国际新闻界》2020 年第 6 期。
② 参见倪朱亮:《自媒体短视频的著作权法治理路径研究——以公众参与文化为视角》,载《知识产权》2020 年第 6 期。

人,每一个人都可以用视频这种简单而直观的形式与他人和社会分享。① 社会公众的表达欲望与表达机会都远超以往任何一个时代。面对传播媒介的重大变革,权利人依然试图沿用历次技术变革中采用的方法,即通过著作权的专有性来维护其作者身份与表达的私有化以解决大规模侵权的问题。仍以北京互联网法院为例,2018 年 9 月~2022 年 2 月,该法院受理的涉短视频著作权纠纷案件中,以网络用户为被诉对象的有 1449 件,以短视频平台和平台用户为共同被告起诉的有 83 件,二者合计 1532 件,占到全部 2812 个案件的 54.5%。这表明,权利人沿用的向网络用户提起大规模诉讼的应对策略失效了,最终网络用户仍然是最主要的侵权主体。大规模诉讼策略失效的根本原因在于忽略了新技术、新业态之下社会公众情感表达的精神需求。作品不仅是具有排他性的专有权利,更包含精神文化产品的属性,甚至后者在立法价值取向上更为重要。不同于以往任何时期的技术变革,短视频全面激发了网络用户表达思想、宣泄情感的精神需求,版权制度规制的主体也从少数精英人士转变为包含普罗大众在内的多数人。在短视频兴起前,以权利的排他性为防卫手段来干预新技术条件下的作品利用,因仅涉及少数人的经济利益,都能收到较好的效果。而当版权规制主体从少数人转变为多数人,多数人又将短视频视为重要的情感表达窗口时,继续以权利的排他性来维持表达的私有化,就会因压制了社会公众的情感表达需求而不易被大众所接受。

(三)产业发展与治理规则之间的错位与失衡

目前,短视频的版权治理主要表现为法律规制与行业自治两种途径。在产业驱动制度转型的模式之下,制度调整一定会滞后于产业发展。当产业发展与治理规则之间出现错位时,就将发生制度失灵。产业发展与治理规则之间错位的表现,一是治理规则是以传统市场环境为前提构建起来的,并未考虑到新兴产业主体的市场利益,也未考虑到

---

① 参见潘祥辉:《"无名者"的出场:短视频媒介的历史社会学考察》,载《国际新闻界》2020 年第 6 期。

最终用户地位的转变;二是产业主体具有天然的趋利属性,要求新兴产业主体完全依照既有规则,继续兼顾旧的产业主体的利益,违背了产业发展的一般规律。

就第一种表现而言,短视频版权治理有关的法律规则存在如下三个方面的问题。一是短视频的法律属性与权利归属不明确。短视频的外在表现形式是连续画面,2020年修改完成的《著作权法》保留了视听作品、录像制品二分的立法模式,短视频内容丰富、类型广泛,那些经过剧情创作、专业拍摄和剪辑形成的短视频可构成视听作品已基本达成共识,但其他大量由普通网络用户拍摄形成的单纯录制类短视频,是属于视听作品还是录像制品,仍有待个案认定。如认定其他短视频属于视听作品,《著作权法》将视听作品进一步细分为"电影作品"、"电视剧作品"与"其他视听作品",并分别规定了不同的著作权归属规则。短视频究竟属于电影、电视剧作品还是其他视听作品,也有待澄清。二是合理使用的规则不明。在短视频创作中,有大量短视频是利用已有作品进行的二次创作。二次创作是否属于合理使用,司法实践中的认定标准并不统一。合理使用判决理由上的"拿来主义"和"要件混搭",已给我国著作权合理使用的司法适用造成混乱,导致合理使用成为著作权法最缺乏可预期性的制度之一。[①] 三是在混业经营的新模式下,短视频平台既为短视频用户提供信息存储空间服务,也以各种方式广泛参与短视频的创作和传播,并从中获得经济利益。短视频平台作为网络服务提供者与内容提供者之间的界限越来越模糊,那么就势必存在其法律地位为何、注意义务如何设定等问题。

就第二种表现而言,法律归根结底是第二性的东西,相较于技术发展、产业变革活跃的发展轨迹,制度则呈现出相对独立和稳态的发展轨迹。面对技术发展、变化带来的挑战,需要理性地分析,将法律与新技术、新商业模式相剥离,分析新技术的应用、新商业模式的产生是否导致了新型的利益关系、是否需要创造新的规则加以规范;如果技术应用

[①] 参见熊琦:《著作权转换性使用的本土法释义》,载《法学家》2019年第2期。

不足以产生新的社会关系,则需考虑原有概念是否可以涵盖所出现的新情况,既有制度或规范能否解决这些新问题。① 按照目前的发展态势,短视频的兴起虽然对著作权制度产生了冲击,但并未产生新型的利益关系。在短视频涉著作权纠纷的案件中,起诉主体和被诉主体的一方或双方为长短视频平台的案件仍然占据多数,这反映了短视频版权治理的实质是调节长短视频之间的利益冲突。短视频平台一直饱受质疑的是版权保护不力。与文字作品或美术、摄影等作品的版权过滤相比,短视频过滤的最大障碍仍然是技术与成本。虽然当下版权过滤技术的准确性、效率均有较大程度的提高,但若需要对用户上传的海量短视频与海量在先视频逐一对比、分析,仍然不是现有技术能承受的,在技术过滤的同时,为防止误伤,还需辅之以人工复核,因此而所需的成本也不在少数。在法律规则并未对短视频平台提出更高要求的制度转型期,要求短视频平台违背趋利本性,基于自觉主动提高版权保护水平,违背了产业发展的基本规律。

四、短视频版权治理困局的破解

从前述版权治理制度失灵的原因来看,主要症结在于未能妥善处理好制度、产业与公众之间的关系。在产业驱动制度转型的过程中,各方利益冲突是必然,只有严格区分其中的动力与阻力,才能保证法律规则的调整与创新符合产业发展的趋势。与以往不同,本次因短视频产业兴起引发的制度转型,除涉及新旧产业主体的利益分配外,社会公众也深受影响。社会公众从旁观者、点赞者和转发者到创作者身份的转变,要求制度调整除考虑产业利益外还必须充分考虑社会公众的利益。

(一)社会公众情感表达需求的满足与知识产权意识的同步培育

社会公众将短视频视为重要的情感表达窗口,在维护著作权人利益的同时,只有充分保障社会公众情感表达的自由,相应规则才会为社会公众所接受并自愿遵守。否则即便法律得以落实,也易产生情理与

---

① 参见刘春田主编:《知识产权法》,中国人民大学出版社2022年版,第42页。

法理冲突的结果。在以"互动性"为特征的短视频自媒体环境下,作品利用者转身成为利用他人作品而进行再创作的作者。因此,在"作者—作品利用者"关系占主导模型的同时,"作者—作者"关系模型得以并存。在后者模型中,著作权法鼓励创造应具有双重含义,既要保护在先创造,又要鼓励后续再创作。① 与利用技术方案相比,作品的利用更加分散,后续再创作的形式也更加非标准化。非标准化意味着更高的谈判成本和更小的许可成功率,更容易出现市场失灵。这部分非标准化的利用方式就很可能成为被权利人"浪费"的资源,将其交给权利人掌控,有违财产权本意。因此,著作权需要免除大量市场失灵情形下非标准化利用行为的侵权责任。② 合理使用成为最重要的免责事由之一。《著作权法》第 24 条列举了合理使用的各项具体情形,还吸收了《伯尔尼公约》的"三步检验法",要求合理使用"不得影响作品的正常使用,也不得不合理地损害著作权人的合法权益"。"三步检验法"是合理使用认定的一般要件,但在司法实践中并未得到应有的重视。一方面,该一般要件具有限权功能,要求法院在适用转换性使用时,不可随意扩大解释,将那些转换性程度即使较高但不合理地损害了著作权人合法权益的商业性使用排除在外;另一方面,该一般要件具有赋权能力,只要未影响作品正常使用、未不合理损害著作权人合法权益的行为,都可能构成合理使用。合理使用一般要件的落实,对维持著作权人与社会公众的利益平衡具有重要作用,在司法实践中应当予以坚持与强化。放置在短视频的语境下,那些未利用在先作品的实质性内容,也未损害权利人合法权益的二次创作行为,都应归入合理使用之中,以此来满足社会公众情感表达的精神需求。

社会公众在表达情感的同时,也经常出现一些越界的行为。短视频的一大特点是传播速度快、范围广,但持续时间短,倘若完全仰赖事后救济,可能已经错过了最佳保护期。因此,事先防范在短视频版权保

---

① 参见李琛:《版权闲话之五:鼓励创作的双重意义》,载《中国版权》2018 年第 6 期。
② 参见蒋舸:《论著作权法的"宽进宽出"结构》,载《中外法学》2021 年第 2 期。

护中具有重要的意义。对平台而言,事先防范的做法之一,便是帮助用户建立良好的版权观念。目前,各短视频平台虽通过用户使用协议、自律公约、社区规则等不同形式,规定了相应知识产权行为规范,但都比较泛泛,对用户的指导意义并不大。《互联网视听节目服务管理规定》《网络视听节目内容审核通则》《网络短视频内容审核标准细则》相继发布,即便是号称"业内最严"的《网络短视频内容审核标准细则》,在知识产权保护方面的规则也依然比较笼统。为加强对用户的指导意义,平台可考虑在前述规则的基础之上,遵照"分类指导、分类引领"的基本原则,根据不同类型的短视频制定不同标准的审查引导机制,①将短视频制作中常见的侵权行为类型化,指导用户自查对照是否存在侵权内容。

(二)行业自我调节与法律干预的协调与配合

1. 短视频行业的自我调节

短视频本质上属于内容驱动型产业,优质、持续、差异化的内容供给是平台制胜的关键。短视频已经走过了10年初创期,无论用户还是内容,都已经从早期"从无到有"的增量市场转变为了"从多到优"的存量市场。不可否认,短视频内含的消费逻辑会受到资本的影响,不可避免地呈现离轨倾向。然而,其天然被赋予的教化价值决定它不能任由资本逻辑和消费逻辑的冲突局面发展下去。② 为了在行业发展的"下半场"继续保持优势,平台自身就不会对短视频的泛娱乐化趋势坐视不管。相反,短视频平台还会积极主动地谋求自身地位的转变,从泛娱乐化转向追求知识生产与分享,不断促进内容供给的优质化。如抖音在其社区自律公约里明确说明,禁止侵犯他人著作权等合法权益;禁止批量发布同质化、低质量、无意义的内容;对于违反社区公约的行为,将采取删除/屏蔽违规内容、暂停或终止违规用户账户功能等措施。快手则

---

① 参见邓若伊、余梦珑:《短视频发展的问题、对策与方向》,载《西南民族大学学报(人文社科版)》2018年第8期。

② 参见马涛、刘蕊绮:《短视频内容产业发展省思:重构、风险与逻辑悖论》,载《现代传播(中国传媒大学学报)》2019年第11期。

在其社区管理规定中表示,用户不得未经授权、盗用、转载、搬运他人作品,发布与他人创意高度相似、疑似抄袭的内容,否则将会被施加内容处理(禁止被评论、减少推荐、删除等)、账号处理(禁言、禁被关注、减少推荐、冻结等)和直播处理(中止播放、限制权限、冻结等)。

短视频平台设置的私立规则,相较于法律制度,具有效率和效果两方面的优势。在效率上,各短视频平台都设置有一键举报等类似功能,用户可以随时针对违规内容向平台举报,平台本身也有内容审查,一旦发现有违平台规则的内容,都可立即做出反应,采取相应措施,如禁止被评论、减少推荐、删除等。这对降低侵权内容的传播范围、减少权利人的实际损失具有非常显著的作用。而法律途径维权,需要经过证据固定、实际诉讼等诸多流程,不仅经济成本高,时效上也无法保障。在效果上,短视频版权侵权的民事责任以停止侵权、赔偿损失为主。短视频传播的一大特点是热度持续时间短,停止侵权对权利人的救济意义以及对侵权人的威慑作用都不突出,加之损害赔偿标准低,侵权人更加无所忌惮。与此相比,平台设置的处罚措施主要针对账号(禁言、禁被关注、减少推荐、冻结等),这种非经济性处罚反而对侵权人更有威慑。在流量经济时代,只有保持相对稳定的更新频率、较为固定的发布时间才能保证账号权重的稳步提升。而对账号的处理措施恰好破坏了短视频的更新频率与发布时间,对账号的限制时间越长,流量流失就会越严重,甚至可能导致账号的前期积累都失效。法律的经济制裁是一次性的,账号限制后对流量的影响却是持续的,侵权人在对待平台的处罚措施时也就更为谨慎。因此,在后续短视频版权治理中,要重视平台设置的私立规则,平台应提供更为便捷的投诉、举报途径,针对反复侵权、严重侵权的账号要加大处罚力度。

2. 法律对行业自治的适度干预

为了防止短视频平台在利益驱动之下忽略版权保护,仍有必要加强法律干预。短视频平台逃避版权保护责任最主要的制度盾牌就是"通知—删除"规则。"通知—删除"规则虽已确立多年,但适用规则并不明晰,短视频兴起后规则模糊性带来的不利后果就更为明显。因此,有必要先行完善相关规则。首先是通知的有效性,《信息网络传播权保护条例》对权利人的通知应当包含的内容做出了具体规定,为切实发挥制度作用,可要求平台在提供投诉途径时,设置相应的文本模板以作示范,同时若权利人发出的通知存在瑕疵,只要能定位至具体作品的名称、地址,并能提供初步侵权证据,均应认定为有效通知。其次是删除的及时性,立法中对及时性的要求主要采用的表述是"立即"、"及时"或"合理期限内",但对何为"立即""及时""合理期限"却未作明确的规定。结合短视频的特殊性,可考虑以下几个方面:第一,权利人的通知载明了具体作品名称与地址,也附有合格的侵权初步证明材料的,平台应在 24 小时之内采取必要措施;第二,若权利人的通知不合格,但涉及热门影视作品,平台也应在 24 小时之内采取必要措施;第三,在其他情形之下,删除处理期限可放宽至 3~5 个工作日;第四,对通知不合格的,既无法定位具体作品,也难以证明其有侵权的,平台应在 24 小时之内反馈给权利人。

"通知—删除"规则最早确立于 20 年前的美国《数字千年版权法》(DMCA),而当前互联网发展已经今非昔比,完全沿用 20 年前的规则,难以适应当下产业发展的需要。不同于技术中立原则下的工具属性,混业经营的短视频平台对作品的生成、上载、传播、推送等方面均具有较强的引导性和控制力。短视频平台直接参与内容创作,与传统环境下典型的网络内容提供者性质一致,并无"通知—删除"规则适用的空间。但如今短视频平台即使不直接参与内容创作,也会利用算法规则对内容进行"特定方式加工"而后才提供给其他用户。算法推荐系统的两大基石是内容分析和用户标签,因算法推荐的加持,会极大提升内容的播放量,而以大数据为基础的针对用户标签实施的兴趣推荐内容分发方式,也让信息茧房现象愈加泛滥。算法技术本身是中立性的工具,但平台对算法的具体使用则是精确的利益计算和取舍的结果,平台会根据自身特点对算法进行"主观"调节,算法由此鲜明地体现了平台的意志。要防止平台借助技术中立原则逃脱责任,需要始终谨记"通知—删除"规则并非责任豁免的前置条件,它仅是"避风港"规则下的程序条件,能否适用还需结合分析平台是否"不知道也没有合理理由应当知道"这一实质要件。① 算法推荐下短视频平台要证明自己不具有主观过错,则需承担一项新的证明责任,即说明算法运行的具体规则,并证明该规则符合平台运行的技术逻辑,如超出了必要限度,则应认定平台实施的算法不符合技术中立原则,应承担相应的责任。这也是2022年正式施行的《互联网信息服务算法推荐管理规定》中要求的,算法实施者应当遵守商业道德和职业道德,遵循科学合理和诚实信用原则。在算法推荐下,只有揭开算法的技术面纱,才能让平台真正承担起与其控制力相适应的平台责任。

算法推荐的普及,使侵权内容的传播范围更加难以控制,"通知—删除"原则的应用难度不断加大,实施效果不断减弱。为应对算法推荐的挑战,"通知—删除"规则只有适当向前延伸才可充分发挥原有制度功能。短视频平台除事后删除外,还应做好事先预防,利用技术尽可能地在源头"排除"侵权内容。从"剑网2018"专项行动中平台方在整改过程中自行删除了57万个侵权短视频的结果可知,作为管理方的平台具有相当技术能力来监测并删除侵权短视频。当然,从行业实践来看,不同的网络服务提供者采用的过滤标准并不相同。从规范性的角度来看,有必要从行业角度,由行业协会、政府主管机关、集体管理组织等联合确定一个主流技术标准。所谓主流技术,是指某一时点同行业普遍使用的网络平台在经济上可承受的能对侵权内容进行有效过滤的成熟技术。② 同时,在司法适用上,以是否采用了主流技术标准作为判断短视频平台是否尽到了合理注意义务的依据之一。

(三)回归商业底层逻辑后长短视频错位发展

在短视频崛起的数年间,反应最为激烈的当属长视频权利人。2021年,长短视频的斗争进入白热化阶段。影视行业协会、影视公司、

---

① 参见刘雅婷:《短视频平台版权纠纷间接侵权责任的认定》,载《电子知识产权》2020年第9期。
② 参见张晓君、上官鹏:《中国在线内容分享平台版权责任的配置路径——兼评〈数字化单一市场版权指令〉第17条平台承担"过滤义务"的观照》,载《出版发行研究》2021年第7期。

视频网站联合数百名演员连续发布两次联合声明,要求抵制短视频对相关影视作品实施剪辑、切条、搬运、传播等行为。长短视频双方更是因侵犯著作权及不正当竞争而多次对簿公堂。据统计,仅仅是 2021 年下半年,腾讯就向抖音发起了 168 起侵权诉讼。但到了 2022 年,市场风向随即发生了转变,长短视频之间达成合作的消息不断传出。2022 年年初,快手与乐视达成合作,以生态接入(乐视及风行小程序)的方式为用户免费提供电视剧、电影及综艺;2022 年 6 月 30 日,快手与乐视再次就乐视独家自制内容达成二创相关授权合作。抖音也在 2022 年 3 月、2022 年 7 月分别与搜狐、爱奇艺就相关影视作品的二次创作达成合作,他们的合作表明了长短视频平台进行合作是未来的发展趋势。长短视频之间的利益斗争,表面上看是短视频成为重要的传播方式后,长视频权利人无法控制作品的利用方式和范围,但本质上仍然属于新旧产业主体在商业模式上的竞争与取舍。如果长短视频平台无法在商业模式上选择合作,将导致作品传播既不利于实现权利人的利益,也难以满足消费者的需求。长短视频之间从斗争转向合作,是市场发展的必然结果,互联网产业已经进入后存量时代,"赢者通吃"的时代已经一去不复返。只有让互联网回归最初的开放、共享、去中心化,才可能解决相互之间的"内耗"。长短视频之间数年的斗争结果表明:短视频不能完全替代长视频,长视频也不能阻止短视频的持续发展。唯有双方合作,拓展各自用户边界,才能实现合作共赢。双方合作也具有长短互补的现实基础:短视频迎合了快节奏之下消费者碎片化的观影习惯,拥有海量的用户群体,其精准推荐模式更是为长视频提供了更佳的推广、引流途径,而长视频丰富的优质内容又有助于吸引与留存用户。本次抖音与爱奇艺的合作实现了跨端的跳转,即用户在抖音看到二创内容后,可直接跳转到爱奇艺观看正片,更是将合作共赢的优势推向了新的高度。

　　长短视频平台的合作,之所以能取得共赢的效果,还在于二者虽共享同一用户群体,但满足的却是用户不同的观影需求。在后续的合作中,长短视频平台只有回归商业底层逻辑,以满足用户不同欣赏体验为基点进行错位发展,各自市场利益才不至于相互冲突,知识产权边界也得以划定。长视频的本质是"内容生意",片库的丰富度、内容的吸引度是根本;短视频则以推荐算法、内容生态为核心竞争力,短、平、快是显著优势。长短视频平台的错位发展,并不意味着二者之间的竞争完全终结,双方仍将在各自赛道上继续奔跑,如长视频在内容上不能取胜,用户自然会继续流失至短视频。

随着长短视频平台之间合作的达成,短视频领域对长视频的利用正式进入了免费且正版的阶段。短视频创作中典型的切条、搬运等侵权行为,也不再成为行业问题,但该结果并非源于著作权执法水平和力度的提高,而是来自长视频的免费获取。在此过程中,网络用户并未支付任何费用,本应由其承担的版税被转嫁给了网络服务提供者。这种模式作为网络服务提供者获得用户青睐的主要商业手段,虽然大幅降低了网络用户个人单独授权许可的交易成本,但由于在此过程中网络用户并未支付任何对价,平台之间的直接合作也未能反映相关作品的真实市场交易价值。长此以往,并不利于形成良好的著作权交易市场。在未来的合作中,短视频平台可继续充当连接作品权利人与使用人的纽带,构建先授权、后适用、再付费的著作权授权分发体系。其中的付费依据可引入作品的使用量和播放量作参考,以反映作品实际的市场价值,推动内容的持续优化。在网络用户直接付费习惯形成和知识产权意识建立的情况下,长视频权利人也可考虑建立开放许可,明确许可使用费的支付方式和支付标准,在节省交易成本的同时,减少侵权行为的发生。

五、结论

在传统版权产业模式下,作品创作和传播都是特定范围内的职业化行为,权利人与使用者相对集中,且作品传播渠道主要由产业投资者控制。所以,版权法近300年来规制的主要对象是参与职业化创作和传播的少数主体,侵犯版权的对象也皆为涉及作品大规模或商业性使用的组织。① 当网络最终用户加入并广泛参与短视频的创作、传播后，原本仅规制"少数人"的著作权制度，随着"多数人"的加入，基于原有法律关系的权利体系和许可模式必然失灵。为应对上述失灵，长期以来无论是国家治理，还是权利人，都集中在法律规则层面的调整和创新，忽略了相关产业主体之间合作创制的私立规则。② 法律规则的调整与创新，本质上是意图以"堵"的方式来遏制侵权，但从实际效果来看并不显著。这也意味着短视频的版权治理在"堵"的同时，还应重视产业主体在市场推动下自发形成的私立规则，以"疏"的方式推动版权保护。"堵""疏"结合，方能更好地实现治理目标。

第三节 生成式人工智能对著作权侵权接触要件的再塑造③

一、问题的提出

"接触+实质性相似"是著作权侵权认定的一项重要规则，起源于美国判例，虽未在我国著作权立法中明确规定，但已在司法实践中广泛适用。其中的"接触"要件，体现的是著作权法尊重独立创作的基本精神，意味着被告如未曾接触原告的作品，即使创作成果与他人作品高度相似甚至完全相同，也不成立著作权侵权。但由于接触作为个人行为的私密属性，除个别案件有直接证据外，④多数案件只能以间接证据的

---

① 参见熊琦:《网络版权保护十年:产业与制度的相生相克》，载《电子知识产权》2016 年第 10 期。
② 参见熊琦:《Web 2.0 时代的著作权法:问题、争议与应对》，载《政法论坛》2014 年第 4 期。
③ 本节内容原载王果:《生成式人工智能对著作权侵权接触要件的再塑造》，载《编辑之友》2024 年第 11 期。
④ 如在飞鹰会展公司诉芯驰光电公司著作权侵权纠纷案中，被告通过合同磋商过程中接触到原告的设计效果图，参见天津市高级人民法院民事判决书，(2022)津民终 832 号；又如郑某仪诉刘某谦等侵犯著作权纠纷案中，被告实地察看并曾借用占有有孔虫模型，《最高人民法院公报》2014 年第 3 期。

形式来推定,且司法实践中法官对间接证据的要求并不统一。既有单纯以发表时间在先为标准的,①也有以发表时间在先附加同业经营要求的,②还有以实质性相似来推定接触的,③甚至还出现了"即使被控侵权作品是被告在接触到在先作品后进行独立创作或者在未接触到在先作品的情况下进行独立创作,但是由于其创作的作品仍然与他人的作品构成实质性相似,因此并不具有独创性"的错误观点。④可见,即使是在前人工智能时期,接触规则的适用就存在诸多疑义。生成式人工智能的出现,进一步加剧了接触的认知难题。2023年12月27日,纽约时报对OpenAI和微软提起侵权诉讼,指控OpenAI和微软未经许可使用数百万篇纽约时报文章训练ChatGPT模型。⑤ GPT-4输出的许多回答中,几乎逐字逐句地抄袭了《纽约时报》的报道。不仅是文本输出领域,计算机视觉领域也存在同样的抄袭输出问题。使用者只需给出与某些商业电影相关的简短提示,Midjourney v6就能生成许多抄袭输出,即使提示词中没有要求模型生成侵权内容,也能得到相关结果。⑥ 前述实例表明,人工智能抄袭已成既定事实。在生成式人工智能介入创作的场景下,使用者仅进行指令输入,具体内容的生成依赖生成式人工智能的

---

① 如洪某远、邓某香诉贵州五福坊食品有限公司等著作权侵权纠纷案,法院认为:在五福坊公司生产、销售涉案产品之前,洪某即便发表了涉案《和谐共生十二》作品,五福坊公司有机会接触到原告的作品。参见贵州省贵阳市中级人民法院民事判决书,(2015)筑知民初字第17号。

② 如左尚明舍家居用品(上海)有限公司诉北京中融恒盛木业有限公司等侵害著作权纠纷案,法院认为:左尚明舍公司的"唐韵衣帽间家具"作品形成及发表时间早于中融公司的被诉侵权产品,中融公司作为家具行业的经营者,具备接触左尚明舍公司"唐韵衣帽间家具"作品的条件,参见最高人民法院民事判决书,(2018)最高法民申6061号。

③ 如在张某园与辰榕兵宇公司著作权侵权纠纷案,法院认为:由于被诉装饰画1与原告作品之间具有显著相似性,难以解释为创作上的巧合,可以推定辰榕兵宇公司存在接触原告作品的可能性。福建省福州市中级人民法院民事判决书,(2018)闽01民初206号。

④ 参见广东省高级人民法院民事裁定书,(2019)粤民申963号。

⑤ 参见《中文翻译首发 | 纽约时报起诉要求销毁 ChatGPT,赔偿数十亿美元(起诉状全文)》,载微信公众号"中美法律评论"2024年1月4日,https://mp.weixin.qq.com/s/Vir_jOJcW947-7hZSUlAFg,2024年3月13日访问。

⑥ 参见佳琪:《吃了几个原作者才能生成这么逼真的效果?文生图涉嫌视觉抄袭》,载机器之心 pro,https://baijiahao.baidu.com/s?id=1787509381531804606&wfr=spider&for=pc.,2024年3月13日访问。

运行,则生成式人工智能对在先作品的接触能否视为使用者的接触？使用者的接触又能否推演至生成式人工智能？生成式人工智能对在先作品的接触如何识别与判断？都将成为人工智能时代必须解答的问题。

为应对人工智能的挑战,全球基本形成了欧盟风险治理、美国应用治理、我国主体治理三种主流范式。但三种治理范式均形成于传统人工智能的"1.0时代",与展现通用潜能的新一代人工智能难以充分适配,并在不同维度凸显治理局限。① 学术界提出了新的治理思路,如借鉴法律3.0的融贯性治理思路,将技术、规制和立法都作为治理工具;② 人工智能2.0时代应建设以监管权的开放协同、监管方式的多元融合、监管措施的兼容一致为特征的"治理型监管"模式;③生成式人工智能呈现"基础模型——专业模型——服务应用"的分层业态,应以其分层业态为基础构建分层治理体系,在不同的层次适配不同的规制思路与工具。④ 针对更为细致的版权侵权治理,亦有研究成果指出要采取全周期治理思路,延长追责主体链条、坚持过错原则、实施分层分类治理,探索"技术支持者——服务提供者——AI使用者"价值链上各个主体之间的责任分担机制。⑤ 前述研究成果提供了非常宝贵的思路,但面对如何规制生成式人工智能所生成内容著作权侵权这一现实问题时,仍未能给出妥善的具体方案。要解决这一问题,需要将上述宏观性治理思路细化到"接触"这一细节问题上。鉴于此,本节试图在廓清接触认定相关争议的基础上,以应对生成式人工智能的挑战为目标,对接触进行规则重塑。需要澄清的是,本节采用的研究立场是将生成式人工智能的

---

① 参见张欣:《生成式人工智能的算法治理挑战与治理型监管》,载《现代法学》2023年第3期。
② 参见郭春镇:《生成式AI的融贯性法律治理——以生成式预训练模型(GPT)为例》,载《现代法学》2023年第3期。
③ 参见张欣:《生成式人工智能的算法治理挑战与治理型监管》,载《现代法学》2023年第3期。
④ 参见张凌寒:《生成式人工智能的法律定位与分层治理》,载《现代法学》2023年第4期。
⑤ 参见邵红红:《生成式人工智能版权侵权治理研究》,载《出版发行研究》2023年第6期。

学习与输出视为具有独立意义的不同行为,对著作权侵权的判断仅限于生成式人工智能学习输出的成果,并不涉及机器学习过程中的著作权侵权行为。

二、接触的理论释疑

(一)接触的法律地位:"接触+实质性相似"或"实质性相似+接触"

查阅现有文献,可发现理论界有"接触+实质性相似""实质性相似+接触"两种不同方式。不同表述方式引发的思考是:"接触"与"实质性相似"的不同顺序,在著作权侵权判断过程中是否具有法律意义。如无法律意义,则二者可以交替使用;但若有法律意义,则意义何如?且何种顺序才符合制度规范?吴汉东教授认为,"实质性相似"的证明与认定处于更为重要的地位,在讼争作品构成实质性相似的情况下,方产生证明与认定被控侵权行为人有"接触"事实之必要,[1]其在表述上采用的也是"实质性相似+接触"。该论述实际包含以下两层含义:一是"接触"与"实质性相似"存在重要程度的区分,二是"接触"的认定以实质性相似成立为必要。笔者认为,上述论断有待商榷。

1. 接触独立于实质性相似且二者同等重要

"接触+实质性相似"规则的前身是"复制—不当挪用"路径,"接触"要件与其中的"复制"环节相对应,意在考察作品是由作者独立完成还是由他人作品复制而来。[2] 因此,接触是为了证明抄袭的存在,著作权只能禁止他人复制或抄袭自己的作品,而不能禁止他人独立创作出一致的内容。实质性相似则是对两部作品相似性程度达到侵害性的价值评价,[3]是合理相似与不法复制之间的分界。在界限之内的相似,属于著作权的合理容忍范围;只有超过界限的,才可能构成著作权侵权。换言之,实质性相似是为了证明抄袭的程度是否越界。正是由于接触

---

[1] 参见吴汉东:《试论"实质性相似+接触"的侵权认定规则》,载《法学》2015年第8期。
[2] 参见刘琳:《我国版权侵权"接触"要件的检讨与重构》,载《知识产权》2021年第11期。
[3] 参见宋戈:《作品"实质性相似+接触"规则研究》,中南财经政法大学法学2019年博士学位论文,第24页。

与实质性相似承担着不同的制度功能,在认定著作权侵权时,两者缺一不可,不存在吸收与被吸收的关系,也不存在孰轻孰重的区分。在 Selle v. Gibb 案中,原告曾提出被告作品与其作品之间具有的"显而易见相似性"(striking similarity)已足以否定被告独立创作的可能,无须再另行提出接触的直接证据。但法院认为接触不能从相似性规则中推定,尽管明显过高的相似性使接触具有了可能,但是原告仍应提供有关证据证明接触的合理性。① 理由依然是相似甚至完全相同都不为著作权所禁止,著作权只能禁止对其他作品的非法复制与抄袭。该案事实上确认了接触的独立法律地位。

2. 接触是实质性相似判定的前置条件

接触应当是判断实质性相似的前置性条件,而非在讼争作品构成"实质性相似"的情况下才产生"接触"事实之必要。在司法实践中,亦有案例持此观点。如在深圳国瓷永丰源股份有限公司与景德镇某贸易公司、景德镇某陶瓷厂著作权权属、侵权纠纷案中,法院认定:被诉侵权产品图案对永丰源公司享有著作权的作品构成实质相似,在作品构成实质性相似且存在接触著作权人作品可能性的情况下,景德镇某贸易有限公司构成了对永丰源公司涉案作品的著作权侵权。②

这种先认定实质性相似再来验证是否存在接触,是对美国"接触+实质性相似"规则的误读,属于法律移植过程中出现的制度认知偏差。美国版权法采用的"接触+实质性相似"其实是"接触/测试性相似+实质性相似","接触/测试性相似"是为了证明抄袭(copying)的存在,这里的"测试性相似"(probative similarity)是指足以证明发生抄袭所需要的相似程度,也就是一些法院所称的显而易见的相似(striking similarity),并不是"实质性相似"。测试性相似与实质性相似无论在表现上,还是在证明目的上,都很不一样。两部作品明显近似、相同错误,相同的特点、相同的风格或者相同的技巧,而这些相同

---

① See Selle v. Gibb,741 F.2d 896,223 U. S. P. Q. 195 (7th Cir. 1984).
② 参见江西省景德镇市中级人民法院民事判决书,(2021)赣02知民初4号。

之处很难用偶然的巧合来解释就属于测试性相似,并可据此认定抄袭成立;而实质性相似是要证明被告的作品是否实质性地使用了原告作品的独创性表达。① 因此,实际证明逻辑是基于测试性相似证明抄袭的存在(接触的成立),然后再以实质性相似证明抄袭的程度。如以"实质性相似+接触"为标准,就忽略了实质性相似形成原因的多元性:既可能是抄袭,也可能是独立创作、公有领域,还可以是合理使用或法定许可等其他原因。单纯"实质性相似+接触"并不足以作为著作权侵权的判断依据。

(二)接触的认定标准:从可能到合理的可能

如前所述,司法实践中多数案件的著作权人都仅能通过间接证据来证明被诉侵权人存在接触,其中间接证据又以实质性相似、发表时间在先为主。接触不是实质性相似的附庸,业已表明实质性相似不能成为接触的间接证明;而单纯发表时间在先的标准在互联网环境下只能是聊胜于无。互联网打破了传统媒介在接触问题上形成的平衡,物理距离的意义接近消失,距离我一千米外的作品,和距离我一千千米外的作品,在互联网终端上能够几无差别地呈现出来。② 在互联网环境下,如果单纯以发表时间在先来认定接触,则原告的举证难度几乎为零,极易不当压缩他人独立创作的自由空间。在涉抄袭案件中对接触的认定,实际是对被诉侵权人创作过程的事实回溯。接触证明标准的确立,依赖前述事实回溯的法律属性是推定还是推论。推定与推论虽然都建立在经验与逻辑之上,但二者之间存在证明要求的高低不同、法定证据还是自由心证、证明责任的转移与否、事实认定义务的有无、法律问题或事实问题等五个方面的区别:推论证明要求低,具有自由心证的特征,未转移证明责任,也未确立司法机关事实认定义务,本质上属于事

---

① 参见张伟君:《原告必须举证"接触"来证明被告抄袭吗?》,载搜狐网,https://www.sohu.com/a/513499340_121124708,2023 年 10 月 13 日访问。

② 参见周小舟:《论接触要件在剽窃案中的程序和实质意义——从〈小站〉案切入》,载《华东政法大学学报》2016 年第 2 期。

实问题。推定则完全相反。①

在前述五个区分中,笔者以为,第一个证明要求高低的区分应当是定性之后的执行标准,不宜作为论据,否则将有以果导因的嫌疑。其他四个区分,因证明责任的转移需有明确法律依据,故以此为出发点来论证接触的法律属性。推定机制转移证明责任,在法律中可以使用"责令说明"这类着眼于行为要求的明示性规定,也可以采用"未能说明""未能提供"等着眼于法律后果的隐含性规定。②《著作权法》第 59 条便是典型。在该条中,将是否有合法授权、是否有合法来源的证明责任转移到了出版者、制作者以及出租者,著作权人仅需证明有出版、制作或出租等行为即可,并不需要就其是否有合法授权、是否有合法来源承担证明责任。反观接触的证明,自始至终奉行的举证规则都是"谁主张谁举证",由著作权人举证证明被诉侵权人有接触,被诉侵权人仅对自己独立创作或源于公有领域承担举证责任。据此,接触当属推论而非推定,将该结论推演至其他区别也同样成立。

第二个法定证据与自由心证的区分。推定限于特定的基础事实,反对证据一旦确认就不再发生效力,推论则可以从相关的全部事实中进行推论得出结论,反对证据出现后还需衡量彼此证据的强弱以及其间的矛盾是否能够被克服、被合理解释或者被容忍。③ 接触并不限于测试性相似这一特定基础事实,即使被诉侵权人提出了工作底稿等有关创作证据,法官也需要综合衡量作品发表时间、相似程度、作品知名度等多重因素,确认测试性相似能否被合理解释。

第四个事实认定义务的有无,在接触的认定中,即使存在高度测试性相似这一基础事实,司法机关并非必须认定接触成立,仍有综合其他事实酌情裁量之权。如被告能证明作品创作时间早于原告,则司法机关可结合该证据的证明力度综合认定接触是否成立。

第五个法律问题与事实问题的区分,虽然二者之间的区分标准

---

① 参见龙宗智:《推定的界限及适用》,载《法学研究》2008 年第 1 期。
② 参见龙宗智:《推定的界限及适用》,载《法学研究》2008 年第 1 期。
③ 参见龙宗智:《推定的界限及适用》,载《法学研究》2008 年第 1 期。

未有定论，但基本都认可事实问题是纯粹经验判断，涉及的是某些通过感官、证据或据以进行推理而可认知的事物的存在、性质、状况等问题，①并不需要法律知识，普通民众也可胜任；法律问题则需要对已确认事实进行价值判断，包括如何适用法律规则、如何进行合理解释以及判断是否正当等。依此标准，接触实际是探究被诉侵权人所用参考资料的真实情况，强调事情本身的真实性，并不需要进行法律评价，因而接触仅涉及经验按断，当属事实问题。

接触属于推论，其必然后果就是接触的证明应当采用证明充分性的高标准，著作权人的举证应达到合理性的高度，而非仅证明具有接触可能性。接触证明的高标准，在实质上可防止著作权的相对垄断演变为专利权的绝对垄断，在程序上可实现著作权人与被诉侵权人的举证能力均衡。

三、生成式人工智能介入创作后接触规则的失灵

法律并不直接调整技术，法律的直接调整对象是社会关系。在评估技术对法律的影响程度时，首先要看技术对社会关系的影响程度，而不能仅以技术本身的变革程度来评估。② 按照这一思路，沿用既有规则认定生成式人工智能介入创作后的接触，似乎可以很快得出结论：生成式人工智能的使用者作为自然人，可直接适用既有规则；生成式人工智能训练过程中几乎可以涵盖互联网上的所有公开资料，只要发表时间在先就可认定生成式人工智能有过接触。深究之下，可发现这一论断并未考虑到生成式人工智能对接触规则在制度前提、具体执行等方面的深刻冲击。

（一）生成式人工智能动摇了接触规则的理论前提

1. 生成式人工智能不满足接触对有限学习能力的预设

著作权法仅保护具有独创性的表达，独创性的第一层含义是"作品

---

① 参见彭中礼：《司法裁判过程中的事实解释》，载《厦门大学学报（哲学社会科学版）》2021年第4期。

② 参见李琛：《论人工智能的法学分析方法——以著作权为例》，载《知识产权》2019年第7期。

系作者独立完成",与此相关的一个原理是"允许偶合"。如果两部作品的雷同系出于巧合,则两部作品平等地受到著作权法的保护。从逻辑上说,无论"从无到有"还是"推陈出新",都是对行为结果的判断。但是,著作权制度现实总是会游移于"保护创造"和"禁止模仿"之间。① 而要区分出相同表达的出现究竟是有意的模仿还是偶合的创造,便依赖接触的证明:如有接触,则是有意的模仿;如无接触,则为偶合的创造。接触之所以可以担此重任,是因为对自然人而言并不存在"隐藏的记忆",即剽窃者读过什么东西,然后记住了内容,但却没记住他曾经阅读过这个东西。心理学家考察了这种现象,但没有发现证据证明人们能够背诵出别人撰写的整段内容,同时却认为这是他自己写的。没有这样的证据:照相机式的记忆里忘记了照相的行为。② 因此,自然人在接触作品之后事实上已经不可能彻底抹除有关该作品的记忆,也就不可能再满足独立性的要求。同时由于自然人出于偶合创作出高度相似的作品概率非常低,允许偶合并不会造成大量的权利冲突,而且节约了制度成本。如果不允许偶合,著作权法就要像商标法和专利法那样建立一套公示、查询制度,为小概率事件打造这样的制度是不必要的。③

前述规则得以运行,隐含了自然人学习能力有限这一理论预设。自然人学习能力的有限性首先体现在不可能接触所有在先作品,即使一个人每天看一本书,穷其一生也顶多只能阅读 3 万本书。④ 自然人学习的永远只能是海量知识中的冰山一角。但 ChatGPT 类产品可以在短时间内快速"学完"人类社会海量思想、知识和风格,有研究预测,按照目前的发展速度,到 2026 年 Chat GPT 类大模型的训练将耗尽互联网上的可用文本数据。⑤ 这也就意味着生成式人工智能对互联网上公开

---

① 参见李琛:《著作权基本理论批判》,知识产权出版社 2013 年版,第 136 页。
② 参见[美]理查德·波斯纳:《论剽窃》,沈明译,北京大学出版社 2010 年版,第 113 页。
③ 参见李琛:《著作权基本理论批判》,知识产权出版社 2013 年版,第 130 页。
④ 参见司晓:《奇点来临:ChatGPT 时代的著作权法走向何处——兼回应相关论点》,载《探索与争鸣》2023 年第 5 期。
⑤ 参见姚前:《ChatGPT 类大模型训练数据的托管与治理》,载《中国金融》2023 年第 6 期。

数据的接触已经成为确定的事实。就这一角度而言，似乎验证了生成式人工智能介入创作后接触要件可以缺失，但实际上生成式人工智能介入后，接触要件反而更为重要。生成式人工智能强大的学习能力，使对于最终相似的结果到底是基于接触形成，还是从算法计算中得出的最优结果，需要更可靠的验证。人工智能的"学习"能力在数据处理方面具有极大的优势，相当于自然人"神经—中枢—大脑"的工作原理被设计成了不断迭代、不断抽象的过程。人类大脑皮层的突触总数超100万亿个，[①]当生成式人工智能达到 100 万亿参数规模时，就达到了与人类大脑神经触点规模的同等水平，ChatGPT-4 已经实现。这意味着生成式人工智能已经堪比人脑，在某些方面甚至优于人脑，可以从无数可能性中找到唯一或者极为有限的最优选择。在人工智能超强的学习能力面前，必须有较之自然人更加充分的接触证据，足以排除独立创作的可能性，才能不至于令生成式人工智能承担过重的侵权嫌疑。自然人的学习能力有限，也意味着对生成式人工智能的输出内容是否与其他作品构成实质性相似的识别能力也有限。尤其是在提示词中没有要求模型生成侵权内容时也能得到相关抄袭输出的情形下，使用者可能会误认为部分抄袭输出是生成式人工智能的独创而加以使用和传播，并可能因该抄袭输出面临版权方的侵权索赔，如此对使用者而言责任也过重。

2. 生成式人工智能破坏了接触对主体同一性的要求

接触作为抄袭是否存在的判断依据，遵循如下逻辑链条：行为人基于接触实施了侵权行为，并对外宣称该成果是自己独立创作完成的。这样一个逻辑链条的成立隐含了三个主体的同一性：署名者就是实际创作者，实际创作者就是接触者。生成式人工智能介入创作后，前述三个主体首先在识别上就存在难题，即使识别成功各主体相互之间也可能割裂而不具有同一性。

一是生成式人工智能的介入使实际创作者与署名者分离的道德风

[①] 参见朱光辉、王喜文：《ChatGPT 的运行模式、关键技术及未来图景》，载《新疆师范大学学报(哲学社会科学版)》2023 年第 4 期。

险加剧。著作权的突出特征是权利产生的自动性,只在出现两造法庭相争或者各方私自谈判的纠纷场合,法律才集中火力解决排他权边界问题。[1] 作品署名者与实际创作者之间的真实情况,本身就存在严重的信息不对称,生成式人工智能介入后,二者分离的道德风险进一步加剧。不仅是由于使用者将生成式人工智能输出内容据为己有,不会引发任何真实权利人的维权行动,更关键的是生成式人工智能输出内容是否享有著作权的争议较大,一旦"真实的信息披露(署名)"将导致某些内容的保护力度下降甚至被排除在保护范围之外,那么违背诚信原则的、不真实的信息披露情况(署名)必然会大量出现。[2] 虽然已有司法案例意识到了信息披露义务的重要性,如在 AI 生成图片著作权侵权第一案中,法院就指出,虽然原告作为作者享有著作权,但是根据诚实信用原则和保护公众知情权的需要,原告应该显著标注其使用的人工智能技术或模型。但在该案中,法院认为原告以"AI 插画"方式进行标注,已经足以让公众知晓该内容为原告利用人工智能技术生成,并予以肯定。然而 AI 插画这一标注形式,并不能对外公示人类的干预程度,也就无法真实呈现实际创作者与署名者之间的关系。

　　二是生成式人工智能参与创作后,实际创作者的身份难以确认。即使认可实际创作者与署名者的同一性,最终成果出自谁手仍然难以确认。生成式人工智能的输出成果是多主体、多因素共同作用的结果,既不直接受研发者也不受使用者的影响。研发者不能仅通过算法设计和模型构建就决定最终内容的生成;使用者也不能通过指令输入确定最终内容的表达性要素。虽然相关检测技术也在不断发展,如 AIGC-X 是国内推出的首个 AI 生成内容检测工具,但受限于时间和资源,AIGC-X 目前只支持对中文内容的检测,对图像、音视频等其他媒体内容的检测能力有待完善;中国知网针对学术文本也推出了 AIGC 检测服务,从语言模式和语义逻辑两条链路来识别学术文本中的 AI 生成内容。受现有技术制约,

---

[1] 参见蒋舸:《论著作权法的"宽进宽出"结构》,载《中外法学》2021 年第 2 期。
[2] 参见田小军:《AI 创作物的法律保护不容忽视》,载腾讯研究院,https://www.tisi.org/?p=12656,2024 年 5 月 12 日访问。

生成式人工智能的抄袭输出究竟源自谁,并不能完全确定。

三是接触者与实际创作者的同一性被割裂。不可否认,文本检测技术并非静态的技术,会随着 AIGC 的发展而不断完善。但即使技术发展成熟可以实现全媒体检测,准确率也接近真实情况,实际创作者的身份得以确认。但生成式人工智能介入创作后,接触者与实际创作者之间的同一性关联也可能被割裂。生成式人工智能技术的工作原理,大致可分为三个阶段:数据输入、智能处理、结果输出。对在先作品的接触可能发生于这样几种情形:其一语料数据库中直接收录有相关作品;其二语料数据库虽未直接收录但通过数据爬取等技术获得了相关作品;其三既未直接收录也未爬取,是使用者输入指令时以命令的形式提供了相关作品。前两种情形主要与开发者相关,第三种情形则与使用者相关。图 5-3 和图 5-4 分别显示了自然人创作、生成式人工智能介入创作的著作权侵权认定逻辑。

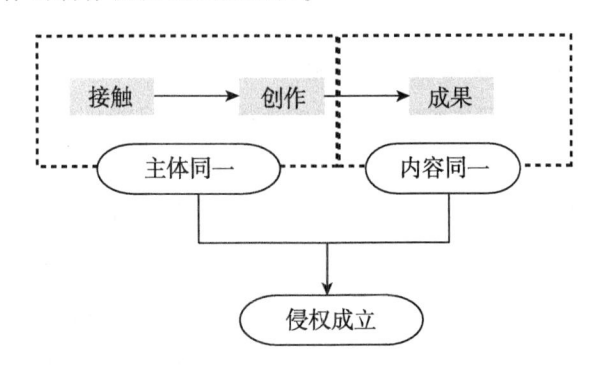

图 5-3 自然人创作的著作权侵权认定逻辑

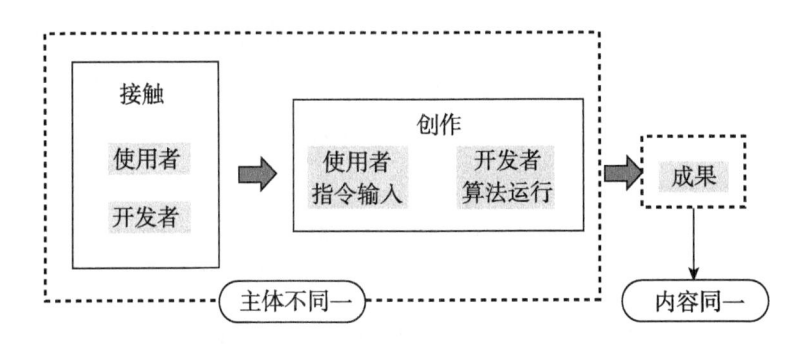

图 5-4 生成式人工智能介入创作的著作权侵权认定逻辑

著作权人追溯侵权是从外观上的实质性相似开始的,但这一相似结果的产生,既可能是自身模型、训练数据的问题,也可能是使用者的操作不当,还可能是因当前技术水平无法说明或无法解释而引发的。加之如使用者和研发者对最终生成成果的表达性要素都没有决定性作用,接触者与创作者就可能出现错位。接触本身并不具有可责性,只有将接触的结果用于自己的创作,并对外宣称是自己独立创作,才能满足主体的同一性。接触者与创作者的错位,使侵权认定的逻辑链条在主体环节就难以成立。

(二)生成式人工智能消解了接触的验证可能性

接触作为推论建立在逻辑与经验的基础上,无论直接证据还是间接证据的证明,都存在现实合理性。但生成式人工智能介入后,极大消解了接触这一事实被验证的可能性,接触的证明陷入了实际执行的困境。

1. 直接证据的获得基本不可能

证明生成式人工智能有过接触的直接证据,只能是公开披露训练数据的来源。Open AI 在 2020 年 7 月发表的企业论文中披露了 GPT-3 训练数据集的主要来源,但到 2023 年 3 月发布 GPT-4 企业论文时就表示"出于行业竞争形势和产品应用安全角度考量,不再对训练数据集的结构和内容进行相关披露"①。此外,训练数据重要的获取途径之一是通过网络数据爬取技术自动获取,几乎没有企业可以有效控制和选择其所要爬取的数据,通常都是将网站上全部已呈现的数据都爬取下来,作为自己的训练数据库。② 开发者采用的爬虫算法设计与架构,同样不会向外界公开,甚至司法实践已经认可算法可作为商业秘密予以保护,权利人要提出直接证据证明生成式人工智能接触过作品,基本不

---

① Kaysen:《ChatGPT 版权第一案:OpenAI 面临六项指控,因输出图书摘要被"抓包"》,载微信公众号"腾讯科技"2023 年 8 月 6 日,https://mp.weixin.qq.com/s/UX8SOpQy4koTuoxqyxfQEw,2023 年 12 月 14 日访问。

② 参见曹伟、万靖瑜:《生成式人工智能训练数据的治理与构建》,载微信公众号"知识产权家",https://mp.weixin.qq.com/s/nPYklhKDt4B4LzhU4PsOkg,2023 年 12 月 14 日访问。

可能。

2. 间接证据的证明力微弱

在 ChatGPT 版权第一案中，原告测试发现，当通过 prompts 的方式要求 ChatGPT 总结两部涉案图书时，ChatGPT 可以生成较为准确的摘要。该案有意思的地方在于原告证明 Open AI 侵权的过程中，对于 ChatGPT 基本原理的介绍，是建立在同 ChatGPT 对话，让其"进行自我介绍"的基础之上。原告也承认 ChatGPT 输出的自身图书摘要存在少部分事实错误，一定程度表明大模型可能并未完整地学习涉案图书，即使有学习也可能并非直接对原告图书进行复制和训练。① 在此情形下，将生成式人工智能的自我阐述作为间接证据，证明力比较有限。

间接证据中还有一个反比例规则，其基本含义是，作品的相似性程度与接触的证明要求呈反比例关系。现有文献中，有测试性相似、初步性相似、证据性相似等不同表述方式，本节不对三者做严格意义上的区分，但为了充分表明该种相似与实质性相似在法律效果上的区别，此处采用与前文一致的测试性相似的说法。学术界基本认可测试性相似和实质性两者是不同的概念，但对接触究竟是与何者存在反比例关系则有不同观点。一种观点认为，接触与实质性相似的证明标准存在此消彼长的关系；②另一种观点则认为，接触是与测试性相似反向相关，"接触"证据越强，"测试性相似"的程度可以小一些。③ 从前述测试性相似和实质性相似的区别来看，接触主要是为了证明是否存在抄袭，实质性相似是为了说明抄袭的程度是否达到了侵害著作权的标准。二者是在不同层次上讨论问题的，并不存在直接关系。因此反比例关系强调的应是接触与测试性相似，而非接触与实质性相似。在接触的直接证据

---

① 参见 Kaysen：《ChatGPT 版权第一案：OpenAI 面临六项指控，因输出图书摘要被"抓包"》，载微信公众号"腾讯科技"2023 年 8 月 6 日，https://mp.weixin.qq.com/s/UX8SOpQy4koTuoxqyxfQEw，2023 年 12 月 14 日访问。

② 参见刘琳：《我国版权侵权"接触"要件的检讨与重构》，载《知识产权》2021 年第 11 期。

③ 参见张伟君：《读书笔记 | 原告必须举证"接触"来证明被告抄袭吗？》，载搜狐网，https://www.sohu.com/a/513499340_121124708，2023 年 12 月 13 日访问。

不足时,测试性相似可以补足接触证据证明力不足的问题。生成式人工智能介入创作后,接触与测试性相似之间的反比例关系会失灵。生成式人工智能对于内容创作的颠覆性影响在于,其通过对在先作品思想、风格的吸收学习,以一种难以预判的方式,输出和既有作品相区分的、全新的内容表达。由此会陷入 ChatGPT 类产品输出内容与自身作品"似曾相识"但又"似是而非"的困境。① 两部作品存在测试性相似的可能性极大降低。

四、生成式人工智能对接触规则的重塑

规制生成式人工智能需要尊重以下事实:第一,现有检测技术具有局限性,充分的手段客观辨识 AI 系统在作品中的贡献率尚不存在,AI 生成文本不仅可以通过技术检测,甚至人工审核完毕仍留存 14% 的 AI 生成文本被错认为自然人创作。② 第二,算法"黑箱"将一直存在,并且会不断强化。算法所依赖的计算机技术决定了算法"黑箱"的必然存在,就连算法部署者也无法知悉其决策原理,对算法的掌控更成为空谈。③ 第三,法律领先于技术不可行也不可取,由于难以正确判断社会发展方向,法律如果先行往往产生朝错误方向引导的危险。④ 在这样的前提之下,接受实际创作者难以确认、接触者与实际创作者割裂的既定事实,重新审视既有规则方能找到出路。

(一)民法规则的回归:从接触到过错的回归

侵权责任的核心是解决因侵权所造成的损失承担问题,而承担损失必须以归责原则为前提。归责的含义是指行为人因其行为或物件致

---

① 参见司晓:《奇点来临:ChatGPT 时代的著作权法走向何处——兼回应相关论点》,载《探索与争鸣》2023 年第 5 期。

② See Gao, et al. , *Comparing scientific abstracts generated by ChatGPT to original abstracts using an artificial intelligence output detector*, plagiarism detector, and blinded human reviewers, 2022.

③ 参见陈敏、孙占利:《"算法'黑箱'的技术与法治耦合治理"》,载《法治论坛》2022 年第 4 期。

④ 参见[日]中山信弘:《多媒体与著作权》,张玉瑞译,专利文献出版社 1997 年版,第 116 ~ 117 页。

他人损害的事实发生以后,应依何种根据使其负责,此种根据体现了法律的价值判断。① 长久以来,学术界对知识产权侵权归责原则的争议都非常大,细究之下会发现结论迥异的背后实际是在不同前提之下各自讨论的结果。对于归责原则中"责"的理解不同,结论自然也会不同。对侵权责任的内涵进行追根溯源,侵权行为的母本——罗马法中的私犯,仅指向损害赔偿责任,并无其他责任方式的出现。侵权法历史上出现过的任何一种归责原则,都与损害赔偿紧密相关。物权法中如此,知识产权法中亦然。② 在将归责原则中的"责"界定为损害赔偿责任后,即可得出结论:知识产权侵权的归责原则是过错责任原则而非无过错责任原则。

我国《著作权法》中并无任何"接触＋实质性相似"的直接规定。《著作权法》第三次修正过程中提及的"接触权",主要指著作权人通过技术保护措施和反规避条款来控制使用者接触作品的权利,③与本文所探讨的接触并非相同概念。"接触＋实质性相似"是国内法院借鉴美国司法实践的产物,如果完全从本土法律体系出发,完全可以找到对应法源。所谓"接触",实为考察行为人是否存在主观过错的一种方法;所谓"实质性相似",乃是认定"侵害民事权益"这一侵权责任成立要件的前提。④ 过多强调知识产权的特殊性,孤立地在著作权法寻找法源,忽视了著作权侵权向侵权责任法一般规则的回归,反而令著作权侵权的认定陷入困境。著作权侵权认定对接触的强调,根源在于并非所有的复制行为都为版权法所禁止,版权理论不是一个关于复制如何错误的理论,而是一个关于如何区分非法复制和合法复制的理论。⑤ 判断合法还是非法复制,实际就是从过错角度出发的。强调知识产权是民事权利,

---

① 参见张玲:《论专利侵权赔偿损失的归责原则》,载《中国法学》2012年第2期。
② 参见孙山:《知识产权侵权行为归责原则的还原与发展》,载《知识产权》2014年第3期。
③ 参见熊琦:《论"接触权"——著作财产权类型化的不足与克服》,载《法律科学(西北政法大学学报)》2008年第5期。
④ 参见熊琦:《"接触＋实质性相似"是版权侵权认定的"神器"吗?》,载《中国知识产权报》2017年7月20日。
⑤ See Abraham Drassionwer, *What's Wrong with Copying?*, Harvard University Press, 2015.

不是一句学术装饰语,它具有现实的方法论意义,启发知识产权研究者自觉利用民法的给养。① 既然接触是考察被诉侵权人主观过错的一种方法,对接触的证明就转变为对过错的证明。

(二)责任主体的革新:从个人主义到集体主义

1. 个人主义归责路径的失灵与集体主义归责路径的引入

过错责任原则通过贯彻自己责任,将损害结果的出现归结于特定加害人来实现正义的矫正,侵权法的全部规则也都是建立在"双边性"之上,以"加害人与受害人"这样的一对一的模式为基础来组织个体之间的关系。② 但在生成式人工智能介入创作后,"加害人"与"受害人"的一对一模式受到冲击,加害人可能难以特定化。生成式人工智能参与创作可以区分为三种不同情形。情形一:生成式人工智能对最终输出结果的原因力为100%,即使用者输入的指令非常宽泛,不具有明显指向性,对创作范围和创作内容的限制非常少,以至于最终内容几乎全部是生成式人工智能自主决定的,使用者对最终内容生成没有影响。情形二:生成式人工智能对最终输出结果的原因力为0,使用者对最终内容生成的原因力为100%。使用者提供的提示词足够具体,以致生成式人工智能没有自由创作的空间。用户的参数选择、指令输入并不当然都属于思想,"画"与"说"之间并不存在不可逾越的鸿沟,作者可以通过精确指挥他人、落笔来创作油画。如果被指挥者没有发挥任何主观能动性,那么指挥者将成为油画的唯一作者。③ 同样,当使用者给出的提示词足够丰富和具体,生成式人工智能几乎没有自由发挥的空间,此时应当认为使用者对最终内容生成的原因力为100%。情形三:生成式人工智能对最终输出结果的贡献度为0~100%,即使用者与生成式人工智能共同协作生成了最终输出内容。使用者输入的指令虽不具有特定指向性,但依然设定了内容生成的大致范围,生成式人工智能仅能

---

① 参见李琛:《论知识产权法的体系化》,北京大学出版社2005年版,第97页。
② 参见程啸:《侵权法的希尔伯特问题》,载《中外法学》2022年第6期。
③ 参见蒋舸:《论人工智能生成内容的可版权性:以用户的独创性表达为视角》,载《知识产权》2024年第1期。

在限定范围内自由发挥,最终输出结果是人机协作的结果。

无论哪种情形,均导致最终责任主体难以确定。情形二中使用者对最终内容生成的原因力为100%,看似满足加害人特定化的要求。但生成式人工智能具有人机交互和人类反馈的强化学习机制,用户自主生成的内容会成为后续学习语料的一部分,关于同一话题讨论的次数越多,越会不断强化学习效果,并滋生后天性的算法偏见。此时用户以群体的规模性作用实际助力并推动了最终内容的生成,此为群体表征之下的用户贡献。如输出成果的实质性相似源于后天算法偏见,所有使用者均属于潜在加害人。其他两种情形,也对既有个人主义归责路径产生了影响。无论生成式人工智能对生成内容的原因力是100%,还是使用者与生成式人工智能共同决定了生成内容,都面临难以确定具体侵权人的困境。个人主义视角下的侵权责任机制发挥作用的前提是侵权事实确定,即可以通过现有的技术将损害后果追溯至某一生成式人工智能的参与者。[①] 情形一之下的生成式人工智能看似有100%的责任,可以满足加害主体的确定性要求。但从技术维度考量,生成式人工智能涉及模型设计者、数据供应者、数据所有者、算力供应商、服务提供者,甚至前文提及的具有群体表征的用户,都可能参与了最终内容的生成。虽然算法可解释性的发展,可在一定程度上实现责任溯源,但模型设计者、数据供应者、数据所有者、算力供应商、服务提供者相互之间是如何协同运作的,对外界而言仍然是"黑匣子"般的存在,确定实际加害主体在技术上无法实现。

要化解这一难题,就必须对个人主义规则路径进行调整。通过形成集体性责任主体,能够有效回应数字化和人工智能系统对责任规则的冲击。[②] 集体性责任主体的构建分为两个层次:一是用户与生成式人工智能之间,构成人机联合体;二是生成式人工智能所有参与主体视为

[①] 参见陆小华、陆赛赛:《论生成式人工智能侵权的责任主体——以集体主义为视角》,载《南昌大学学报(人文社会科学版)》2024年第1期。

[②] 参见[德]苏珊·贝克、王德政:《数字化和人工智能对刑事责任的扩散》,载《吉首大学学报(社会科学版)》2022年第5期。

一个机器联合体。用户与生成式人工智能形成人机联合体后,首先即可回应生成式人工智能介入创作后接触者与实际创作者可能出现的错位,人机联合体毫无争议既是接触者也是实际创作者,接触规则的主体同一性要求重新获得满足。此外,无论是人机联合体还是单一的机器联合体,只要可以追溯至联合体这一层级即实现了加害主体确定这一条件,无须再进一步特定化,也化解了现有检测技术不完善的不利影响。另外需要注意的是,联合体的构建并非从法律主体的角度出发,人机联合体和机器联合体均不是独立的法律主体,而仅是为了满足"加害人与受害人"一对一模式的工具设置。

2. 具体过错的认定与举证责任的分配

在前人工智能时代,创作者的具体创作行为无法复现。在生成式人工智能介入后,使用者的创作行为演变为了可追溯的指令,指令的合法性构成判断使用者是否具有过错的重要因素。合法包含两个层面的要求:一是不包含任何诱导著作权侵权的提示词;二是所输入的文本提示词有可供自由创作的空间。具体衡量可参照既有独创性的认定标准,换作是自然人创作的场景,做出如此提示是否为创作者提供了足够的选择空间,被告如果没有接触过原告的作品,根据提示能否独立创作出与原告作品实质相似的成果。认定生成式人工智能的过错,则可以其是否做到了知识产权合规为标准。《生成式人工智能服务管理暂行办法》《新一代人工智能伦理规范》《生成式人工智能服务安全基本要求》等规范均对生成式人工智能提出了安全、规范等要求。但生成式人工智能的开发者、服务提供者等做到了知识产权合规是否就可以免责,暂无相关司法实践提供参考。参照个人信息保护的相关案例,既有认定个人信息处理者满足合规性要求就不存在侵权过错的,也有认定个人信息处理者即使合规也需要针对其注意义务进行进一步证明。[①] 个人信息处理者合规是否可以免责,涉及无辜被害人与无辜被告人之间

[①] 参见王思思:《个人信息权益侵害案件的归责思路辨析——从〈个人信息保护法〉第69条第1款展开》,载《法律适用》2023年第10期。

的利益衡量,相较生成式人工智能的算法设计者、数据供应者和算力供应商等,著作权人无论在专业技术方面,还是经济实力方面,均处于明显弱势地位。为保障著作权人的利益,应当认为生成式人工智能的各方参与者除了行为合规外,还应当尽到合理注意义务。合理的认定标准以现有技术为区分,在侵权发生时按照当时的科学技术水平,相关主体是否尽到了最大的注意义务。①

使用者指令输入作为内容创作的触发条件,生成式人工智能对作为内容创作的指令的执行,对外界而言都处于黑匣子的状态,要求权利人举证证明使用者的指令输入是否合法、生成式人工智能的指令执行是否合规,几乎不可能完成。基于此,可将过错归责原则具体化为过错推定。从损害事实中推定行为人有过错,使被侵权人免除了举证责任而处于有利地位,而行为人则因担负举证责任而加重了责任。② 对使用者,权利人依照既有规则仅需证明使用者存在"合理接触可能性+实质性相似"即可,由使用者通过还原创作过程中的指令来证明自己不存在过错;对生成式人工智能,鉴于其强大的学习能力,学习内容几乎涵盖互联网上所有公开资料,权利人仅需证明实质性相似存在,而由生成式人工智能的各方主体通过证明行为合规、尽到了合理注意义务来免除责任。之所以对使用者仍然附加合理接触可能性的要求,是因为要维持生成式人工智能技术之下对自然人独立创作的尊重。无论技术如何升级迭代,自然人依然仅具有有限学习能力,创作偶合的小概率仍然存在,单纯指令的相似度只能验证实质性相似的可能性而无法确认使用者行为的不法性,故合理接触可能性的标准在生成式人工智能介入创作后仍应予以坚持。

3. 集体性责任主体内部责任的划分与承担

无论人机联合体还是机器联合体,各方主体均不存在主观的意思联络,但各方行为又在事实上导致了同一个损害结果。在对人机联合

---

① 参见王若冰:《论生成式人工智能侵权中服务提供者过错的认定——以"现有技术水平"为标准》,载《比较法研究》2023 年第 5 期。

② 参见杨立新:《侵权责任法:条文背后的故事与难题》,法律出版社 2018 年版,第 61 页。

体的侵权行为进行定性时,就存在客观共同侵权行为与分别侵权行为两种解释路径。区分共同侵权行为还是分别侵权行为,我国历来存在意思联络说、共同过错说、关联共同说、折中说等不同观点。上述不同主张总体上可归为两类,即共同侵权行为的本质究竟应当聚焦于主观方面还是客观方面。近年来,一些国家和地区对共同侵权逐渐采用客观说,将部分原属于分别侵权范畴的无意思联络数人侵权纳入共同侵权范畴。① 当对法律存在复数解释的情况下,需要对当事人双方利益、当事人双方所代表的群体利益、制度利益和公共利益进行衡量,并寻求一种利益最大化的解释结论。② 后果论思维可以提供有效参考。如将人机联合体认定为共同侵权行为,根据《民法典》第1168条的规定,使用者应当与生成式人工智能承担连带责任。虽然根据《民法典》第178条的规定,使用者在承担全部责任后可以向生成式人工智能的各参与方进行追偿,但使用者除了明确知晓生成式人工智能服务提供者外,其他各方主体究竟是谁并不知情,这事实上限制了追偿权的行使,导致使用者与生成式人工智能的连带责任异化为使用者的个人责任,使用者的责任过重。而如果认定为分别侵权行为,根据《民法典》第1172条的规定,使用者与生成式人工智能的责任承担是按份责任,根据责任大小确定责任范围,即使不能确定责任大小,也是由使用者与生成式人工智能平均承担。显然按份责任之下,更有利于使用者个人利益的保护。责任大小的衡量以使用者输入指令的原因力来区分:指令越是宽泛,使用者的原因力越小,其承担的法律责任也越小;指令越是具体,使用者的原因力越大,承担的法律责任也应越大。具体份额在案件中由法官结合指令实际情况予以酌定。至于机器联合体内部,令其承担连带责任更为合理,因机器联合体内部各方在经济实力、技术水平等方面相对平等,行使追偿权的障碍比较

---

① 参见黄薇主编:《中华人民共和国民法典侵权责任编释义》,法律出版社2020年版,第28页。

② 参见王彬:《司法裁决中的后果论思维》,载《法律科学(西北政法大学学报)》2019年第6期。

小,不会发生连带责任到个人责任的异化。

(三)规则实行的保障:用户诚实信用的自觉度

生成式人工智能的内容输出模式,决定了其在版权侵权问题的判定上存在天然的特殊性。我们需要首先思考用户利用人工智能生成服务生成内容的行为究竟是一种版权法规制的"公开传播"行为还是仅仅是一种不受版权规制的"个人使用"行为？目前来看,无论"文生文"还是"文生图"领域的人工智能生成产品,生成的内容都是以对话形式存在于封闭的用户交互界面之中,因此原则上可以被认定为一种非公开的个人使用行为。由此,即使生成内容存在版权法上的侵权风险,除非用户后续进行公开传播、利用,否则也不存在版权法规制的侵权行为。①因此我们强调的实际上是用户将生成内容进行了后续的公开传播、利用行为。此时就关联到一个新问题,即用户是否如实对外披露了该成果的真实来源。前述所有规则的适用,都建立在用户如实披露输出成果真实来源的前提下。如用户选择隐瞒,在没有充分的手段客观辨识生成式人工智能在作品创作中的贡献率之前,所有有关著作权侵权的讨论依然只能依照既有规则进行。为使文本中的法律与实践中的法律之间的背离保持在合理水平,需要通过其他规则的综合设计来维系用户的道德水平。

首先,用户选择隐瞒的理由之一,是生成式人工智能生成内容的法律地位不明。尽早明确生成式人工智能生成内容的法律地位,便可一定程度上打消用户的顾虑。在著作权法平等保护模式下,人工智能生成内容与人类作品不会因署名的差别而受到区别对待,也就避免了不真实署名的道德滑坡。② 其次,生成式人工智能使用者的标识义务存在法律缺位。我国有关生成式人工智能标识义务的承担主体主要是服务提供者,仅《网络音视频管理规定》规定了使用者的披露义务。但是对

---

① 参见朱开鑫:《关于生成式人工智能对版权体系影响的思考——技术、产业和制度三个面向》,载《版权理论与实务》2024 年第 1 期。

② 参见徐小奔:《论人工智能生成内容的著作权法平等保护》,载《中国法学》2024 年第 1 期。

生成内容的公开发布和传播,特别是在社交媒体传播,往往源自使用者而非服务提供者。服务提供者设置的显性标识,也极易被使用者去除。① 使用者在公开发布和传播阶段隐瞒真实来源,还有可能基于两头获利的心理:在初始传播阶段隐瞒生成式人工智能的贡献,以自己的名义对外公布和传播,可作为权利人获取相应利益;一旦卷入侵权纠纷,又可借助于创作过程的还原,令生成式人工智能与其分担责任。随着生成式人工智能生成内容同等保护规则的确立,传播阶段的隐瞒会得到一定程度的缓解。为矫正使用者的投机行为,可借鉴专利法上的捐献规则。如使用者在公开传播时未如实披露生成式人工智能的介入情况,则在后续纠纷中不得再以生成式人工智能参与创作作为抗辩事由,且一旦被证实有生成式人工智能的介入,将被剥夺所有与该成果有关的权利,该生成式人工智能生成内容会进入公有领域。同时使用者故意隐瞒真实创作来源应当被认定为主观上存在恶意,对已经作出并已执行的判决、调解书,已经履行或者强制执行的专利侵权纠纷处理决定,以及已经履行的实施许可合同和转让合同,具有追溯力,由此给他人造成的损失还应当给予赔偿。

五、结论

生成式人工智能的出现,打破了仅自然人才能创造的主体垄断:我们可以坚持认为技术永远无法取代人的思想,技术生成无法也不应等同于人的创造性思考,②因此作品与人类作者从来都不可分离,今后也不能分离;③也可以坚持认为,人类创作物和人工智能创作物在外观上难以区分,本质上属于证据规则的范畴,在以往也并不罕见,是信息的

---

① 参见姚志伟、李卓霖:《生成式人工智能内容风险的法律规制》,载《西安交通大学学报(社会科学版)》2023 年第 5 期。
② 参见左卫民:《大数据时代法学研究的谱系面向:自科法学?》,载《政法论坛》2022 年第 6 期。
③ 参见王迁:《再论人工智能生成的内容在著作权法中的定性》,载《政法论坛》2023 年第 4 期。

不对称造成了在作品认定方面应然状态与实然状态的对立。① 但我们却无法回避,当下在未有任何一项技术可以有效鉴别人工智能生成内容与自然人创作内容的情况下,如何应对生成式人工智能广泛应用于创作这一社会现实。信息不对称造成作品认定应然与实然状态的对立在以往虽不罕见,但相较于社会全体的全部创作,仍属于小范围事件。据谷歌公司此前统计,按照 ChatGPT 目前的内容生产能力,几乎每 14 天便可以输出相当于人类全部印刷作品的内容量。② 生成式人工智能广泛应用于创作造成的作品认定实然与应然的对立不再是小范围事件,法律也难以继续袖手旁观。技术有变,法理有常,生成式人工智能虽对具体规则的适用造成冲击,但具体规则之上的一般原理仍有适用空间。从对接触到对过错的证明,是知识产权法向民法的回归;从个人主义到集体主义的归责路径,是对侵权责任主体的制度革新。尊重既有法律规则与理论资源,在不变中求变,法律的稳定性才能得以维系。

第四节　私人利益衡量视角下著作权侵权
不停止的规则构建③

停止侵权是目前知识产权侵权案件中适用最为广泛的一种民事责任,几乎在所有的原告诉请中均有对停止侵权的要求,而且往往是第一诉求。并且在司法实践中只要原告提出了该项诉请,侵权事实又确认存在,法院都会予以支持,仅有个别情形不适用。此类特殊情形主要表现为以下三种类型。一是侵权行为业已终止,无停止侵权的必要,如在

---

① 参见王迁:《论人工智能生成的内容在著作权法中的定性》,载《法律科学(西北政法大学学报)》2017 年第 5 期。

② 参见司晓:《奇点来临:ChatGPT 时代的著作权法走向何处——兼回应相关论点》,载《探索与争鸣》2023 年第 5 期。

③ 本节内容原载王果:《建筑作品著作权纠纷中不停止侵权的适用——以私人利益衡量为视角》,载《中国版权》2015 年第 5 期,收入本书时有删改。

深圳腾讯公司诉上海盈讯公司案中,法院就认为因被告已经删除侵权作品,仅判决被告赔偿原告经济损失及合理的维权费用人民币1500元。① 二是涉及公共利益,理论界有观点认为由于公共利益的不可替代性,应一概否定权利人的停止侵害请求权而无须再考虑其他因素。② 但在司法实践中仍存在不同观点,例如,在西安长安影视制作有限责任公司等与中国音乐著作权协会侵犯著作权纠纷上诉案中,一审法院认为《激情燃烧的岁月》的出版发行,满足了社会公众欣赏该剧的精神需求,体现了社会公共利益,据此驳回了中国音乐著作权协会停止侵权的诉讼请求,但是二审法院认为,以体现社会公共利益作为可以销售侵权复制品的理由没有法律依据,并予以改判。③ 在另一起典型案例"大头儿子"案中,最高人民法院在再审意见中则确认了基于公共利益判决不停止侵权的正当性。④ 三是个体利益之间的失衡,如在"热可擦/乐可擦"文具侵害著作权纠纷案中,法院认为,若禁止晨某公司继续使用涉案字体,会给晨某公司涉案相关商品的营销造成一定程度的负面影响,且赔偿数额已经足以弥补张某山的损失,对张某山要求停止侵权的诉讼请求不予支持。⑤ 第一种类型中,法院判决不停止侵权并无争议,在第二种类型中,由于公共利益本身就是一个内涵及外延均不明晰的模糊概念,本节无意于界定公共利益故不再讨论;本节仅从前述第三种类型涉及的私人利益衡量视角来考察侵权不停止的具体规则建构。

一、限制停止侵权当然适用的法理分析

著作权作为一种专有性民事权利,从理论上言之只要行为人侵入了权利人的权利范围,侵权行为即可成立,权利人可以立即予以制止,

---

① 参见广东省深圳市南山区人民法院民事判决书,(2019)粤0305民初14010号。
② 详细论述参见李扬:《知识产权请求权的限制》,载《法商研究》2010年第4期。
③ 参见北京市高级人民法院民事判决书,(2004)高民终字第627号。
④ 参见最高人民法院民事判决书,(2022)最高法民再45号。
⑤ 参见江苏省南京市中级人民法院民事判决书,(2021)苏01民终11555号。

而不问行为人的主观状态和行为的实际损害,①此即停止侵权"当然适用论"。然而越来越多的观点认为,在知识产权领域停止侵害请求权不加限制地行使,对市场自由竞争以及技术创新等经济活动产生了过度的负面影响,无论从知识产权法制度的宗旨来看,还是从竞争政策的角度看,都不禁令人担忧。②

(一)限制停止侵权当然适用的法律依据

停止侵权"当然适用论"认为,法院若不支持著作权人停止侵权的诉讼请求,即属于法官无视现行规定做出法外判决。但实际在特定情形中适用不停止侵权,无论从法律规则还是法律原则来看,都不缺乏法律依据。

1. 不停止侵权的适用应以解释论为指导

关于知识产权领域如何适用不停止侵权的问题,广泛存在立法论的讨论,③认为《著作权法》既然没有明确规定不停止侵权的具体适用,那就表明现有规则已经足以满足市场需求,而无须再由法官在个案中进行创设和权衡。以公共利益为由对私权予以限制时,尚且应当由立法机关在修订法律时予以确定,而不宜由法院在个案中裁判,④更何况是在仅涉及私人利益时。

笔者认为,不停止侵权在本质上属于一种司法手段,其应当以解释论而非立法论为指导。只有当解释论不足以解决现有矛盾和问题,或者遵循解释论会出现显失公平的后果时才可求助于立法论。法律一旦成为法律,就意味着权威,就必须得到尊重。⑤ 因而对作品不停止侵权

---

① 参见冯晓青:《企业知识产权战略》,知识产权出版社2001年版,第33~34页。
② 参见李扬、许清:《知识产权人停止侵害请求权的限制》,载《法学家》2012年第6期。
③ 参见张耕、贾小龙:《专利"侵权不停止"理论新解及立法完善——基于当事人之间的利益衡量》,载《知识产权》2013年第11期;杨涛:《知识产权法中停止侵害救济方式的反思与完善》,载《知识产权》2014年第3期。
④ 详细论述可参见冯晓青主编:《著作权侵权专题判解与学理研究》,中国大百科全书出版社2010年版,第281页。
⑤ 参见韩世远:《民法的解释论与立法论》,载中国理论法学研究信息网,https://legal-theory.org/?mod=info&act=view&id=12297,2024年10月21日访问。

的探讨也应当首先在现行法的框架下进行。面对纷繁复杂的社会生活,立法者不可能针对每一种侵权情形都具体规定相应的民事责任。民事责任的多样性及其适用的灵活性,决定了法律只能作出原则性规定,而具体适用哪一种或哪几种民事责任则由法官依据具体案情决定。不停止侵权作为对"停止侵权当然论"的突破,涉及的是具体责任形式的选择问题,而并非创立一种新的责任形式,且适用其他责任形式并不会产生显失公平的后果。因此,不停止侵权以解释论为指导完全可以合理解决现有矛盾和问题。

2. 限制停止侵权的现行法解读

从法律规则来看,《著作权法》第 52 条和第 53 条,规定的是:有下列侵权行为的,应当根据情况,承担停止侵害、消除影响、赔礼道歉、赔偿损失等民事责任。这也就意味着侵权人具体承担何种民事责任,法官在个案中有自由裁量的权力,停止侵害并非当然适用。再结合最高人民法院印发的《关于当前经济形势下知识产权审判服务大局若干问题的意见》的通知(法发〔2009〕23 号)[①],以及曹建明在全国法院知识产权审判工作座谈会上的讲话《全面加强知识产权审判工作为建设创新型国家和构建和谐社会提供强有力的司法保障》[②],法官有权在特殊情况下根据案件具体情况进行利益衡量,不判决停止有关侵权行为。

同时,从法律原则来看,各国著作权法的立法目的基本表现为两个层次:一是保护与著作权有关的权益不受侵犯,这属于著作权法的直接

[①] 该通知第 15 条指出:根据当事人的诉讼请求、案件的具体情况和停止侵害的实际需要,可以明确责令当事人销毁制造侵权产品的专用材料、工具等,但采取销毁措施应当以确有必要为前提,与侵权行为的严重程度相当,且不能造成不必要的损失。如果停止有关行为会造成当事人之间的重大利益失衡,或者有悖社会公共利益,或者实际上无法执行,可以根据案件具体情况进行利益衡量,不判决停止行为,而采取更充分的赔偿或者经济补偿等替代性措施了断纠纷。

[②] 该讲话指出:对于一些在诉讼中继续存在的特殊的侵权行为,也要根据案件具体情况,合理平衡当事人之间以及社会公众的利益,考虑执行的成本和可能性,对于判决停止侵权将导致执行结果明显不合理或损害公共利益的,可以适当加重侵权人的赔偿责任而不判决停止有关的销售、使用行为。参见曹建明:《全面加强知识产权审判工作为建设创新型国家和构建和谐社会提供强有力的司法保障》,载《科技与法律》2007 年第 2 期。

目的;二是促进科学和文化事业的发展与繁荣,这是著作权法要实现的终极目标。这两个层次是一个矛盾的统一体:一方面要实现终极目标,就必须为著作权有关权益提供充足的保护,才能充分激发著作权人的创作热情;另一方面,如果著作权保护过于严格,又势必会对经济效率带来负面影响。而当直接目的和终极目标产生冲突的时候,对直接目的的强调就应当适度让位于终极目标的实现。因此,只要是在《著作权法》目的框架内做出的判决,即使妨碍了著作权人的利益也应当予以支持。

(二)著作权侵权不停止的特殊理由

不加限制的知识产权请求权会对市场竞争和技术创新产生不利影响,构成不停止侵权在知识产权领域适用的概括性理由。但具体到著作权这一种类型,基于著作权保护客体与专利、商标的整体差异,不停止侵权有其存在的特殊理由。

1. 作品构成要件虚置带来的权利不确定性导致行为边界难以确定

"独创性表达"是作品构成要件的核心,在司法实践中要判定某一智力成果是否属于作品就应当遵从这样的逻辑顺序:首先从质上界定是思想还是表达;如果属于表达范畴,则进一步从量上判断是否满足最低限度的创造性。然而现实中无论"质"还是"量"均出现了"表达"与"实践"的背离。① 首先,在质上,思想与表达二分法的模糊性使"著作权法仅保护表达而不保护思想"这一逻辑前提在实践中被虚置。一如学者所言,"思想与表达"二分法,它并不是一个预先将某个作品置于公共领域或者作者专有权之内的原理,而是一种事后用于证明在其他更具体的事实上所得出的结论。因此,如果某个案件判决构成了侵权,作品就被认为是可予保护的表达;如果判决没有构成侵权,作品就被认定

---

① "表达"与"实践"背离的称谓,源自黄宗智先生《清代的法律、社会与文化:民法的表达与实践》一书。黄宗智先生在该书的重版代序中提出,法律制度的实际运作与清代政府的官方表述之间有很大的差距,此即为"实践"与"表达"之间的"背离"。参见黄宗智:《清代的法律、社会与文化:民法的表达与实践》,上海书店出版社2007年版,重版代序第3页。本节在此处予以借用,强调法律条文或法学理论与司法实践具体执行的不一致。

为思想。① 思想与表达的事先客观分流，就演化为以是否应当保护来反推归属的主观判断。其次，在量上，通说认为独创性的基本含义是作品由作者独立创作完成的，并且具有最低限度的创造性。从公平公正的角度出发，最低限度的判定就应当尽可能地强调客观标准，然而实践中对于独创性的认定大多由司法人员针对具体作品来判断，②并无统一的判断标准。

司法裁判标准不仅是法官依法审判的客观依据，也是划定行为人行为边界的准则，"表达"与"实践"的背离带来的作品构成要件虚置，导致行为人原本可以根据法律规定预先判定行为边界的可能性无法实现。对于行为人而言就存在这样一个行为悖论：若想避免侵权行为的发生，最保险的做法就只能是以法院的裁决结果作为行为准则；但法院在行为人作出行为之前又是不可能出具裁决结果的。而由司法裁判标准问题导致权利不明进而使行为人即使善意行事也不免越界侵权时，若仍严格适用停止侵权对行为人而言就难谓之合理。

2. 权利取得的非公示性导致行为人难以事先获得许可

著作权区别于专利权和商标权，其权利取得实行"自动保护"原则。此种模式虽然有利于为权利人提供最及时的保护，但著作权人与作品之间特定关联的非公示性，也导致行为人难以事先获得许可而只能以侵权的形式利用作品。③

著作权的官方公示途径为著作权登记，但著作权登记从其性质而

---

① See Edwards Samuels, *The Idea-Expression Dichotomy in Copyright Law*, 56 Tenn. L. Rev. 324(1989-1990). 转引自李雨峰：《思想/表达二分法的检讨》，载《北大法律评论》编辑委员会编：《北大法律评论》2007年第8卷，第435页。

② 参见吴伟光：《中文字体的著作权保护问题研究——国际公约、产业政策与公共利益之间的影响与选择》，载《清华法学》2011年第5期。

③ 潜在的资源使用方在财产规则救济下通常面临三种选择：(1)使用该专利或版权作品而不调查权利人和权利边界；(2)不使用该权利；(3)在调查清楚权利边界后再使用。因此行为人若想使用版权作品，在权利边界无法调查清楚的情况下就只能无奈侵权。详细论述参见陈武：《权利不确定性与知识产权停止侵害请求权之限制》，载《中外法学》2011年第2期。

言属于自愿行为,现实中必然存在大量作品未进行著作权登记。对于未登记的作品,主要权属依据就在于作者署名,从理论上言之,我们可假定作品一经署名发表,即推定外界已明确权利归属,然而此种推定忽略了现实可能性。且不说作者署名有署假名,甚至不署名的情形,即使是真实作者的真实姓名,也难以作为公示形式。信息时代我们所面临的是海量信息,要在这海量信息中搜寻特定作品、特定作者无异于大海捞针。在专利领域以官方的专利授权公告具有公示作用作为论证归责原则的起点尚且值得商榷,[①]则以作品发表及传播当中的作者署名作为权利公示的起点,就更值得怀疑。著作权权利取得的非公示性,降低了行为人对自身侵权行为知晓的可能性,也就同时降低了主观恶性。这就为停止侵权设置例外提供了主观可能。

3. 停止侵权的高额移除成本易造成资源浪费

按照制度经济学的观点,如果侵权人为权利使用已经付出了高额成本,或停止实施将造成较大损失,且权利人因停止侵权所获利益明显低于该成本或损失时,采用责任规则是较为有效率的合理方案。前述法发〔2009〕23号文第15条也指出运用停止侵害采取销毁措施应当以确有必要为前提,与侵权行为的严重程度相当,且不能造成不必要的损失。[②] 若不加区分一概适用停止侵权,极易造成资源浪费。例如,在保时捷案中,被告泰赫雅特公司的设计费用仅为7万元人民币,而该展厅室内装修的工程价款则高达90万元人民币。[③] 严格适用停止侵权势必造成社会资源的严重浪费。而与侵权人停止侵权的高额移除成本相对,设计本身对建筑物的价值并不起决定性作用,且其成本也有限。又如,生成式人工智能训练数据的合法性问题,若最终认定提供者未经许可使用有关作品来训练人工智能大模型,停止侵权意味着必须在语料

---

① 详细论述参见张玲:《专利法理论与实务研究》,天津人民出版社2002年版,第245页。
② 法发〔2009〕23号,最高人民法院《关于当前经济形势下知识产权审判服务大局若干问题的意见》。
③ 参见北京市第二中级人民法院民事判决书,(2007)二中民初字第1764号;北京市高级人民法院民事判决书,(2008)高民终字第325号。

库中将特定作品予以删除。但这一操作首先在技术上就不可行,因为大模型一旦训练完毕便无法将特定作品内容对应的特定模型参数加以单独删除,特定作品与特定参数之间也并非简单的一一对应关系,除非用剔除特定作品后的新语料集对该模型加以再次整体训练。但明显这一做法成本过高,实操中很难落地执行。此外,删除语料库中的特定被训练作品在实操中是可行的,但却并没有现实意义。因为只要训练完毕,删除语料的行为不会对已经训练好了的模型参数和模型可能输出的内容产生任何影响。①

二、著作权侵权不停止的具体要件考量

现行法律虽为不停止侵权提供了法律依据,但其本质上仍然属于"法官造法"式的"自由裁量"。为了维护法治的权威性与统一性,就需要将"法官造法"维持在法律限制的范围内。② 因此理想形式就应当是概括性规定不停止侵权的各项要件,而在个案中如何衡量则由法官视案情决定。

(一)不停止侵权的具体要件设置

我国法律中的"停止侵权"虽与英美法系国家中的"禁令"在设立宗旨、适用对象、适用条件等方面均有不同,③但是否判决停止侵权与是否颁发禁令,均属于个案中对权利行使合理性的考量,因而美国专利法上颁发禁令的"四要素检验标准"对不停止侵权的要件设置极具借鉴意义。在 eBay 案中,美国联邦最高法院重申了四要素原则,原告在寻求永久禁令时,必须证明:(1)其遭受了不可弥补的损害;(2)法律给予的

---

① 参见朱开鑫:《回归实践:生成式人工智能三大版权问题解析》,载中国版权协会,https://baijiahao.baidu.com/s? id =1799265541833937416&wfr = spider&for = pc,2024 年 10 月 15 日访问。

② 参见王利明:《法学方法论》,中国人民大学出版社 2012 年版,第 316、321 页。

③ 详细论述参见张玲:《论专利侵权诉讼中的停止侵权民事责任及其完善》,载《法学家》2011 年第 4 期。

救济,比如金钱救济不能够弥补该损害;(3)考虑到原被告之间的损失,有必要提供衡平救济;(4)永久禁令不会损害公共利益。① 美国联邦最高法院除了要求法院在适用禁令时坚持四要素测试法外,更关键的是要求在适用四要素测试法时应当采取个案分析的方法,明确反对在支持或者拒绝永久禁令时采取绝对化、类型化和推定的分析方法。② 由于本节仅限于私人利益之间的衡量,不涉及公共利益,故仅需考察前三个因素。从现有司法实践来看,判决著作权侵权不停止,也主要基于侵权人主观状态为善意、停止侵权不具经济合理性、权利人的损失可通过其他方式弥补这三个理由。③

1. 侵权人主观状态应为善意

强调侵权人主观上必须善意,主要是为了防止因对恶意侵权人的保护而陷著作权立法于名存实亡的危险境地,从而削弱权利人生产知识的积极性导致无法保证足够多的知识被生产出来。④ 而一般认为善意通常仅排除重大过失,一般性过失与轻过失并不影响善意的构成。⑤ 作品的特性决定了其较小可能出现专利领域的"反公地悲剧"和"专利要挟"问题,即便是集体创作完成的作品,也借助法人作品、特殊职务作品、视听作品等其他规则予以明晰产权,因此,侵权人完全无过错或仅有轻过失均满足不停止侵权的主观要件。

在专利领域,一个产品上可能存在成千上万个专利(所谓的"专利丛林"),面对这种情况,知识产品的生产者需要和许许多多的专利权人

---

① 参见鲁田:《知识产权停止侵害请求权限制研究》,中南财经政法大学2018年博士学位论文,第74页。
② 参见鲁田:《知识产权停止侵害请求权限制研究》,中南财经政法大学2018年博士学位论文,第75页。
③ 如"淮安年鉴"侵害著作权纠纷案[江苏省高级人民法院民事判决书,(2018)苏民终325号]、河北山人雕塑有限公司与遵义市播州区三合镇政府等著作权纠纷案[贵州省高级人民法院民事判决书,(2019)黔民终449号]、《九层妖塔》侵害著作权纠纷案[北京知识产权法院民事判决书,(2016)京73民终587号]等案件,虽然最终结论有不同,但在具体考察因素上基本保持一致。
④ 参见李扬:《知识产权请求权的限制》,载《法商研究》2010年第4期。
⑤ 详细论述参见吴国喆:《善意认定的属性及反推技术》,载《法学研究》2007年第6期。

进行授权谈判,哪怕是一个小小的零件也是如此。① 如此复杂的权利构成就有可能引发"反公地悲剧"。一部作品上可能存在多个权利人,但却不至于形成权利丛林。即使是事先许可,行为人也仅需要同有限的几个权利人进行谈判,付出的成本就属于正常的缔约支出而不能算作授权谈判的无效率。

此外,同专利技术相比,作品的可替代性更强。在专利领域,专利技术的弱替代性就为专利权人实施要挟策略创造了条件。而对于作品而言其可替代性是极强的,且若某一作品必须依赖某一特定形式或必须使用某些素材,该特定形式与特定素材也会被归入思想范畴,根本无法得到著作权法的保护。因而著作权人以高额使用费进行要挟,成功可能性小之又小。

2. 不停止侵权应满足经济理性的要求

前述《关于当前经济形势下知识产权审判服务大局若干问题的意见》第15条和曹建明在全国法院知识产权审判工作座谈会上的讲话强调,当停止侵权将产生明显不合理或严重利益失衡的结果时就可不停止有关侵权行为,这也就意味着只有当停止侵权给侵权人、第三人带来的损失显著高于权利人因侵权行为遭受的损失时(满足经济理性的要求),不停止侵权的适用才具有正当性。如何衡量二者之间的利益差,例如,在《九层妖塔》侵害著作权纠纷案中,一审法院认为:中影公司、梦想者公司、乐视公司、环球公司在获得改编权、摄制权的前提下,为涉案电影的改编摄制投入了巨大的资金和人力,倘若责令停止涉案电影的发行行为会在当事人之间造成较大的利益不平衡;二审法院则认为,涉案电影已下映近3年,其院线票房收入已实现,涉案电影的网络播放也已持续相当长的期间,判令其停止发行、播放和传播涉案电影,不会导致双方之间利益失衡。②

应当明确的是,例外情形下允许著作权侵权不停止,并不意味着

---

① 参见梁志文:《反思知识产权请求权理论——知识产权要挟策略与知识产权请求权的限制》,载《清华法学》2008年第4期。

② 参见北京知识产权法院民事判决书,(2016)京73民终587号。

"停止侵权"这一责任形式的地位弱化,停止侵权责任仍然是侵犯著作权的首要和基本的救济方式。侵权人不承担停止侵权责任是一种利益衡量之后的政策选择,属例外情形,应严格把握。只有当停止侵权将过度损害相关主体合法权益时,才能加以适度限制。《九层妖塔》侵害著作权侵权纠纷案给出的提示是,衡量是否利益失衡,不仅需要考虑侵权人的投入与获利,更重要的是需要考虑侵权人与著作权人的利益对比。一审法院以电影摄制已经投入了巨大的资金和人力为理由认定构成利益失衡失之偏颇,是相对利益的取舍而非绝对利益的衡量。

利益失衡只有达到显著程度才应当允许不停止有关侵权行为。而对于显著性的判定,笔者以为可借鉴现行法律中有关显失公平的规定。原因源于两方面:首先二者追求的目的一致,均是为了避免特殊情形下机械适用法律产生利益失衡,而对原有法律关系进行调整;其次二者均是对偏离程度的界定,强调偏离只有达到一定程度时才有充足理由调整原有法律关系。从现行法关于显失公平的规定来看,显著性的判定基本以比例形式规定。如《关于适用〈中华人民共和国民法典〉合同编通则若干问题的解释》第 42 条有关"明显不合理的低价/高价"的界定,转让价格未达到交易时交易地的市场交易价或者指导价 70% 的,一般可以认定为"明显不合理的低价";受让价格高于交易时交易地的市场交易价或者指导价 30% 的,一般可以认定为"明显不合理的高价"。又如该解释第 65 条第 2 款规定,约定的违约金超过造成损失的 30% 的,人民法院一般可以认定为过分高于造成的损失。因此,著作权不停止侵权的经济理性要件,也可采用比例形式。但是需要注意的是,将侵权人因停止侵权所遭受的损失与权利人因侵权所受利益的损失两相对比。在考虑侵权人因停止侵权所遭受的损失时,不仅需要考虑侵权人前期投入,还需要将未来的盈利包含在内。《九层妖塔》案的二审值得肯定,将涉案电影的放映时间考虑进来了。

3. 权利人的损失可通过其他方式弥补

作为私权的知识产权与作为私权的物权是不能等同的,因为知识产权不是私人占有权,知识产权是人们基于创造知识的劳动所产生的智力劳动成果依法享有的专有权,其私有性来自法律的规定。① 正是这种人为制造而非天然生成的稀缺性,使知识产权应当得到更高层次的尊重。因此权利人的损失除了在量的对比上处于劣势,还要求在质上能以其他形式进行弥补。

著作权侵权涉及人身和财产两种形态,首先关于著作人身权。著作人格权按侵权严重程度区分:一是比较严重的侵害,表现为作品声誉的降低或作为一个作者声誉的降低;二是一般性的侵害,表现为仅仅违反作者意志,发表、修改其作品或改变作者的署名方式,但不足以损害作者声誉或作品声誉。② 仅在人身权受到严重侵害时才严格适用停止侵权,而对于未影响作者或作品声誉的一般性侵害,就可以其他责任形式代替停止侵权的适用。其次关于著作财产权,由于财产权被侵犯的结果通常表现为著作权人许可收入的减少,因此著作权人因财产权被侵犯遭受的损失,仅在少数例外情形中仍然坚持适用停止侵权,如为了维护建筑风格的统一性或者建筑作品本身具有特殊象征意义。例如,在保时捷纠纷案中,涉案北京保时捷中心建筑作品系沿袭保时捷公司相关统一的建筑风格和特征而建造,该公司在中国、澳大利亚、德国、法国和英国等地的相关建筑均具有相似特点和风格,③在此情形下,只有停止侵权才能维护保时捷公司在全球范围内的整体建筑风格。

(二)不停止侵权要件的适用规则

1. 各要件衡量应在个案中进行,避免类型化

不停止侵权的要件设置,旨在避免法官恣意行使自由裁量权,但在具体裁决时应避免陷入僵化适用的另一个极端。侵权人能否继续利用著作权人的作品包含很多因素,是一个复杂的判断过程,法院应当依照不同的案件事实在个案中进行逐一判断,而不应以某一特定案件为依据,做出类型化的判决。个案衡量也是 eBay 案中法院确立的规则

---

① 参见周俊强、胡坚:《知识产权的本质及属性探析》,载《知识产权》2005 年第 2 期。
② 参见李扬:《知识产权请求权的限制》,载《法商研究》2010 年第 4 期。
③ 参见北京市第二中级人民法院民事判决书,(2007)二中民初字第 01764 号;北京市高级人民法院民事判决书,(2008)高民终字第 325 号。

之一。以建筑作品为例,涉案建筑作品是处于正在建设中还是已经建设完成,是仅涉及案件当事人还是牵涉案外第三人等,这些不同案件事实都可能导致最终判决结果完全不同。如在 Value Group, Inc. v. Mendham Lakes Estates, L. P. 案中,被告邀请其顾客从其竞争对手的设计中选出自己喜欢的住宅设计,然后为顾客复制该住宅,其中模仿该案原告设计的住宅尚在建设当中。审理本案的法庭基于版权侵权签发了阻止该案被告完成该住宅的禁止令。① 而在 Tri-L Construction, Inc. v. Jackson 案中,涉案建筑同样为住宅且也正处于施工建设阶段,但法院拒绝了对该案被告签发施工禁止令的请求。理由在于该住宅的部分认购者已经将自己现在的住房卖出。如果禁止涉案建筑继续施工,则会极大地影响这一部分认购者的生活。②

2. 各要件之间的关系:既是个体也是整体

每个具体的案件都会呈现出各自之殊相,因为各种力量的相互作用和程度都不尽相同。这些力量并不具备绝对或固定的意义,起决定作用的乃是它们通过变幻莫测的博弈所生的合力……若某一要素表现出特殊之强度,其自身即足以使损害赔偿责任得以成立。③ 此即奥地利法学家瓦尔特·维尔伯格提出的动态系统论方法。强调适用不停止侵权的各要件作为整体而存在,在于不停止侵权是对著作权绝对权效力的削弱,应当从严把握,因此通常情形下只有同时满足所有要件才可能适用。而同时强调各要件之间的独立性,在于案情不同利益衡量的侧重点亦会有所区分,甚至在个别情形下即使不满足全部要件也可适用不停止侵权。在仅涉及当事人之间的利益时,侵权人的主观状态是考量重点,当事人之间的损益对比就相对弱化;而若涉及案外第三人的利

---

① See Value Group, Inc. v. Mendham Lakes Estates, L. P. ,800 F. Supp. 1228. D. N. J. 1992. 转引自罗莉:《建筑物上著作权与物权的冲突及其法律解决》,载《政治与法律》2005 年第 5 期。

② 参见[美]克里斯托弗·C. 瑞曼:《建筑作品的著作权保护》,张晓军译,载梁慧星主编:《民商法论丛》第 11 卷,法律出版社 1998 年版,第 445 页。转引自罗莉:《建筑物上著作权与物权的冲突及其法律解决》. ,载《政治与法律》2005 年第 5 期。

③ 参见[奥]瓦尔特·维尔伯格、李昊:《私法领域内动态体系的发展》,载《苏州大学学报(法学版)》2015 年第 4 期。

益,则著作权人、侵权人和第三人之间的损益对比就成为关键,甚至在侵权人为主观恶意时也可能作出不停止侵权的判决。在第三人为善意的情况下,若第三人因停止侵权遭受的损失显著高于著作权人因侵权行为带来的损失,即使侵权人为恶意也可判决不停止侵权。理由在于对交易安全的维护,要求著作权人的利益应相对让位于案外第三人,如前述 Tri-L Construction, Inc. v. Jackson 案中,不能令第三人过分分担侵权行为带来的不利后果。

三、著作权侵权不停止的替代责任

不停止侵权并不意味着违反或背离"犯错误的人不可以继续从其错误行为中获益"这一元规则,也不意味着侵权人不受惩罚。我们只是更着眼于"侵权效益",从权利相对人的角度思考问题。① 因此侵权人虽可以继续使用著作权人的作品,但应当承担其他替代责任。

(一)替代责任的具体形式与适用

我国《著作权法》《专利法》《商标法》都没有相关规定替代责任,但《关于审理侵犯专利权纠纷案件应用法律若干问题的解释(二)》第26条规定可以支付"合理费用"作为专利侵权不停止的替代措施。结合著作权的特殊性,除支付使用费外,替代责任还可以是消除影响和赔礼道歉。其中消除影响、赔礼道歉仅限于涉及著作人身权侵权的情形,采用支付使用费是为与原本即存在的赔偿损失责任相区分。作为替代责任形式的支付使用费是补偿而非赔偿。在司法实践中,就有案例认为确定赔偿范围时已足以弥补相关损失,例如,在"热可擦/乐可擦"文具侵害著作权纠纷案中,二审法院认为:从赔偿范围看,赔偿数额中考虑并包含了晨某公司的经营性收益超过了张某山销售一份字体字库的价格和收益,已经足以弥补张某山少销售一份字体字库产品的利益损失以

---

① 详细论述参见康添雄:《专利侵权不停止的司法可能及其实现》,载《知识产权》2012年第2期。

及晨某公司涉案侵权行为可能给张某山造成的损失。① 此种观点混淆了民事补偿与民事赔偿的区别。民事补偿是受益人向受害人支付的,不以违反民事义务为结果,而民事赔偿则是违反民事义务的结果并规定于侵权责任之中,义务人一般是实施侵害行为的人。损害赔偿解决的只是利用者过去利用行为的性质问题,而没有解决利用者未来继续利用行为的性质问题,这样从逻辑上讲,以损害赔偿替代停止侵害就存在缺陷。而支付使用费既可以解决利用者过去利用行为的性质问题,也可以解决其未来利用行为的性质问题,至少逻辑上不会产生混乱。② 因此,在判决著作权侵权不停止时,即使有赔偿损失责任的存在,也需要另行考虑支付费用。并且两者应当相互独立,赔偿损失遵守损害赔偿的规则,使用费则是针对损害赔偿之外针对行为人后续的利用行为所收取。不能以提高损害赔偿数额的方式替代使用费的支付。

至于具体的使用费标准,有必要对利用者在前后不同时间序列中的行为性质进行区分。利用者过去的利用行为属于未经许可的侵权行为,则对于侵权行为的损害赔偿更适宜以权利人的实际损失或侵权人的违法所得为计算标准;而利用者之后的利用行为则属于有权使用的合法行为,就应当以使用费作为损害赔偿的计算依据。为了体现自主缔约、事先许可与强制缔约、事后许可之间的区别,可以使用费的合理倍数来确定。

(二)替代责任的判决可借助法院释明保证当事人的程序利益

有学者指出依据民事诉讼中的处分原则,法院应当按照当事人的诉讼请求作出判决,对诉讼请求的支持可以是部分的,但法院不应当自行变更诉讼参与人的诉讼请求。因而建议法院今后再涉及此类案件的审理时,应说服当事人将其诉讼请求变更为"请求支付合理补偿",以降低诉讼风险,节约司法成本。③ 笔者认为坚持处分原则是正当的,但该

---

① 参见江苏省南京市中级人民法院民事判决书,(2021)苏01民终11555号。
② 参见李扬:《知识产权请求权的限制》,载《法商研究》2010年第4期。
③ 参见李玉香、孙浩源:《专利侵权诉讼不判决停止侵权的法律探讨》,载《湖南大学学报(社会科学版)》2014年第2期。

观点混同了是否支持停止侵权与是否直接判决替代责任两个不同问题。

如该观点所言,对于当事人的诉讼请求,法院有全部支持、部分支持、全部驳回三种不同选择。在著作权侵权案件中,权利人的诉讼请求通常同时包含停止侵害和赔偿损失两种责任形式,几乎不存在权利人仅请求停止侵害而未要求赔偿损失的情形。倘若不支持当事人停止侵权的诉讼请求,严格遵从处分原则就会产生诉讼请求不充分,甚至涉及诉讼请求变更的问题。而无论诉讼请求不充分还是诉讼请求的变更,都可借助法院释明制度充分保障当事人的程序利益。对诉讼请求进行释明是法院释明的重要内容,为了更好地保护当事人的合法权益,法院也可以在探求当事人真意的基础上,启发当事人变更或补充新的诉讼请求。同时当事人的自由处分权是法院释明应予遵守的边界。如果经释明后,当事人拒绝变更或调整诉讼请求则应当尊重当事人的选择,[①]由此带来的不利后果由当事人自行承担。在符合不停止侵权的要件时,法院应直接驳回停止侵权的诉讼请求,对于其他替代责任,法院也仅在当事人请求范围内做出判决而不主动介入,且在生效判决做出后,权利人不得再以相同事由提起诉讼,请求恢复原状或者提高损害赔偿金。这也就意味着法院释明的具体内容应当至少包含这样几个方面:一是停止侵权的诉讼请求有被驳回的风险,当事人可选择坚持原诉讼请求亦可将原诉讼请求变更为恢复原状或者提高损害赔偿数额;二是若坚持原诉讼请求,一旦败诉则在生效判决后不得再行提起诉讼要求恢复原状或者增加赔偿。

四、结论

长期以来,我国在知识产权司法裁判中一直遵循着"停止侵害当然论"。虽有个别出现停止侵害的救济例外,但整体上该例外在立法上

[①] 详细论述参见熊跃敏:《民事诉讼中法院释明的实证分析——以释明范围为中心的考察》,载《中国法学》2010年第5期。

"突而不破",在司法实践上"破而无据"。① 综合分析之下,虽然从解释论的视角,著作权侵权行为不停止无论从法律规则还是法律原则来看,都不缺乏法律依据。但立足未来,仍有必要从立法论的角度予以完善。可采取"一般规则+特殊规则"的立法模式作为停止侵害救济适用的基本规范。一般规则,强调财产规则的基本立场,将停止侵害作为知识产权侵权救济的基本规则予以立法确认;特殊规则,反映的是特定条件下责任规则的替代性作用。如此制度安排,既契合知识产权理论正当性基础、又切合停止侵害与损害赔偿两种不同的救济资源的经济学分配要义,在知识产权的保护与限制、排他与共享、创新与竞争之间努力寻求平衡之道。②

---

① 参见张春艳:《我国知识产权停止侵害救济例外的现实困境及突围》,载《当代法学》2017年第5期。
② 参见杨涛:《论知识产权法中停止侵害救济方式的适用——以财产规则与责任规则为分析视角》,载《法商研究》2018年第1期。

结　语

　　技术对版权的影响是最直接的。纵观版权发展的历史，我们会发现，技术与版权的关系几乎可以用一个程式来概括：生产、生活的需要对技术提出新的要求——新技术的出现打破已有的利益格局——既有利益集团与新兴利益集团展开激烈的利益斗争——为了在斗争中获胜，斗争各方尽力援引对自己有利的资源，如现行法律规定、既有各种理论等，以影响权威决定者——在各种难以尽言的影响之下，权威决定者裁断斗争结束或者各方达成妥协——原有利益格局发生变化，版权得到扩张——新的利益格局形成。正是这一程式的不断循环，生成了今天的版权利益格局。① 在这一过程中，法律系统受技术的影响仍是分阶段发生的。法律，常被视为保守的领域，总是倾向于回顾过去，引用先例。因此，在第一阶段，我们将用现行法律原则和条款对法律问题进行分析。当我们必须对法律的适用作出选择时，挑战就来了，因为总是要作出选择。我们必须进行类比，必须探究与现在提出的问题"相类似"的问题有哪些。② 本书总体上遵从前述思路，首先立足既有规范试图维持新技术与旧规则之间的平衡，当二者之间的利益关系出现失衡时，才考虑对既有规范进行调整。法律规范调整的关键，就在于判断是否真实来到了法律变革的临界点。美国的弗兰克·伊斯特本鲁克

---

① 参见易建雄：《技术发展与版权扩张》，法律出版社2009年版，第188页。
② 参见[美]伍德罗·巴菲尔德、[意]乌戈·帕加洛编著：《人工智能法律指南》，冯子轩、汤烨凡译，法律出版社2024年版，原版前言第5页。

(Frank Easterbrook)法官曾发表一篇题为《网络空间与马法》的文章,把"网络法"讽刺为"马法"(Law of Horse),以表明轻率变革的不可取。首先,在评估技术对法律的影响程度时,要看技术对社会关系的影响程度,而不能仅看技术本身的变革程度。其次,在评估现有法学理论是否被颠覆时,应注意具体规则与基本原理的区别。任何具体规则都是从基本原理派生出来的,并且有其隐含的适用条件。很多时候,新技术的出现只是改变了适用条件,并没有改变原理。现有的具体规则也许不能直接适用于新的情形,但原理是相通的。"一般"总是寓于"具体"之中,"旧具体"如果不合时宜,首先要从"旧具体"中提炼出"旧一般",然后再检验"旧一般"能否适用于"新具体"。只有当"旧一般"也无法适用时,才需要进行理论革命。①

具体而言,独创性作为作品的核心要件,仍应坚持以自然人为中心,将非人类创作内容排除在外,但对作品属性的否定并不等同于对其法律保护的摒弃。在法律变革过程中,需要着重区分"是否应当受法律保护"与"应当如何受法律保护"两个问题。作品属性的否定,仅能将非人类创作内容排除在狭义著作权之外,并不因此将其排除在知识产权体系之外。基于表现形式的一致性,仍可将非人类创作内容纳入邻接权的保护范畴。相应权利归属以实质性投资为标准,构建以使用者所有为原则、尊重意思自治为补充的人工智能生成内容确权制度。严格区分作者与著作权人两种不同类型的著作权主体,事实作者仅限于自然人,法人、非法人组织可通过立法技术成为法律作者或著作权人。在此前提之下,彰显事实作者的署名权不得转让,但作为权利公示的署名权则可以转让,在立法上可通过署名权中作者与著作权人的分置来实现。著作权作为绝对权,权利边界应当具有确定性,避免采用兜底条款设置著作权权项,并借助其他法律规则来区分保护权利、利益等不同层次的法益。发端于实体作品时期的发行权穷竭原则,主要为平衡著作

---

① 参见李琛:《论人工智能的法学分析方法——以著作权为例》,载《知识产权》2019年第7期。

权人与载体所有权人之间的利益,在"复制＋删除"和 NFT 技术的加持下,完全可以满足制度宗旨,将其延伸至网络环境并不存在理论障碍。利益平衡原则要求我们在确认与尊重作者专有权利的同时,充分考虑公有领域的维系,利用合理使用、法定许可立法范式、要件结构的不断调整,实现利益调节的动态平衡。著作权在提供权利保护的同时,也需要警惕垄断带来的负面效果,同时兼顾社会公众的情感表达需求。公益图书馆与商业性学术数据库之间的持久矛盾、短视频领域版权治理的困局,都揭示了只有将法律制度与技术、市场、伦理等其他元素相结合,才能更好地促进信息生产与传播。生成式人工智能造就了实际创作者难以确认、接触者与实际创作者割裂这一既定事实,但著作权一般原理仍有适用空间。在行为人行为构成著作权侵权的情况下,基于国家利益和公共利益的需要限制停止侵害请求权的适用自无争议,在仅涉及私人利益时,仍可以矫正正义为价值目标否定停止侵权的当然适用。

　　技术变迁与著作权制度变革,主权国家以及相应知识产权国际组织,在立法趋势上均采取强化与扩张著作权保护的强势模式。这种强化趋势是沿着著作权立法应对传媒技术发展的惯常进路,试图通过法律制度的变革以强化与扩张网络环境下对著作权的保护。尽管网络环境下著作权制度变革的强化保护趋势伴随人们的广泛批评乃至反对,但应对网络传播技术的发展,变革法律制度以强化与扩张著作权的保护依然是这个时代的主流趋势,这也完全与著作权法律制度伴随传播技术发展不断扩张与强化的内在机理完全一致。[①] 技术变迁导致著作权保护的法律强化,需要经由价值平衡、利益博弈以及最终立法回应的长期过程,始终处于传统版权法架构之下,即版权执法主要依赖公权力机构对版权侵权纠纷的处理,其影响在整体上仍属可控。但当前著作权保护开始突破传统版权法架构,算法私人执法正从法律的自动执行

[①] 参见刘铁光:《传媒技术发展与著作权演变的内在机理分析——兼及著作权的未来》,载《求索》2014 年第 1 期。

机制逐步转变为超越法律的私人秩序维护机制。这种不断扩展的执法机制如失去体系化和制度化的约束,可能异化为一种间接的乃至更高位的权力变现手段。算法私人执法不仅挑战着权力的根本属性,而且冲击着公共利益的内在价值。必须警惕算法私人执法的负面效应,洞察算法缺陷与正义需求,及时促进秩序范式的创新,以实现著作权保护以人为本与算法向善的根本关怀。① 当今社会已是名副其实的信息社会,信息技术还在发展,参与网络世界的人也越来越多。在著作权法这块"百衲被"上,既有已存续数百年的复杂的著作权保护实践,又有层出不穷的新技术和信息爆炸所带来的更大的制度难题。如何回应不同主体之间对利益分配的现实诉求,回归权利平衡点,是著作权制度永恒的研究课题。

---

① 参见张海燕:《网络著作权算法私人执法的异化及其矫正》,载《政治与法律》2024年第5期。